中国教师发展基金会教师出版专项基金资助
中国海洋发展研究中心重点项目 AOCZD20110 资助

海洋环境保护法概论

马英杰　主编

海洋出版社

2012 年·北京

图书在版编目（CIP）数据

海洋环境保护法概论/马英杰主编 . —北京：海
洋出版社，2012.8
ISBN 978 - 7 - 5027 - 8323 - 5

Ⅰ . ①海… Ⅱ . ①马… Ⅲ . ①海洋环境 – 环境保护法
– 概论 – 中国 Ⅳ . ①D922.684

中国版本图书馆 CIP 数据核字（2012）第 174152 号

责任编辑：苏　勤
责任印制：赵麟苏

海洋出版社出版发行

http://www.oceanpress.com.cn
北京市海淀区大慧寺路 8 号　邮编：100081
北京旺都印务有限公司印刷　新华书店发行所经销
2012 年 8 月第 1 版　2012 年 8 月北京第 1 次印刷
开本：787mm×1092mm　1/16　印张：12.25
字数：290 千字　　定价：50.00 元
发行部：62147016　邮购部：68038093　总编室：62114335
海洋版图书印、装错误可随时退换

前　言

　　覆盖地球表面71%的海洋，是太阳系其他星球所见不到的最为独特地理景观。海洋是云雨的故乡、生命的摇篮、资源的宝库、人类生存与发展的"第二空间"。随着世界经济发展、科技进步和人民生活水平的不断提高，人类对资源的需求与日俱增，人口、资源、环境问题进一步加剧，海洋环境的研究，海洋资源开发利用、保护和管理以及海洋教育已受到各国普遍重视。海洋中蕴含着丰富的资源。海洋生物资源、海水化学资源、海洋矿产资源、海洋能源以及海上航运交通皆对人类的生存发展和世界文明的振兴进步产生重大的影响。自古以来，人类对海洋开发利用就极其投入，随着世界技术革命的不断深入和陆地资源的日趋匮乏，开发利用海洋资源日益成为今后世界新的潮流。近些年来，人类对海洋的认识和开发利用的成就是以往任何时期都无法比拟的。海洋的多种资源和产生的巨大经济效益越来越引起人类的关注，实践证明，海洋是人类生产和生活不可缺少的领域，海洋对人类的影响随着时间的推移将会成倍的增长，海洋是人类社会持续发展的希望所在，正像众多专家预言的一样，未来世纪是人类的海洋世纪。

　　然而随着人们对海洋开发利用的力度不断增加，对海洋环境的污染和损害也在不断加剧，对于海洋污染的防治、保护海洋资源以及采取各种措施建设有利于人类生存的海洋生态环境已经成为国际社会关注的焦点。首先，近岸海域遭到越来越严重的污染，使海域环境质量明显下降，生态环境日趋恶化，并对生物资源和人类健康产生有害影响。近岸海域的污染已成为世界各国，特别是象我国这样具有相当长的海岸线和众多海湾的国家所急于解决的问题。第二，严酷的海洋自然环境和海洋灾害直接影响着海洋经济的发展规模、速度和效益，所以精确预报海洋灾害的发生、采取防灾、抗灾和减灾工程措施也成为各沿海国家都在致力进行的事项。第三，随着人类利用海洋资源的能力增加，海洋中有些生物资源和矿产资源已经枯竭，难以持续利用，所以合理利用海洋资源，使有限的海洋资源得以永续利用也是当今世界的一个重要课题。

　　为了保护环境，防治污染，根据国内外的经验，一靠投资，二靠技术，三靠法制。我国跟世界其他国家一样，在推进海洋环境保护的方针、政策时，也是从加强海洋环境保护法治入手的。1983年3月1日起开始施行的《中华人民共和国海洋环境保护法》标志着中国的海洋环境保护工作走上了法制轨道。1999年12月25日，通过了对该法的修订草案。修订后的《中华人民共和国海洋环境保护法》，自2000年4月1日起施行。随着海洋环境保护事业的发展，海洋环境保护法制逐步健全，目前已经形成了以《中华人民共和国宪法》为根据，以《中华人民共和国环境保护法》为基础，以《中华人民共和国海洋环境保护法》、《中华人民共和国野生动物保护法》、《中华人民共和国渔业法》等专门法为主体，以海洋环境保护行政法规、地方性法规、规章和标准为补充，与国际公约相协调的海洋环境保护法律体系。我国已经建立起了一系列的海洋环境保护的法律制度，为我国的海洋环境保护工作提供了法律保障。

本书从目前的需要出发，在对我国海洋环境保护法规和主要相关国际公约的研究的基础上，介绍我国海洋环境保护的法律体系、管理体制、主要管理制度、各种污染防治和资源保护、海洋环境标准、海洋环境监测、纠纷处理以及主要国际公约、主要案件等，以供海洋环境保护工作者和大专院校有关专业师生参考。

由于时间有限，再加上我国的海洋环境保护法律法规也处于不断地完善过程，所以本书肯定有很多遗漏和不当之处，欢迎广大读者批评指正。

目　录

第一章　海洋环境与人类的关系

第一节　海洋环境的定义

一、环境的概念

环境是相对某一中心事物而言的，即围绕某一中心事物的外部空间、条件和状况，以及对中心事物可以产生各种影响的因素。中心的事物不同，环境的概念也有变化。如树木生长的环境有空气、土壤、阳光，而学生的学习环境就与树木的生长环境不同。通常在不同的背景下环境皆有不同的限定词，如市场环境、法律环境等，不同的人群所关注的环境也是不同的。

人类环境也称人类生存环境，是环境科学研究和环境保护法所研究的对象，指围绕着人群的空间及其直接或者间接影响人类生存和发展的社会和物质条件的综合体。环境有两种含义：一种是自然科学中的环境，包括影响某一事物生存发展的所有因素；[1] 另一种是法律上的环境，是可以通过法律进行调整的环境因素，即通过人的行为能够改变的环境。例如，太阳黑子爆发是人类的生存环境之一，但是人类不能通过法律对其爆发进行调节；人类同样不能阻止台风、地震的发生，所以法律不会有相关的规定。法律上的环境是可以通过法律来进行调整的。随着人类利用自然的能力不断提高，法律可以调整的环境范围会越来越大。不同国家的法律对环境的定义有所不同。《中华人民共和国宪法》（以下简称《宪法》）第二十六条规定："国家保护和改善生活环境和生态环境，防治污染和其他公害。"《中华人民共和国环境保护法》（以下简称《环境保护法》）第二条规定："本法所称环境，是指影响人类生存和发展的各种天然的和经过人工改造的自然因素的总体。包括大气、水、海洋、土地、矿藏、森林、草原、野生生物、自然遗迹、人文遗迹、自然保护区、风景名胜区、城市和乡村等。"

二、海洋环境的概念

海洋，是海和洋的总称，由海和洋两部分组成。海是指离陆地较近，水体较浅，没有独立的潮汐和海流系统，水文状况有显著季节变化，为岛或半岛分割的大陆边缘部分；洋是指远离大陆，水体较深，有独立的潮汐系统，温度、盐度、密度、水色、透明度等水文状况比较稳定的部分。全球海洋面积约为 3.61 亿平方千米，占地球表面积的 70.78%。

对于环境的概念，不同的学科有不同的观点。环境保护法学领域中的环境，是指以人类为中心，围绕人类而存在的外部世界，即人类赖以生存和发展的天然的和经过人工改造的各种自然因素的综合体。《环境保护法》第二条规定了我国现行法定环境的概

---

[1] 《中国大百科全书——环境科学》，中国大百科全书出版社 2002 年版，第 134 页。

念："本法所称环境，是指影响人类生存和发展的各种天然的和经过人工改造的自然因素的总体。包括大气、水、海洋、土地、矿藏、森林、草原、野生生物、自然遗迹、人文遗迹、自然保护区、风景名胜区、城市和乡村等。"可见，我国环境保护法对环境的定义是概括式与列举式的综合。

在环境保护法学中，资源也是一个重要的概念。一般认为，资源是指对人类具有经济利用价值并且在一定历史时期能被人类利用的物质。资源有广义和狭义之分，资源既包括自然资源，又包括人力资源、政治或经济资源等，而环境保护法学中的资源，仅是指狭义上的资源即自然资源，也就是自然界中一切能被人类开发和利用的物质和能量的总称。如果把海洋看做一种资源，由于它具有永续利用性，人们普遍认为海洋是一种无限资源。从狭义上说，海洋资源指的是能在海水中生存的生物、溶解于海水中的化学元素，海水中所蕴藏的能量以及海底的矿产资源。从广义上说，除了上述的能量和物质外，还把海湾、四通八达的海洋航线、水产资源的加工、海洋上空的风、海底地热、海洋景观甚至海洋的纳污能力都视为海洋资源。

把海洋当做一种自然环境还是一种自然资源，是从不同角度对同一客体进行评价得出的结论。既是自然资源同时又是地球上一种重要的自然环境，这是进行海洋环境保护必须重视的问题，树立合理开发利用海洋资源的同时实现海洋环境保护的目标，认识到海洋资源与海洋环境之间的差别才能真正处理好开发资源与环境保护的关系。

基于上述分析，我们将海洋环境定义为：海洋环境是指由海水水体、海床、底土，生活于其中的海洋生物，环绕于周围的海岸、滨海陆地和临近海面上空的大气等天然的和经过人工改造的自然因素构成的统一整体。

三、海洋环境的要素

环境要素是指构成人类环境整体的各个独立的、性质不同的而又服从整体演化规律的基本物质组分，也有人将其称为环境基质。而海洋环境的要素，是指构成海洋环境整体的各个独立的、性质不同而又服从整体海洋环境变化规律的基本物质组分。由以上我们对海洋环境的概念作出的阐述，可以从中找出海洋环境的要素，即海水水体、海床、底土、生活于其中的海洋生物、环绕于周围的海岸、滨海陆地和临近海面上空的大气等天然的和经过人工改造的自然因素。海洋环境要素是海洋环境的基本组成部分。一般认为，海洋环境要素组成海洋环境的结构单元，海洋环境的结构单元又组成海洋环境整体或海洋环境系统。海洋环境要素作为一个概念，它的外延要大大广泛于海洋自然资源作为一个概念所具有的外延，海洋环境要素具有一些重要的特征，它们不仅制约着各环境要素之间互相联系、互相作用的基本关系，而且也是认识海洋环境、评价海洋环境和制定海洋环境保护法律的基本依据。

海洋对于人类的产生、发展曾经有过重要的意义，随着人类利用自然的能力逐渐增加，这种意义将会越来越大。

第二节　人类对海洋的利用

一、传统的海洋利用方式

作为一种动物，人类的生存发展离不开食物和其他资源。在漫长的人类史上，早期的人类逐水、逐草而居，依水、依海生存则成为其必然的选择。生活在沿海的人类，为了自身的生存，必然会想到各种办法利用海洋资源。最初人类对海洋的利用受到生产力发展水平的限制，仅仅局限于渔猎、海上交通和海洋盐业。从原始的取而为食的利用，到建立稳定的海洋产业之间经历了数万年之久。在我国，考古发现证明，原始的海洋捕捞和海洋产品采集活动，最晚不会晚于生活在距今 18 000 年之前的北京周口店的山顶洞人。在山顶洞人的遗址中，找到不少食剩的鱼骨，用作装饰品的海贝壳以及经过磨制钻孔的鱼眼指骨等。据古地理学研究表明，在晚更新世渤海曾数次海侵和海退，在海侵时期，渤海可以直达燕山之下，在北京一带地区形成一个海湾，那么居住在丘陵之上的山顶洞人，就是临海而居了。

在夏朝早期，海洋捕捞和海岸带制盐已经有了一定的规模，沿海地区缴纳的实物贡税主要是各种海货和海盐。夏朝中期（公元前 20 世纪）近海航行已经比较普遍了，帝王巡行游乐经常会在海上航行。商朝（公元前 17 世纪至 11 世纪）海洋利用除了海盐、交通航行外，依托海洋进行的军事活动也开始了。据《诗经·商颂》记载："相土烈烈，海外有截。"相土是契（国王）的孙子，在位时曾开展了对周边的征讨，其中也包括利用海洋进行的讨伐活动，一时威力四播。殷商时期沿海和更远距离的海上航行较之前代大为发展，特别是商朝末年殷人航海抵达美洲之说，尤为令人注意。最早提出这一想法的是法国人金勒，他于 1761 年依据《梁书》的研究，认为古扶桑国就是今天的墨西哥，殷人航行到扶桑，应该是到达了墨西哥。由此推定新大陆的发现者不是哥伦布，而是远为更早的古代中国人。对这一论断，继金勒之后不少国家的学者进行了更为广泛的研究，其中既不乏支持者，也不乏反对者。不过，几十年的研究新进展，出现更多的殷人航海达美洲的证据，其中尤需注意的是石锚鉴定、古文字和古遗址考证。在美洲近海发现的石锚，经岩性鉴定，系一种灰岩，这种岩石"不存在于北美西部的太平洋沿岸"，却同于中国华南沿海的岩石。从石锚上沉积凝结的锰矿层推算，沉入海底的时间"已达二三千年之久"。再有古遗迹和古文字，墨西哥奥尔梅克族的"圆形土墩"和埋藏的石斧、陶器等物，都具有中国殷商文化特征，有陶器上类似甲骨文的"帆"、"亚"等文字。根据这些发现，研究认为：在商代晚期的战乱中，殷人向海外大批逃亡，他们向日出的东方寻找和平乐土，乘船沿着太平洋沿岸远航了，经台湾、琉球群岛、日本、阿留申群岛、美洲西海岸，抵达加利福尼亚和墨西哥一带。如果这个意见是正确的，那么中国人越大洋航海，将比哥伦布早 2 000 多年，此举无疑应是人类史上奇迹般的成就，它似应一扫已知的古代其他文明，而居于世界古文化的顶峰。在认定殷人远航的基础上，有人又作了如下延伸的认识：一是造船技术应有一定水平，否则经不起海洋的大风大浪的袭击，"从美洲发现的石锚判断，商殷时可能有数百人的大船"。二是当时已积累了一些粗浅的海洋知识，如利用沿岸海流、风向、星辰等进行航海和把握航向等。商朝的海洋捕捞较之夏朝更为扩大，在殷遗址中发掘到很多海洋鱼类骨骼，还有鲸鱼骨，可以想象能从海洋里猎取如此的大型动物，若无较高技术和方法那是不可能的。另外，殷商盛行甲骨占卜，在发现的甲骨片中，有相当部分是适用海龟甲壳，其中大者，长达 44 厘米，宽达 35 厘米。经研究，有的海龟是产自较远的海域，如马来半岛附近等。来自较远的龟甲，可能有两个途径：一是商民远航捕捞的；二是交换或外方贡纳。不论哪种途径都说明当时海洋捕捞是比较发达的。

商朝和夏朝之前的历史资料研究，不容置疑地证明，传统内容的海洋开发都已初步建立。虽无早期文字记载当时人类与海洋的关系，但从那个时期人的海洋活动内容、范围和影响分析，在商朝之前，事实上以渔盐之利、舟楫之便为核心的海洋价值观念已初步形成。

二、传统海洋利用形式的转变

自商之后至 20 世纪，又是 3 000 年过去了，在这漫长的时间里，人类社会经历了奴隶社会、封建社会、资本主义和社会主义社会各个发展阶段。根据辩证唯物史观，社会生产方式的发展与变革，是社会形态更替的基本原因，而生产力的进步又是决定因素。

纵观人类史，封建社会及其之前的历史占据 95% 以上时间，虽然人类不断地扩大海洋资源的开发利用，但所拥有的海洋知识却甚为有限，大部分开发只不过是实践经验的增长，所以利用的领域并无多少拓展。直到 18 世纪下半叶工业革命后，逐渐开始推广机器和机器系统的适用，建立起资本主义的近代工业技术，方为更大范围进入海洋、探测海洋自然环境和资源的基础状况、研究海洋现象的变化规律和开发利用提供了可能性。因此，从 19 世纪后期起，大规模的全球海洋调查、探险，在新的条件下又一次兴起，标志着近代海洋事业的开始。其中，被认为具有代表性和开创性的工作，是 19 世纪 70 年代英国"挑战者"号的环球调查。这次调查从 1872 年 12 月至 1876 年 5 月，持续了 3 年又 5 个月，调查区域遍及太平洋、大西洋、印度洋和南极海，在 362 个测站进行了水深测量和生物、化学、底质等要素的取样、调查，获得了大量的实测资料和标本，仅甲壳类就发现了 1 000 种，相当于全部甲壳动物的 1/3。继"挑战者"号考察之后，又有德国、法国、意大利、俄国、美国、丹麦等国的调查船，分别对大西洋、太平洋、地中海、加勒比海、鄂霍茨克海、日本海、中国海等海域和洋区进行多专业的考察、调查或探险活动。19 世纪最后的二十几年间的调查研究工作，大大地丰富了人们对临近海域和大洋的了解，海洋知识也迅速地得到增加。航海不仅使海洋学科得到发展，其他学科也有发展，如达尔文的进化论。

进入 20 世纪，特别是第二次世界大战后，电子技术得到发展并广泛采用。与海洋探测、开发活动关系极为密切的深潜技术、造船技术、仪器设备技术、导航定位技术以及航海保障系统技术等陆续开发并被应用于海洋调查、勘测、海上生产作业和研究等工作上来。技术的进步，极大地推动了人们对海洋知识的了解，扩大了人类在海洋上的视野，也带动了社会对海洋开发利用事业的发展。同时，在一系列海上探测中，相继发现了不少新的可利用资源和可开发的领域，有的已开始进行小范围的开发，也产生了有影响的结果，比如近海浅水海底石油天然气的开发，虽然在 19 世纪末 20 世纪初开始勘探、开采滨海海底油气，但一切努力都未取得成功，直到 20 世纪三四十年代，真正的近海石油开发才算起步。不过，在一个较长的时间里，对浅海、大陆架海底油气资源情况可能对世界经济的影响等尚不清楚。其他海洋资源和空间的新的利用方向，在 20 世纪前半期，也大致如同海洋油气的进展，虽然有一定的了解，个别国家也可能进行试验性的开发工作，但限于调查研究的深度、社会整体工业技术水平和能够提供的装备能力，以及社会经济、财政所能达到的支持程度等的制约，使得当时人类的海洋价值观还不能发生本质上的转变，出现传统海洋价值观的突破，向新价值观跃升。在总体上、在普遍的认识上仍维持在渔盐之利、交通之便和国家安全门户的传统价值观的格局之中。

三、现代人类社会对海洋的利用

60 多年来，海洋经济显著增长，对世界经济的影响与作用大幅度提高，使海洋开发利用所产生的经济与社会效果，已不能与往昔同日而语。[①] 在海洋开发行业中，有的已可左右世界某些经济部门的运行，有的能够严重影响某些经济领域发展的形势甚至冲击生产和市场等。比如，海洋交通运输业，在现代世界经济发展中，国际间经贸迅速增长，贸易是发展、繁荣经济的主要动力。各大洲之间的贸易货物的转运，主要依靠海洋。据统计洲际货运约有 90% 是依赖海上运输实现的。由此可见，海上运输在世界经济发展中的地位，如果海上交通一旦受阻或出现其他问题，国际贸易必将难以进行。特别是经济基本依赖海外原料和市场的国家，如日本、新加坡等，其情况更加突出。再如，海洋石油天然气开发，在 20 世纪 50 年代之前，虽发现并在个别沿海地区开发了油气资源，但所找到的储量和开发产量都比较小，而且更广范围的浅海大陆架海底的情况尚不了解，因此，海洋油气生产对世界能源还不足以产生多大的影响。自 60 年代以后，情况出现了重大变化，陆续在世界各地的浅海区域，勘探发现了具有良好开发前景的油气埋藏，至今已掌握石油储量为 400 亿吨，天然气储量为 40 万亿立方米。海洋石油、天然气的年产量业分别达到 7.42 亿吨和 3 678.1 亿立方米，在世界石油总产量中的比重上升到 30%，天燃气的比重也达到 30%。海洋油气资源和开发进展，显示了在现代能源供应中的不容低估的作用。近期海洋开发的成就，有力地说明了海洋对人类社会发展的价值。事实是人们最容易接受的，也是最有说服力的根据。

在海洋研究和利用技术的推动下，人类可利用的海洋新领域越来越多，并产生了切实的经济效果。当然，这些新开发领域有的是近期取得成功的，如海水淡化，海水某些有用元素如碘、溴的提取，海洋波浪能、温差能的利用等。也有的是经历了长期的探索，在近期取得突破性进展，能够转化为现实的生产力和社会经济成分的，比如，海水增养殖业，在 20 世纪 50 年代其产量、产值在海洋水产品中的比重微乎其微，而至 70 年代，由于捕捞面临资源衰退等一系列的新问题，不得不实行捕捞和养殖并举，以保证社会对水产品增长的需要。海水增养殖不仅突破了原有方式方法，而且范围、规模、深度都大为扩展，向农牧化方向发展，如蛤蜊、牡蛎底播，工厂化育苗，采用放流技术，改善并提高海区的生物资源构成和资源量，采用网箱和人工鱼礁技术达到稳产、高产。因此，20 多年来，海水养殖业进步迅速，产量在海洋水产品中的比例急剧上升。目前海水养殖业，无论是技术水平，还是产量、品种都发生了重大的变化。海洋开发利用的进步，均给社会以肯定的、无限的希望。海洋能够为人类社会的继续发展作出更多、更大的贡献。

四、海洋开发利用可能是人类走出当前困境和未来发展的出路

人类经历了漫长的历史，备受艰辛地奋斗至今，在生存条件上由于长期加于自然的"积累"效应，终于爆发了人口、资源、环境的危机。人类继续发展受到了空前的威胁，引起世界各国的普遍关注。对此，有的国家研究报告认为："如果目前的趋势继续发展，未来世界将比我们现在生活在其中的世界更为拥挤，污染更加严重，生态上更不

[①]　蔡守秋、何卫东著：《当代海洋环境资源法》，煤炭工业出版社 2001 年版，第 4 页。

稳定，更易招致混乱。我们面临的人口、资源和环境方面的严重压力是显而易见的。尽管有更多的物质产品，但世界的人民在很多方面将比今天更加贫困。对于数以亿计的极端贫困的人们来说，食物和其他生活必需品的前景不会变得更好，很多人的情况只会更糟。"问题解决的出路在哪里？现在仍在众说纷纭之中。值得注意的是，在诸多的对策中，不少专家认为：人类未来的出路在海洋。如日本产业研究会于1984年组织了36个成员公司，用两年时间编写了《面向21世纪海洋开发利用报告》，该报告坚定地认为21世纪是海洋开发利用的世纪，对日本而言，"渴望海洋开发成为取代50年代以重化工业为中心的高度经济发展的一大未来产业。随着海洋科学技术的进步，日本开始期待海洋这一无限的空间所具有的矿产、生物、能源、空间等资源的开发利用能够支撑日本的社会与经济的需求，从而加速日本社会的进步"。1983年世界环境与发展委员会按照联合国决议组织了一批世界著名专家，用900天时间经广泛深入调研，提出了《我们共同的未来》的报告，他们认为"展望下一个世纪，委员会认为，持续发展，如果不是生存本身，（将）取决于海洋管理的重大进展。我们的机构和政策需进行总的调整，对海洋管理必须拨出更多的资金"。我国有关领导人也提出人类未来的继续发展必须"返回海洋"的口号。这些观点或想法，虽然并不是问题的最后结论，还需要经过今后的实践来证实，但海洋成为人类未来发展的支柱之一，或一个重要的依赖领域是完全可以成立的。

第三节　海洋对人类的价值

从最新和已有知识与开发利用的进展状况观察，海洋对人类的价值，至少有如下的11个方面。

一、海洋调节着全球的气候，创造了人类适宜生存的自然环境

海洋对全球气候的影响和对所及区域的气候控制作用，是早已为人们熟知的事实。首先，海洋以其巨大的热容量，使海洋上空及影响的陆地区域上空的气温变化趋于和缓，振幅较内陆大为减小，海洋是"空调器"；其次，海洋是风雨、雷电的故乡，由海面蒸发进入大气中的水蒸气，源源不断地供应陆地的降水；最后，流经大陆沿岸的洋流，挟带着或暖或冷的巨量水体，如同长江大河川流不息，输送着热量和水分，控制着流经地区的气温和降水。海洋对气候的这些影响已是司空见惯的常识，沿海气候好于陆地气候也是不争的事实。

但是，近期海洋检测、实验、研究发现，海洋对全球气候的作用远非传统的看法，实际上还要深刻、广泛得多。比如厄尔尼诺现象，这种大面积海水升温，不仅对海区生物资源造成破坏，还能够使得局部地区乃至全球大范围大气环流异常，引起一些地区发生灾害性天气。有的研究认为，厄尔尼诺年会影响黑潮的强弱，以及我国东部沿海地区的夏季降水。统计资料表明，在厄尔尼诺发生的第二年，太平洋副热带高压强度增高，位置向西推移，脊线偏南；另外，黑潮流量偏大，主轴向西摆动。这种变化的气压场形势，恰是相当于长江流域的多雨年份，到了第三年，副热带高压减弱，西延位置较正常年份偏东，脊线偏北，这种气压场形势，形成北部地区的山东半岛一带的汛期多雨天气。在全球变暖的气候形势下，海洋也有"反应"。如果全球持续变暖，会给人类活动

带来一系列巨大的冲击,尤其是那些人口密集、经济比较发达但又极易受到气候变化冲击的地区。为此,人类为了适应新环境,将不得不付出巨大的代价。全球变暖的形成因素,主要是温室气体剧增,其中,二氧化碳的浓度,主要受与海洋交换过程的控制,因为海洋是最大的二氧化碳储藏库。海洋与大气间的双向二氧化碳交换,是受大气和海洋上层二氧化碳含量制约的。因此,大气中二氧化碳的增加,有一部分进入海洋。这也是海洋对减缓温室效应的作用;否则,温室气体含量上升的后果必将更为严重。另外,全球性的变暖还给海洋带来如下变化:一是海平面上升;二是海岸侵蚀加剧;三是沿海低平原海水倒灌,土地盐碱化等自然灾害,而且这些地区一般都是城市、工业、人口密集的分布带,其影响是非比寻常的。总之,海洋在全球气候变化中的作用是突出的。

怎样调整海洋的利用,使其能够减缓全球变暖的趋势是海洋科学研究的问题,也是海洋环境保护法要面对的问题。海水是立体的,透明度高的海域,阳光可照进海水 100~200 米,里面有很多浮游植物可以吸收二氧化碳放出氧气,即使我们的近岸海域 2~3 米、4~5 米也可以照进,改进水质,加强光合作用可以吸收二氧化碳,以降低温度。

二、海洋生物资源是人类食物的重要来源

世界人口的增加和人民生活水平的提高,使海洋生物资源开发具有更为重要的价值。在全球 3.6 亿平方千米的海洋里所生存的生物,究竟能够为人类持续发展提供什么样的前景呢?这是衡量海洋价值的又一指标。

全球海洋生物资源的资源量,准确计算是困难的,但据专家的粗略估计为 600 亿~700 亿吨,目前的年捕捞量占 0.01%,约 1.0 亿吨。一般推算在不破坏生态平衡的条件下,每年的可捕量可以达到 1.5 亿~2.0 亿吨,当然也有的预测高达 4.0 亿吨,最为保守的意见也认为在 1.2 亿吨以上。根据这些预测,现在海洋生物资源的利用水平仅是可开发资源的一部分,尚有较大潜力。只要我们加强海洋渔业资源的管理,搞好海洋生态环境的保护,开展资源的合理利用和有节制地进行捕捞生产,确保海洋生物资源的自生产过程,并通过放流技术,改善资源的结构和质量,提高单位水体的生物资源量等,海洋水产捕捞产量完全能够增加,在不太长的时间内实现翻一番,也不是没有希望的。

另外,近期海水养殖技术的进步,已可以如同陆地农业,进行耕海牧渔。世界有广阔的滩涂、海湾、海岛与浅海,均能够发展养殖业。假若这类海域都能利用起来,人类从海洋里得到的食物量必将成倍或成几倍地增加。

三、海洋矿产资源是社会物质生产的原料基地

陆地发现的矿产,在海洋里几乎都有蕴藏。目前能够显示海洋矿产重要地位的是海底石油天然气、大洋锰结核和各类热液矿产、滨海与浅海砂矿、海底煤矿以及溶存在海水中的矿物。其藏量之大、前景之广阔,已不容置疑。

在海洋矿产资源里,有的是现实资源,有的是潜在资源。在已开发的矿产中有海底石油天然气、砂矿、海底煤矿等,海洋油气资源与生产情况前已述及,海滨与浅海砂矿是目前投入开发的第二大矿种。海洋砂矿品种繁多,已开采的有锡石、锆英石、钛铁矿、磁铁矿、金红石、金、独居石、铌单铁矿、磷、铈镧矿、红柱石等。其中部分矿物在市场供应中已占主要地位,如锡石占全部产量的 66%,金红石占 98%,独居石占80%,钛铁矿占 30% 等。海洋矿产资源中,更大量的是潜在资源,比如,被称为 21 世纪矿产的大洋锰结核、海底热液矿产、富钴结壳等。大洋锰结核富含锰、铜、钴、镍四种金属，储量巨大，估计约 3 万亿吨，太平洋底最为富集。此项资源对世界未来发展的矿物需求关系极大，因此备受重视，联合国为开发管理锰结核资源，几年来连续召开专门会议进行协商，并成立了国际海底管理局和国际海洋法庭筹备委员会推进这一工作。

海水溶存的矿物数量更为可观，在 13.2 亿立方千米的水体中，无机盐类约有 5 亿亿吨。从海水中提取有用矿物镁、钾等，已投入生产，世界海水提镁年产量 270 万吨，占世界总产量的 1/3 强。海洋里的矿产资源不仅种类多，而且数量大，只要技术和社会经济能力具备，海洋可以成为社会物质生产的原材料基地。

四、海洋是连接各大陆的基本通道

世界经济繁荣要靠贸易，洲际间实现各类物资运转，主要靠海洋。海洋运输具有承载大、运费低的优点，是其他运输工具难以匹敌的。随着船舶吨位增大、技术性能的提高，海运的优势更加明显。海运是现代世界经济发展的基本因素，特别是原材料与产品依赖国外市场的国家，海运已是这些国家生存发展的生命线。现代社会完全自给自足不需要贸易的国家几乎不存在，贸易是国家经济生活的必要构成。因此，在海运上各国都要直接或间接地受益于海洋。

自 20 世纪 70 年代以来，世界海运业稳步上升，至 20 世纪末期海运商船队载重吨达 8 亿吨左右，商业运输服务创造的年产值在 1 000 亿美元以上。海运业还带动了一系列社会企、事业的发展：一是港口建设，为适应运量的增加，必须进行老港和新港的开发建设，提高港口的吞吐能力；二是沿海城市发展，以港兴市；三是配套的陆地交通、工农业生产、商业贸易、财政金融、旅游服务和国际交流等工业、企业和事业的协调发展。海洋运输的开发实质是社会经济的全面开发。

五、海洋是人类生存发展的新空间

人类生存需要空间。随着人口增多，经济活动的开展，适合生存的空间似乎越来越小而且拥挤。广大的沿海地区表现得更为突出。世界各地不乏这样的地方，城市连着城市、工厂连着工厂，可供耕地的土地所剩无几，人均只有几分土地，更有的农村已不得不转为城镇。虽然各国也在不停地组织垦荒，向山区、向荒漠进军，期望得到新的土地空间，但仍难以弥补失去的数量。土地空间成为发展中的严重阻碍。

海洋空间辽阔，作为空间利用对人类也有不可低估的价值。其一，围造新的陆地，用以建设城镇、机场、工厂和农耕等的用地。世界上已修筑海上机场 10 多个，其中有日本长崎机场，占地面积 200 多公顷；围造人工岛建设城镇数量也不少，如日本神户人工岛（面积 436 公顷）、大阪南港人工岛（面积 937 公顷），横滨大觉和四日市人工岛，面积分别为 321 公顷、387 公顷。世界有 25 个国土面积狭小不到 10 000 平方千米的海洋国家，为解决陆地空间的不足，都开展了围垦造地的活动。有些国家虽然稍大，但与人口的密度相比，仍显得土地紧张，因此与海争地的海洋开发也备受重视，如荷兰近 800 年来围海造地约 8 000 平方千米，平均每年 10 平方千米；日本在近 40 年来约造地 2 000 平方千米，其年平均量最大，为 50 平方千米；新加坡、我国香港和澳门等地区，围海造地成绩也很可观。这项工作对解决这些国家和地区的经济和社会发展起到了重大的作用。其二，在海洋上进行工程建设，减少陆地上用地。此类利用已开展的有：建设水下仓库、水下公园、水上建筑群等。利用海底修建隧道也在兴起，如日本的青函隧道，全长 54 千米，英吉利海峡海底隧道已经通车运营；架设海上桥梁，大型海上桥梁已有 10 多座，最为著名的是美国金门湾的金门桥，全长 2 780 米。

六、海洋的水资源

海洋中的水是丰富的，但作为人类能利用的水，因其咸苦所以长期以来人们并没有把海水作为一种资源来对待。知识的增长和技术的进步改变了这种观念。目前，海水的利用价值主要有以下三个方面。

第一，海水淡化。海水经过淡化生产淡水，现在已经成为成熟的技术，能够制造成套的设备、较大规模地生产供应生活与工农业用水，成为干旱—沙漠国家的淡水主要来源之一，比如科威特、沙特阿拉伯等国家。当然，用海水生产淡水，现在还受成本、能源的限制，推广是有条件的。另外，淡化后的浓缩苦咸水，还可以开展综合利用，提取有用元素，如提取钾、溴等。此用途应是今后继续发展海水淡化的另一个方向，借以降低成本，提高综合效益。

第二，海水直接利用。海水用于工业冷却水已为各沿海国家陆续推广使用。海水冷却，一方面可以减轻沿海城镇日益短缺淡水的压力，许多城市的工业生产因淡水供应不足而停产，近些年来已成为严峻的问题，改用海水无疑是个好办法；另一方面，可以降低工业品的成本。目前，海水冷却已在电力、冶金、石油、化工等行业采用。我国也已经开始推广这项工作，最近，仅青岛市就有 40 多家工厂用海水冷却，年用量为 3 亿立方米以上，使用的效果都很好。

第三，海水灌溉。利用海水进行农业灌溉，是一个美妙而大胆的设想。经过多年的探索与实验，有了初步的成效。海水灌溉的核心问题是耐盐作物品种的选育。美国科学家在多年各地调查选择后，找到了一种水稻，曾在墨西哥湾沿海栽培取得成功，使得这项工作见到曙光，实验仍在继续，适应海水的牧草已经在推广中了。

海水直接利用的发展，显示了海洋价值的内在丰富性。

七、极具前途的海洋可再生能源

海洋里的可再生能源有潮汐能、波浪能、海流能、温差能和盐差能等。这些能源在海洋中昼夜不息，都属于不可耗尽的再生能源。而且，开发不占陆地空间、不污染环境，又可以开展综合利用，一举可以多得，是一类符合人类长远根本利益的能源资源。特别是在油气、煤炭等现有主体能源耗尽有期的情况下，海洋里可再生能源更有其令人向往的价值。

海洋里的潮汐、波浪、海流、温差和盐差能蕴藏量比较大，世界海洋的总量，我们尚无较为可靠的资料，仅就我国临近海域的调查计算，除波浪能之外，其他均在 1 亿千瓦以上，年发电量均可达 2 500 亿千瓦小时以上。由此可见，世界海洋能的总蕴藏量之庞大。这几类能源投入利用的目前仅有潮汐能发电，其他还在研究实验中。

潮汐能主要集中在潮差大的海湾与河口，已经掌握的有：芬地湾（属加拿大、美国）、费罗比歇湾（加拿大）、加邱格斯（阿根廷）、塞温河口（英国）、科克苏阿克河口（加拿大）、菲茨罗伊河口（澳大利亚）、汉江口（韩国）、基日加湾（鄂霍茨克海、俄罗斯）等。以上地区的潮差均在 10 米以上，最高值（平均）为 14 米，极端值可达

18 米；科罗拉多河口（墨西哥）、杭州湾（中国）、谢姆扎河口（俄罗斯）、库洛伊河口（俄罗斯）等，平均潮差均在 8 米以上。我国杭州湾平均潮差为 9.1 米，极端值为 11.7 米。现在国外已经建成的潮汐电站，较大的有几十座，如法国的朗斯电站（年发电 5.44 亿千瓦小时）、圣马洛湾电站（计划年发电量 250 亿千瓦小时）、芬迪电站（年发电量 65 亿千瓦小时）等。正在建设和计划建设的最大潮汐电站，是法国的圣马洛湾电站和俄罗斯的梅森电站，年发电量在 350 亿千瓦小时。我国潮汐发电从 20 世纪 50 年代起步，中间历经起伏波折，现已建成发电的电站有浙江的江厦、岳浦、沙山、海山，山东的白沙口，广东的甘竹滩，江苏的浏河，福建的幸福洋，广西的钦州等十几座小型电站，其中，最大的是甘竹滩电站，装机容量为 5 000 千瓦。

八、海洋旅游资源

海洋自然景观优美壮观，气候宜人，风物极富特色，是现代旅游的主要区域。沿海各地的风光多姿多彩，观赏海洋的景色不仅能给人丰富的享受，而且还能给人以精神上的振奋与激情。海洋是一部教科书，能够给人历史的、自然的各种知识。基于诸多长处，所以世界旅游大军一直经久不衰地游动在大海之滨、海岛之上。同时，也为许多国家创造了大量的财富。

世界旅游人数的与日俱增，这是社会发展的必然结果，据《世界旅游概况》统计，2000 年参加国内外旅游的人数达到 47 亿人次（当年的世界总人口为 62 亿人），其中，国际旅游者为 4 亿人次。世界旅游的总支出和国际旅游的收入增长也很快，旅游是现代社会的主要产业。在整个旅游业中海洋旅游占很大比重，目前两者的产值和收入尚难精确划分，但比重较大是没有问题的。

我国有发展海洋旅游业的客观有利条件，首先是资源丰富，其次是沿海人口多、经济较为发达，随着物质与文化水平的改善与提高，休闲、娱乐的需求大大增加。最后，我国是文明古国，沿海的海洋文化遗迹众多，必能以其强大的吸引力招徕世界各国的游客。因此，我国海洋旅游资源开发具有广阔的前景。

九、海洋关系国家安全，是实施国家政治、军事战略的基本领域

海洋军事力量和行动不仅能够达成战争的目的，而且能够通过海上力量起到威慑作用，保证国家政治、经济利益的实现。正如约翰·柯林斯在《大战略》一书中所述："被大陆分割的全球水域，只要控制了七大洋就能控制陆地上的事务；控制了海上的交通线和咽喉要地，而后采取封锁，或向陆地派遣军队，就可以达到控制陆地的目的。"第二次世界大战之后的 60 多年的历史，在无全面大的战争、地区和局部范围冲突不断的形势下，海洋军事力量的地位、作用越发显得重要了。例如，1982 年英国与阿根廷为争夺阿根廷邻近的马尔维纳斯群岛及其海域油气资源而爆发的马岛之战；美伊之战以及美国与利比亚在锡拉湾的几次对峙，都充分反映在现代国际冲突中，海洋军事力量有其战略的突出地位。已发生的不少事件，使人又重新记起一句话："优势海军享有军事行动的自由。"1982 年的马岛海战，是英国在远离本土外 8 000 多海里的地方作战，如果没有优势的海军力量是无法取得战役胜利的。英国在当年 4 月初阿根廷军队突然攻占马岛后，反应迅速，很快展开了一系列的外交、经济、军事活动，成立了战时内阁和一支包括 39 艘作战舰艇、61 艘运输补给船只及各类型飞机组成的特混舰队，于 4 月 5 日

起航，在特混舰队尚未抵达作战海域，远在南大西洋活动的英国核潜艇先期开到马岛海域，英国随即宣布对马岛海域的封锁。双方接战后，英国采用立体攻击，以其先进的武器、悬殊的海上力量，掌握了制海权和封锁的效果，导致阿军的败北。10 年以后以美国为首，英、法等参加的对伊拉克的战争，以及 21 世纪之初重新燃起的美国和伊拉克之战、西方世界和伊朗的斗争，也都表现了海上力量的巨大作用。

十、海洋是人类天然的废物回收站

尽管海洋环境有其脆弱性，但与陆地相比，海洋具有较好的稀释和扩散能力，也有一定的降解能力，可以容纳一些废物，减轻陆地的压力。然而，虽然海洋无边无际，但它作为一个统一的自然系统，也存在着历史演化而形成的内在平衡，如生态系统平衡、海洋沉积动力平衡以及温盐平衡等。这些平衡都是有条件的，当其依据的条件出现变化，平衡也一定会被打破，产生对人类的直接或间接的影响。

随着沿海人口的增加和海洋开发活动的加强，来源于工厂排放、海岸工程建设、海上船舶、石油勘探开发、海难事故、海洋倾废以及大气沉降等途径的污染物，使海洋环境质量下降，特别是河口和沿岸海湾会遭受不同程度的污染损害，甚至酿成重大的灾害，造成惨重的人命与财产损失。据估计，世界各地每年向海洋倾倒的废弃物达到几十亿吨之多，仅油轮溢油泄漏进入海洋的石油就约有 150 万吨，通过江河和排污管道流入海洋的污染物质数量更大。遭受污染的海域，不仅海洋自然景观和其他旅游资源受到破坏，而且水质变坏，影响生物的栖息和繁衍，更有甚者可以使滩涂、海域变得死寂荒芜，有些污染物毒性较大，可以致癌，经生物链富集至人身，危害人体健康。海洋污染在我国也比较突出，更应引起注意。改革开放后，沿海工业企业大量增加，陆源污染物排放入海的数量急剧上升，因此，近海环境退化的趋势日渐明显，每年都有若干起急性污染事故的发生，比如，1989 年上海甲肝流行，其原因是食用吕泗海域的不洁毛蚶。吕泗海域系淤泥质海底，盛产毛蚶，资源非常丰富，每年毛蚶的产值都有数千万元。但近些年来，由于入海污染物质增多，特别是生活废污水未经处理直接排入海中，使毛蚶沾污甲肝病毒，从而使食用者受到感染。这一事件损失相当严重，也造成了国内外的震动。为此，国家有关部门发布了吕泗毛蚶的"三禁"（即禁采、禁运、禁销）决定。至今已经近 20 年，其受到的影响仍未完全消除。另外，陆源污染物大量直接入海，使海域有机污染、富营养化程度高，为赤潮发生制造了物质基础。20 世纪 80 年代以来，世界各地沿岸水域赤潮发生频繁，而且区域范围不断扩大，持续时间越来越长，影响及损失大幅度上升，有的一次赤潮绵延可达数百千米，断续时间可达几个月之久。2010 年我国沿海共发生赤潮 69 次，累计面积达 10 892 平方千米，造成直接经济损失约 2 亿元。

海洋环境污染的发展，如同全球环境问题一样，对人类的生存和未来投下了一抹阴影，引起了世界的深思。海洋在现代开发波及下，同样暴露出其脆弱的一面，若期望海洋成为人类的未来希望，也只有在加强保护的基础上才能够是真实希望，否则可能变成一场虚幻，这是人类对海洋的新观念。

十一、其他

海洋的新价值还有：药物价值、建材价值和科学价值等。海洋科学研究上的独到作用是众多方面的，比如海洋保存着一些生物"活化石"（黄岛长吻虫、柱头虫、文昌鱼等）对建立生物系统演化史具有特殊意义。再如，在 30 年前曾轰动一时的板块理论，被称之为"地质革命"，也是通过大洋地质钻探、研究而提出的。

今后，在认识扩大和技术能力的推动下，一定会有更多的海洋新价值观发现。海洋与人类的未来紧密相关，能够为社会持续进步提供更多、更大的支持。

参考文献

1. 相建海．中国海情．济南：开明出版社，2002.
2. 李耀臻、徐祥民．海洋世纪与中国海洋发展战略研究．青岛：中国海洋大学出版社，2004.

课后思考

1. 海洋环境、海洋资源与海洋生态系统这三个概念的区别与联系是怎样的？
2. 环境科学中的海洋环境与环境法学中的海洋环境的定义有何不同？
3. 海洋环境保护法学与海洋环境科学的关系是怎样的？
4. 人类对海洋利用的历史有什么特点？
5. 未来海洋对人类的价值会有怎样的变化和发展？

第二章　海洋环境保护法的概念和法律体系

第一节　海洋环境保护法的概念

海洋是地球上广大连续的咸水的总称，总面积为 3.6 亿平方千米，约占地球总面积的 71%。海洋本身构成一个巨大而独立的生态系统，被誉为地球"生命的摇篮"，并且蕴涵着丰富的自然资源。人们在开发利用海洋的同时，不断地改变着海洋环境，其中，某些不合理的陆上及海上活动对海洋环境造成了损害。海洋资源的不合理开发利用和海洋环境的恶化引起了世界各国的广泛关注，国际组织和各国政府纷纷制定了许多保护海洋环境方面的法律法规，以期实现防止污染加剧，可持续开发利用海洋的目标。

一、海洋环境问题

海洋对人类社会的生存发展具有十分重要的意义和作用。海洋既是地球上最重要的生态系统和环境要素，又是一个巨大的资源宝库，提供生物资源、油气资源、矿产资源、海洋能资源、空间资源等。随着人类开发海洋进程的加快，海洋环境问题已经引起人们的重视。海洋环境问题是在人类开发利用海洋的过程中出现的，并且呈现愈来愈烈的发展趋势。与我们常说的环境问题类似，广义上的海洋环境问题，是指由于海洋的自然变化而给人类造成的一切有害影响和危害，其中，既包括海啸、台风、赤潮等自然灾害所引起的第一海洋环境问题（也称为原生海洋环境问题），也包括由于人类生产生活使海洋出现的污染或资源枯竭等不利变化的第二海洋环境问题（也称为次生海洋环境问题）。而狭义上的海洋环境问题仅指第二海洋环境问题，由于这类海洋环境问题能够被人类预防和控制，并且影响范围广、危害性更大，所以它是海洋环境科学和海洋环境保护法学所主要研究的对象。[①]

根据发生原因的不同，狭义的海洋环境问题分为两种：一种是投入性海洋环境问题，即指因人类活动直接或间接地向海洋排入超过其自净能力的物质或能量，从而使海洋环境质量下降甚至造成污染的现象；另一种是取出性海洋环境问题，即指人类不合理地开发利用海洋，过度从海洋中索取物质或能量，从而使海洋的恢复和增殖能力受到破坏的现象。投入性海洋环境问题和取出性海洋环境问题尽管含义有所不同，但二者之间存在着较为密切的联系，并且都会对人类的可持续发展产生消极影响。十几年来，全球海洋事业突飞猛进，海洋事业的发展和海洋环境的变化对海洋环境保护提出了更高的要求，为了适应和促进全球海洋事业的可持续发展，各国都逐步加强了海洋环境保护的法制建设，海洋环境保护法成为环境保护法体系中重要的一个分支。

二、海洋环境保护法的概念及特征

广义上的环境保护法是关于保护和改善环境，合理开发利用自然资源，防治污染和

---

① 蔡守秋、何卫东著：《当代海洋环境资源法》，煤炭工业出版社 2001 年版，第 8 页。

其他公害的法律规范的总称。同理，从广义上来说，海洋环境保护法是指国家制定或认可的，为实现经济和社会可持续发展，调整有关开发、利用、保护、改善海洋环境的法律规范的总称，是调整在保护和改善海洋环境，保护海洋资源，防治污染损害，维护生态平衡过程中发生的各种社会关系的法律规范的总和，不仅包括《中华人民共和国海洋环境保护法》（以下简称《海洋环境保护法》），而且包括《宪法》、《中华人民共和国民法通则》（以下简称《民法》）、《中华人民共和国刑法》（以下简称《刑法》）等法律中有关海洋环境保护的规定，也包括海洋资源保护法，以及与其相配套的行政法规、地方性法规、规章和标准，以及我国缔结和参加的国际海洋环境保护公约。一句话，广义的海洋环境保护法，是指适用于我国海洋环境保护的法律体系。狭义的海洋环境保护法，单指《海洋环境保护法》。本章我们所说的海洋环境保护法是指广义上的海洋环境保护法。

对于海洋环境保护法的概念，我们可以从以下几个方面来理解。

第一，海洋环境保护法是环境保护法这个法律部门的一个分支。首先，海洋环境保护法同其他法律一样，是由国家制定或认可并由国家强制力保证实施的关于海洋环境保护的社会规范。其次，我们所说的海洋环境保护法不是一个单独的法律规范，而是有关海洋环境保护的具有相似调整对象、共同立法目的的一系列法律规范的总和。

第二，海洋环境保护法的调整对象是特定的社会关系，即人们在开发利用海洋活动中产生的各种社会关系，具体包括与保护海洋自然资源有关的社会关系和防治海洋污染有关的社会关系。

第三，海洋环境保护法以协调人类与海洋环境的关系为目标，该目标是通过调整在开发海洋资源和保护海洋环境中产生的人与人之间的社会关系来实现的。海洋环境保护法是建立和维护海洋环境法律秩序的主要依据。

作为环境保护法的一个分支，海洋环境保护法具有环境保护法所具有的特征。

（1）综合性。海洋环境的特点决定了海洋环境保护法具有很强的综合性。海洋环境保护的范围、对象非常广泛，它所调整的社会关系也十分复杂，涉及生产、流通、生活各个领域，并与开发、利用、保护海洋环境和资源的广泛的社会活动有关。这就决定了需要多种法律规范、多种方法，从各个方面对海洋环境法律关系进行综合性的调整。海洋环境保护法不仅包括专门的海洋环境保护法，还包括其他环境保护法律法规中的与海洋环境保护有关的规定，以及《宪法》、《民法》、《刑法》、《中华人民共和国劳动法》（以下简称《劳动法》）、《中华人民共和国行政法》（以下简称《行政法》）和《中华人民共和国经济法》（以下简称《经济法》）等多种法律部门中与海洋环境保护有关的规范。海洋环境保护法所采取的法律措施涉及经济、技术、行政、教育多种因素，也具有综合性。

（2）技术性。海洋环境保护法不是单纯地调整人与人之间的社会关系，而是通过调整一定领域的社会关系来调整人同海洋环境的关系。这就决定了海洋环境保护法必须体现自然规律特别是海洋环境科学与海洋生态学规律的要求，因而具有很强的自然科学性。再者，海洋环境保护需要采取各种工程的、技术的措施，所以一些相关的技术规范、操作规程、环境标准、控制污染的各种工艺技术等也包括在海洋环境保护法律体系中。技术性是海洋环境保护法不同于普通法律规范的一个鲜明特点，它是一般法律规范和法律化的科学技术规范的综合体，以环境科学理论作为自己的科学基础。

（3）社会性。也有学者将这一特点称为公益性。与一般的法律规范体现的鲜明的阶级对立性不同，海洋环境保护法的调整对象偏重于人类活动与海洋的关系，所以阶级性在海洋环境保护法中几乎看不出来。海洋环境保护法同其他环境保护法一样，其保护的利益同全社会的利益是一致的，即全社会的环境利益，解决人类共同面临的海洋环境问题，反映全体社会民众的意志和要求，而不单纯是为一个阶级或阶层服务的工具，因此海洋环境保护法有着广泛的社会性和公益性，明显地体现了法的社会职能的一面。

（4）共同性。海洋是相通的，海水是流动的，人类生存的地球环境是一个整体，所以海洋环境问题不是一个局部问题，有的已经超越国界成为全球性问题，基于海洋环境问题产生原因的相同性和存在的普遍性，世界各国制定的海洋环境保护法在理论依据、防治污染的途径和手段、环境保护基本政策和具体措施方面具有共同性。另外，有学者将环境法的本质归纳为社会法，社会性或者说公益性是环境保护法的特点之一，这从另一个方面也说明了海洋环境保护法的共同性。

三、中国海洋环境保护法的发展

在我国，20世纪五六十年代，是国民经济恢复和国家第一至第三个五年建设计划时期。这一时期，虽然海洋事业方面制定的法规大都是为了加强行政管理，没有从保护海洋环境的角度制定防止海洋环境污染的规定，但是这些有关发展海洋事业的行政管理法规，在一定意义上起到了保护海洋环境的作用。如1952年3月政务院批准的《中华人民共和国船舶、外籍船舶进出口管理暂行办法》，1956年6月国务院颁布的《关于渤海、黄海及东海机轮拖网渔业禁渔区的命令》，1964年6月我国政府颁布的《外国籍非军用船舶通过琼州海峡管理规则》等。据不完全统计，从20世纪50年代中期到60年代初期，我国关于海事处理方面的法规有40件左右。这些法规，为制定海洋环境保护法奠定了基础。

20世纪70年代，海上石油运输事业迅速发展，油轮运输事故日益增多。为了防止我国沿海水域污染，1974年1月国务院批准试行《防止沿海水域污染暂行规定》，对沿海水域的污染防治，特别是对船舶压舱水、洗舱水和生活废弃物的排放，作了详细的规定。这是我国有关海洋环境污染防治、保护海洋环境的第一个规范性法律文件。在1979年的《中华人民共和国环境保护法（试行）》中，也有一些条款就海洋环境的保护和污染防治作了原则性的规定。在70年代作出防止沿海水域污染的规定，是我国海洋环境保护法史上的重要转折。

进入20世纪80年代，海洋环境保护问题正式被列入国家的议事议程，海洋环境保护的法制建设有了更加迅速的发展。1982年4月国务院环境保护领导小组颁布了《海水水质标准》，1982年8月第五届全国人民代表大会常务委员会第二十四次会议通过了《海洋环境保护法》，1983年至1985年国务院发布了《防止船舶污染海域管理条例》、《海洋石油勘探开发环境保护管理条例》和《海洋倾废管理条例》，1988年5月国务院发布了《防止拆船污染环境管理条例》。为了保护海洋资源，我国于1986年制定了《中华人民共和国渔业法》（以下简称《渔业法》），1988年制定了《野生动物保护法》，随后又制定了《自然保护区保护条例》、《水生野生动物保护管理条例》等法规，我国海洋环境保护法律体系初步形成。

20 世纪 90 年代以后,我国海洋环境保护事业加快了步伐,制定了一些有关海洋环境保护的法律法规,1990 年制定了《防治陆源污染物污染损害海洋环境管理条例》和《防治海岸工程建设项目污染损害海洋环境管理条例》;1999 年 12 月 25 日通过发布了修订后的《海洋环境保护法》;2001 年通过了《中华人民共和国海域使用管理法》(以下简称《海域使用管理法》);2001 年对《渔业法》进行了第一次修订,2004 年进行了第二次修订;2003 年制定了《中华人民共和国放射性污染防治法》(以下简称《放射性污染防治法》);2004 年修订了《中华人民共和国野生动物保护法》(以下简称《野生动物保护法》)。至此,我国海洋环境保护法律体系进入完善阶段。

自 1971 年恢复了我国在联合国的合法席位以后,我国陆续加入了联合国和其他国际组织订立的几乎所有有关海洋环境保护的条约,对这些公约中有关海洋环境保护的条款没有保留,全部接收。此外,我国和日本、美国、澳大利亚等 20 多个国家订立了海洋环境保护方面的协定,我国加入的国际条约和双边或多边协定也属于我国海洋环境保护法,具有法律效力。

第二节　海洋环境保护法律体系

一、海洋环境保护法律体系的概念

海洋环境保护法律体系是指由国家现行的海洋环境保护法律法规形成的有机联系的统一整体。尽管有关海洋的规范性文件具有不同的形式、不同的调整对象、不同的内容和不同的效力,相互间存在差别,但又都是建立在统一的经济基础上,反映统一的国家意志,受共同的原则指导,彼此并不割裂和抵触,而具有内在的协调一致性,不同形式的法规配套,自然构成一个有机联系的统一整体。在这个整体中,以宪法的有关规定为主线,按法规的形式、主要内容、基本功能和效力的不同,依次排列,干支有序,纲目不疏,形成塔式结构。

海洋环境法体系是海洋环境法的内部层次和结构,是由各海洋法律法规等规范性文件组成的统一法律整体。它应当是内外协调一致的,即它对外应与其他环境保护法律相协调,以保证整个环境保护法体系的和谐统一;对内则应是海洋环境保护法各法律法规之间的协调补充,以发挥海洋环境法的整体功能。海洋环境保护法是环境法这个法律部门的一个亚法律部门或者说是一个分支,因此海洋环境保护法律体系附属于环境法体系,是环境保护法体系的子体系。

二、海洋环境保护法律体系的特点

海洋环境保护法律体系是由海洋环境保护法的调整对象决定的,调整对象的独特性决定了法律规范的独特性,从而使形成独立的海洋环境保护法律体系成为可能和必要。从海洋环境保护法的调整对象上分析,海洋环境保护法是对现代社会中的海洋生态环境保护关系和海洋污染防治关系进行调整的法,海洋环境保护法应当包含海洋生态环境保护和海洋污染防治两个方面的法律规范,并由一个综合性的基本法加以全面规定。这些独立的法律法规有自己的特殊性,与构成其他环境保护法律体系的法律规范并不发生重叠和矛盾,从而可以避免环境法与其他法律部门的冲突,保持整个环境法律体系的协调一致和相对和谐统一。海洋环境保护法律体系分为两大类部门法：海洋生态保护法和海洋防治污染法。这两类性质相同的法律规范紧密地交织在一起，从而使海洋环境保护法律体系各法密切相关，协调共处。

由于海洋环境保护法调整手段的综合性，涉及的海洋资源种类多种多样以及从多种源头防治海洋环境污染，因此海洋环境保护法是一个由数量相当庞大的法律规范所组成的法律体系。海洋环境保护法律体系是一国内所有调整开发、利用、保护、改善环境资源活动的现行法律规范组成的相互联系、相互补充、内部协调一致的统一整体。它不是现行的环境资源法律规范的简单相加，而是按照不同法律文件的级别、层次、内容、功能而进行的系统排列与组合。

三、海洋环境保护法律体系的组成

1983 年 3 月 1 日起开始施行的《海洋环境保护法》标志着中国的海洋环境保护工作走上了法制轨道。1999 年 12 月 25 日，通过了对该法的修订草案。新修订的《海洋环境保护法》，自 2000 年 4 月 1 日起施行。随着海洋环境保护事业的发展，海洋环境保护法制逐步健全，目前已经形成了以《宪法》为根据，以《环境保护法》为基础，以《海洋环境保护法》、《野生动物保护法》、《渔业法》等专门法为主体，以海洋环境保护行政法规、地方性法规、规章和标准为补充，与国际公约相协调的海洋环境保护法律体系。现分述如下。

1. 《宪法》关于环境保护的规定

《宪法》关于环境保护的规定，是海洋环境保护法的基础和立法依据。把环境保护作为一项国家职责和基本国策在宪法中予以确认，把环境保护的指导原则和主要任务在宪法中作出规定，就是国家为国家和社会的环境活动奠定了《宪法》基础，赋予了最高的法律效力和立法依据。

我国《宪法》第二十六条规定保护环境和维护生态平衡是国家的一项基本职责："国家保护和改善生活环境和生态环境，防治污染和其他公害。"这一规定是国家对于环境保护的总政策的宪法阐述，说明了环境保护是国家的一项基本职责。

《宪法》从所有权的角度对重要自然资源和环境要素作了规定。如《宪法》规定："矿藏、水流、森林、山岭、草原、荒地、滩涂等自然资源，都属于国家所有，即全民所有；由法律规定属于集体所有的森林和山岭、草原、荒地、滩涂除外。"① "城市的土地属于国家所有。农村和城市郊区的土地，除由法律规定属于国家所有的以外，属于集体所有……"。② 这些规定把自然资源的某些重要的环境要素宣布为国家所有，即全民所有。全民所有的公共财产是神圣不可侵犯的，这就从所有权方面为海洋环境和资源的保护提供了保证。

我国《宪法》还规定环境资源保护的基本政策和原则。《宪法》第九条第二款规定："国家保护自然资源的合理利用，保护珍贵的动物和植物。"第二十二条第二款规定："国家保护名胜古迹、珍贵文物和其他重要历史文化遗产。"

我国《宪法》规定公民有在良好环境中生活的权利和保护环境资源的义务。但是

---

① 参见《中华人民共和国宪法》第九条第一款。
② 参见《中华人民共和国宪法》第十条第一、第二款。

我国《宪法》没有对公民的环境权作出明确规定，这对于切实保障公民环境权益，有效防止环境污染和破坏十分不利，但有些规定涉及了公民保护环境资源义务的内容。如我国《宪法》第九条第二款规定："禁止任何组织或者个人用任何手段侵占或者破坏自然资源。"第十条第五款规定："一切使用土地的组织和个人必须合理地利用土地。"这些规定强调了对自然资源的严格保护和合理利用，以防止因自然资源的不合理开发导致环境破坏。此外，《宪法》第五十一条还规定："中华人民共和国公民在行使自由和权利的时候，不得损害国家的、社会的、集体的利益和其他公民的合法的自由和权利。"该规定是对公民行使个人权利不得损害公共利益的原则规定，其中也包括不得损害别人的环境权利。

2. 环境保护基本法的规定

1989 年 12 月颁布的《环境保护法》是中国环境与资源保护的基本法。该法是 1979 年的《环境保护法》（试行）经修订后重新颁布的。该法确定了经济建设、社会发展与环境保护协调发展的基本方针，按照实行"预防为主，防治结合"、"谁污染，谁治理"和"强化环境管理"三大政策的要求，规定了各级政府、一切单位和个人保护环境的权利和义务。《环境保护法》在环境法体系中占有核心地位，它对环境保护的重大问题作出全面的原则性规定，是构成其他单项环境法的依据，不仅明确了环境保护的任务和对象，而且对环境监督管理体制、环境保护的基本原则和制度、保护自然环境和防治污染的基本要求以及法律责任作了相应规定。对于海洋环境的保护，《环境保护法》第三条规定："本法适用于中华人民共和国领域和中华人民共和国管辖的其他海域。"第二十一条规定："国务院和沿海地方各级人民政府应当加强对海洋环境的保护。向海洋排放污染物、倾倒废弃物，进行海岸工程建设和海洋石油勘探开发，必须依照法律的规定，防止对海洋环境的污染损害。"

3. 海洋环境保护专门法

《海洋环境保护法》是我国海洋环境保护的专门法，于 1982 年 8 月 23 日，第五届全国人民代表大会常务委员会第二十四次会议通过，1983 年 3 月 1 日起施行。为了适应新情况下海洋环境保护的需要，全国人大常委会自 1995 年开始着手对该法修订的准备工作。前后经过两个阶段、大约 5 年的调查、起草和修改，于 1999 年 12 月 25 日，通过了对该法的修订草案。新修订的《海洋环境保护法》，自 2000 年 4 月 1 日起施行。该法由原来的 8 章 48 条，修改为 10 章 98 条，增加了 2 章 50 条。该法确定海洋环境保护法的目的、适用范围和我国海洋环境保护监督管理部门及职责分工，规定了海洋环境保护的管理制度，同时规定了违反该法的法律责任。我国《海洋环境保护法》的规定注意了与我国参加的有关国际公约相协调。在防治船舶污染方面，同我国参加的《1969 年国际油污损害民事责任公约》是一致的，同时考虑到《国际防止船舶造成污染公约》（1973/1978）及其附则中规定的标准和要求；有关向海洋倾倒废弃物的规定，参照了《防止倾倒废物及其他物质污染海洋的公约》（1972 年）和外国的有关海洋环境保护的法律、法规。

4. 海洋环境保护法规

海洋环境保护法规是由国务院制定并公布或者经国务院批准而由有关主管部门公布的有关海洋环境保护的规范性文件。主要包括海洋污染防治法规和海洋资源保护法规。

1982 年的《海洋环境保护法》是中国第一部保护海洋环境的综合性专门法律，为实施《海洋环境保护法》，国务院先后制定发布了 6 个管理条例，即《防止船舶污染海域管理条例》、《海洋石油勘探开发环境保护管理条例》、《海洋倾废管理条例》、《防止拆船污染环境管理条例》、《防治陆源污染物污染损害海洋环境管理条例》、《防治海岸工程建设项目污染损害海洋环境管理条例》。随着《海洋环境保护法》的修订，这些法规也随之进行修订。《海域使用管理法》、《渔业法》、《矿产资源保护法》、《野生动物保护法》等资源法及相关的行政法规如《渔业法实施细则》、《自然保护区条例》等组成了我国海洋资源保护的法律体系。

从制定海洋环境保护法规目的的角度出发，这些法规也可以分为两类：一类是为执行环境保护基本法和海洋环境保护法而制定的实施细则或条例；另一类是对海洋环境保护工作中出现的新领域或尚未制定相应法律的某些重要领域所制定的规范性文件。

5. 海洋环境保护部门规章

海洋环境保护部门规章是由环境保护行政主管部门或海洋专门管理部门发布的环境保护规范性文件，它们有的由环境保护行政管理部门单独发布，有的由几个有关部门联合发布，都是以有关的环境法律和行政法规为依据而制定的。

依照法律规定行使海洋环境监督管理权的国务院有关部门，包括国家环境保护总局、国家海洋局、交通部、农业部、军队环境保护部门，为实施《海洋环境保护法》及与其相配套的管理条例，先后制定发布了一批部门规章，例如：《海洋石油勘探开发环境保护管理条例实施办法》，《海洋倾废管理条例实施办法》，《海上监视应急管理办法》，《海洋自然保护区管理办法》，《交通部港口油区安全生产管理规划》，《港口危险货物管理暂行规定》，《油船安全生产管理规则》，《交通部关于船舶污染事故处罚程序的规定》，《关于加强渔港水域环境保护工作的规定》，《海洋石油勘探开发化学消油剂的使用规定》，《海洋石油勘探开发溢油应急计划编报和审批程序》，《海洋倾倒区选划与监测指南》等。这些地方性海洋环境保护法规和规章为当地海洋环境保护发挥了重要的作用。

6. 海洋环境保护地方性法规和规章

海洋环境保护地方性法规和地方政府规章是各沿海省、自治区、直辖市、省人民政府所在地的城市以及国务院批准的较大城市的人民代表大会或者其常务委员会制定的有关海洋环境保护的规范性文件；各省、自治区、直辖市、省人民政府所在地的城市以及国务院批准的较大城市的人民政府制定的有关海洋环境保护的规范性文件称之为地方规章。这些地方性法规和地方政府规章都是以实施国家环境法律、行政法规为目的，以解决本地区某以特殊环境问题为目标，因地制宜而制定的。

沿海具有立法权的地方人民代表大会及其常务委员会和地方人民政府，为实施国家海洋环境保护法律和行政法规，结合本行政区域的具体情况和实际需要，制定和发布了一批地方性法规或地方政府规章，例如：《天津市海域环境保护管理办法》，《大连市沿海水域环境保护管理规定》，《厦门市环境保护条例》，《青岛市近岸海域环境保护规定》，《海南省红树林保护规定》，《海南省珊瑚礁保护规定》，《辽宁省沿海地区污水直接排放海域标准》等。

7. 海洋环境标准

海洋环境标准是海洋环境保护法律体系中一个特殊组成部分。在我国，环境标准分为国家标准和地方标准两级。国家标准由国家海洋环境保护管理部门制定，地方环境标准由沿海省一级人民政府制定并报国家环境保护行政主管部门备案。海洋环境标准具有法律强制性，违反环境标准要依法承担相应的法律后果。

国家海洋环境保护行政主管部门为实施国家海洋环境保护法律和行政法规，颁布了一批海洋环境标准，例如：海水水质标准，渔业水质标准，海洋生物质量标准，海洋沉积物质量标准，景观娱乐用水水质标准，污水综合排放标准，船舶污染物排放标准，海洋石油开发工业含油污水排放标准、污水海洋处置工程污染控制标准等。我国法律规定，环境质量标准和污染物排放标准属于强制性标准，违反强制性环境标准，必须承担相应的法律责任。

8. 其他部门法中关于海洋环境保护的法律规范

由于海洋环境保护是一项巨大的、复杂的、广泛的系统工程，单靠专门的立法不可能把涉及海洋环境的全部社会关系都调整到，需要其他的环境保护法律、法规以及其他部门法加以补充。例如，《水污染防治法》、《领海及毗连区法》、《专属经济区和大陆架法》、《民法通则》、《刑法》、《治安管理处罚条例》等法律、法规都作了若干有关或有利于保护和改善海洋及海岸生活环境与生态环境，防治海洋及海岸污染和其他公害或者实施海洋环境法律、法规所必须的规定。

海洋环境保护法律、行政法规、地方性法规、规章和标准及其他涉及海洋环境保护的法规都是依照法定的权限和程序，遵循民主、公开、公正的原则制定的。它们既有区别又有联系，具有社会主义法制的统一性与和谐性，构成了具有内在的、协调一致的、有机联系的统一整体。可以说，目前中国有关海洋环境保护的法律、法规、规章和标准基本形成了法律体系，保证了海洋环境监督管理不仅有法可依，而且有章可循。

9. 我国参加的国际公约和缔结双边协定

我国加入的海洋环境保护的国际公约和双边协定是我国海洋环境保护法律体系的重要组成部分。据有关部门不完全统计，截至2005年6月，中国缔结的多边国际环境条约有60多件，双边国际环境条约近30件，同时签署国际环境法律性文件30余件，占国际环境条约总数的55%。这些公约主要包括《国际油污损害民事责任公约》、《联合国海洋法公约》、《生物多样性公约》、《濒危野生动植物种国际贸易公约》、《关于持久性有机污染物的斯德哥尔摩公约》、《关于特别是作为水禽栖息地的国际重要湿地公约》、《1969年国际干预公海油污事故公约》、《防止倾倒废物和其他物质污染海洋的公约》、《濒危野生动植物种国际贸易公约》、《1973年干预公海非油类污染议定书》、《关于1973年国际防止船舶造成污染公约1978年议定书》、《修正1969年国际油污损害民事责任公约的1992年议定书》、《亚洲—太平洋水产养殖中心协议》、《控制危险废物越境转移及其处置的巴塞尔公约》、《关于环境保护的南极条约议定书》、《中白令海峡鳕资源养护和管理公约》、《执行1982年12月10日〈联合国海洋法公约〉有关养护和管理跨界鱼类种群和高度洄游鱼类种群的规定的协定》、《1990年国际油污防备、反应和合作公约》、《修正1971年设立国际油污赔偿基金国际公约的1992年议定书（仅适用于香港）》、《建立印度洋金枪鱼委员会协定》、《〈生物多样性公约〉卡塔赫纳生物安全议定书》、《2001年国际燃油污染损害民事责任公约》等。我国除缔结或者参加以上多边条约外，还先后与美国、朝鲜、加拿大、印度、韩国、日本、蒙古、俄罗斯、德国、澳大利亚、乌克兰、芬兰、挪威、丹麦、荷兰等国家签订了环境保护双边合作协定或谅解备忘录；签署了《人类环境宣言》、《关于环境保护和可持续发展的法律原则建议》、《里约环境与发展宣言》、《二十一世纪议程》、《国际清洁生产宣言》等国际环境保护法律性文件。①

参考文献

1. 蔡守秋．调整论．北京：法律出版社，2004.
2. 汪劲著．环境法的理念与价值追求——环境立法目的论．北京：法律出版社，2000.
3. 金瑞林．环境法学．北京：北京大学出版社，1999.

课后思考

1. 海洋环境问题的主要成因有哪些？各学科针对海洋环境问题的解决提出了哪些对策？
2. 什么是海洋环境保护法，与其他部门法学相比较它有哪些特征？
3. 我国海洋环境保护法的渊源有哪些？
4. 我国海洋环境保护法的发展历史与其他国家相比较有怎样的特点？
5. 简述我国海洋环境保护法的法律体系。

---

① 周珂主编：《环境法》，中国人民大学出版社 2000 年版，第 165 页。

第三章 我国的海洋环境及海洋环境保护法

第一节 我国的海洋环境

一、我国海洋环境形势

1972 年联合国人类环境会议后，国家认识到环境问题的严重性，开始把它提到议事日程上来。1978—1982 年，国家组织完成了"渤海、黄海海域污染防治研究"，国家和地方投资治理了渤海、黄海沿岸主要污染源，促进了两大海区污染防治工作，也使局部污染严重的海域的水质得到了改善。1982 年，全国人大常委会在诸多环境领域中率先颁布了《海洋环境保护法》。此后，国家逐步建立了海洋环境保护法律体系和管理体系，社会各界海洋环境保护意识和法制观念不断增强，海洋环境保护事业不断取得新进展。由于海洋环境保护工作不断加强，在沿海地区工业化、城市化快速发展，污染物产生量急剧增加的情况下，污染严重恶化的势头得到缓解，局部海域的环境质量有所改善，并使大面积海域水质基本保持良好的状态。①

我国近年来海洋环境状况，虽然局部有所控制，但是总体还在恶化，海洋环境形势仍相当严峻。从总体上看，环境污染和生态破坏主要是在近岸海域，概括地说是这样四句话：环境质量逐年退化，污染范围不断扩大，环境灾害频繁发生，生态破坏日趋严重。四个海区比较，渤海生态破坏尤为突出。这些已严重影响和制约着沿海经济和社会的可持续发展，威胁着人民群众的身体健康，引起了社会各界的关注和重视。

二、我国海洋环境质量状况概述

随着江河污染物入海量的增加，溢油等突发事故灾害对海洋生态环境的损害严重。近岸局部海域富营养化、海洋环境灾害频发和海岸带生境破坏成为影响我国海洋环境状况的突出问题。虽然我国管辖海域的海水环境质量状况远海质量较好，但是近岸海水质量很差。2000 年，有 4.8 万平方千米的近岸海域水质劣于第四类海水水质标准。我国近岸典型海洋生态系统总体处于健康和亚健康状态。90% 监控区域的生态系统基本维持其自然属性，生态服务功能能够正常发挥；局部区域生态系统处于不健康状态，生物多样性和生态系统结构变化较大，生态服务功能受损。2010 年全海域发现赤潮 69 次，累计面积 10 892 平方千米。②

三、我国的海洋环境问题原因分析

（一）入海污染物不断增多

随着沿海经济的发展，我国近岸海域，特别是一些毗邻大、中城市的近岸海城和一

---

① 相建海主编：《我国海情》，开明出版社 2002 年版，第 16 页。

② 2010 年全国海洋环境公报，国家海洋局官网，http：//www. soa. gov. cn/soa/hygbml/hjgb/ten/webinfo/1305507673164861. htm。

些人海河口、港区水域、海湾受到了比较严重的污染。如渤海的锦州湾、渤海湾，黄海的大连湾、胶州湾，东海的长江口、杭州湾，南海的珠江口等，主要污染物为石油类和有机物。我国近岸海域环境质量恶化，导致赤潮频发，造成很大损失，近年来有毒赤潮致使人体中毒及死亡的事例也时有发生。

（二）海洋生态环境损害严重

我国海洋生态环境已经遭到了严重的损害。具体表现在以下几个方面：①不合理的围海造地和其他围海工程使海涂生态系统遭到明显破坏。新中国成立以后，我国围海造地、开垦了我国海涂总面积的一半以上，对缓解沿海地区人多地少的矛盾，发展生产起了积极作用，但同时也使原有野生物种丧失了大面积生存环境，特别是一些地区盲目地围海造地和其他围海工程，造成了许多不良的甚至严重的后果。②红树林、珊瑚礁和其他类型湿地生态系统遭到破坏。红树林和珊瑚礁破坏后，海岸直接受到海浪冲刷破坏，沿岸土地盐碱化，红树林和珊瑚礁鱼类由此失去了生存环境和营养供应地，种群因而消退。③滥采砂石、地下水引起海岸侵蚀和海水入侵。岸滩砂石对稳定海岸生态环境具有重要作用，只能在不损害景观、不破坏环境的前提下适量采挖。但长期以来，采挖砂石基本上处于无序无度状态。盲目地大规模采挖砂石，破坏了动力与岸滩的平衡，引起岸滩侵蚀，给沿岸人民群众的生产生活带来严重影响。

（三）过度捕捞

据测算，我国海域渔业最大可捕量约为 470 万吨，最佳可捕量在 280 万 ~ 330 万吨。自 20 世纪 60 年代末期以来，我国的海洋捕捞量虽然逐步上升，但其质量却大大下降。在渔获物中传统的优质经济鱼类的比例逐渐减少，低质小杂鱼的比例不断增加；近海渔业资源明显朝着低龄化、小型化、低质化方向演变。再者一些曾经是渔民捕捞对象的海龟、中华鲟、海豚、海豹等已经成为珍稀、濒危生物，难觅踪影。

海洋环境是我国经济社会发展的重要物质基础和源泉，海洋环境的不断恶化，不仅降低了我国人民生活环境和生态环境的质量，危害人体健康，阻碍我国海洋事业和经济社会的持续发展，而且还会产生不利的国际影响。因此，防治海洋污染损害、维护海洋生态平衡和海洋资源可持续利用，是我国海洋环境保护法的一项迫切而艰巨的任务。国内外的经验证明，制定和实施海洋环境保护法是防治海洋环境污损害的重要途径。

第二节　我国海洋环境保护法的任务和立法目的

《海洋环境保护法》规定："为了保护和改善海洋环境，保护海洋资源，防治污染损害，维护生态平衡，保障人体健康，促进经济和社会的可持续发展。特制定本法。"[1]这条规定，简单地阐述了《海洋环境保护法》的任务和立法目的。从法理上分析，立法目的应该是根据我国环境保护政策和海洋环境保护的任务制定的。其含义有以下几个方面。

一、保护和改善海洋环境

人类虽然不在海洋中生活，但是海洋环境却是人类消费和生产不可缺少的物质和能

---

[1] 《中华人民共和国海洋环境保护法》第一条。

量的源泉，而且随着科学和技术的发展，人类对海洋的依赖程度越来越高，海洋环境与人类之间的相互影响也日益增大，尤其是海洋环境越来越受到人类的破坏和污染，因此保护和改善海洋环境必然是海洋环境保护的首要任务。我国海洋环境保护工作的最终目的就是改善海洋环境、提高整个海洋环境质量，为子孙后代造就一个优美良好的海洋环境。

二、保护海洋资源

海洋资源既是开发利用的对象，又是海洋环境保护的对象。我国沿海地区人口众多，陆域资源相对不足，合理开发利用海洋是实现经济、社会可持续发展的必然选择。但由于长期以来受传统发展模式和粗放经营思想的影响，加之环境意识和法制观念淡薄，一些地方和部门在海洋产业发展中忽视生态规律，甚至以牺牲环境和资源为代价换取经济快速增长，一些单位和个人只顾眼前、局部利益，对海洋资源不断进行不合理的甚至掠夺性开发，在一定程度上破坏了近岸海域的生态环境，有些方面破坏得相当严重。

三、防止海洋环境污染损害

20世纪60年代以后，海洋环境污染引起世界各国的广泛注意。沿海国家为了保护本国的海洋环境，防止海洋环境污染损害，相继制定国内法，我国是世界主要沿海国家之一，保护海洋环境防止污染损害，也要有法可依，这就是制定《海洋环境保护法》的主要目的。

我国《海洋环境保护法》规定了海洋环境污染损害的定义。即海洋环境污染损害，是指直接或者间接地把物质和能量引入海洋环境，产生损害海洋生物资源、危害人体健康、妨害渔业和海上其他合法活动，损害海水使用素质和减损环境质量等有害影响。[①]根据这一定义，海洋环境污染的危害大致包括减损环境质量和损害海水使用素质、损害海洋生物资源、危害人体健康、妨害渔业和海上其他合法活动四个方面。

我国《海洋环境保护法》对海洋环境污染损害定义的规定，使管理者和被管理者对海洋环境污染损害的认识，有了一个统一的原则和标准。但是，任何定义都是原则的和概念性的。它只对海洋环境污染损害作了定性的描述，没有也不可能对其作出定量性的说明。因此，要使这一定义在实践中得到应用，还必须依据有关定量性的规定，例如对各种物质污染性质的认定、最大容许限度和各种环境标准等。

四、维护生态平衡

生态系统是指生物和环境构成的综合体。生态系统在一定的条件下，其生物种类的组成、各个种群的数量比例，能量流动和物质的输入、输出等，都处在较长时间的相对稳定的状态，这种状态称为生态平衡。影响生态平衡的因素有自然的因素和人为的因素。生态系统的破坏，能影响人类的生活和生产，甚至危害人体的健康和生命。另外，生态环境和生活环境是一个不可分割的整体。凡是破坏生态平衡的活动，必然会直接或间接地影响人类的生活环境，具有良好的生态环境才能向人们提供良好的生活环境。人在良好的生活环境里，心情舒畅、身体健康，就能在生产建设中发挥积极性和创造精

---

① 参见《中华人民共和国海洋环境保护法》第九十五条。

神。海洋系统是一个十分复杂的综合体，海洋生态平衡是海洋环境质量处于良好状态的标志。维护海洋生态平衡是《海洋环境保护法》的重要任务和目的之一。

五、保障人体健康和促进经济与社会的可持续发展

海洋中有巨量的人类食物资源，但是如果海洋受到污染，污染物就会通过食物对人体健康造成危害。例如水俣病就会严重危害人体健康，被列入 20 世纪的八大公害之中。因此，保护海洋环境免受污染本身，就意味着对人体健康的保护。保障人体健康和促进经济与社会的可持续发展是《海洋环境保护法》追求的总目标，也可称之为其总立法目的。

第三节　我国海洋环境保护法的适用范围和适用对象

法的适用范围涉及法理学上法的效力的概念。法理学所称法的效力，通常指正式意义上的法的形式或渊源尤其是规范性法文件的一般法的效力，即在适用对象、时间、空间三方面的效力范围。法的效力即各种法的约束力的通称。从法的效力的渊源、等级、对象、时间和范围看，有多种类别的法的效力。我们在这里讲的《海洋环境保护法》的适用范围和对象，仅仅是从该法的效力的范围和该法的效力的对象两个方面来分析的。明确这些法的效力，是正确适用法所必需的。司法人员在适用法之前，必须明了准备适用的法的与适用的对象、时间、空间是否有合法的、必然的联系。同时，我们也必须认识到，法的效力不同于法的实效。后者指法的功能和立法目的实现程度与状态。影响和制约法的效力的直接因素是法的创制主体、时间和法的种类，深层因素是法所赖以存在的法治环境以至整个社会的综合状况。

一、我国海洋环境保护法的适用范围

法的适用范围涉及法的空间效力。法的空间效力即法的效力的地域范围。具体来说我国海洋环境保护法的使用范围，这就涉及我国的《海洋环境保护法》在什么地方、对哪些人具有约束力的问题。我国在 1999 年对于《海洋环境保护法》进行修订的过程中，结合《联合国海洋法公约》的相关规定，对该法的适用范围作了相应的调整。

（一）空间效力——沿海陆域和国家管辖内的海域

《海洋环境保护法》[①] 规定了我国海洋环境保护法的适用范围："本法适用于中华人民共和国内水、领海、毗连区、专属经济区、大陆架以及中华人民共和国管辖的其他海域。"在《联合国海洋法公约》中，将海洋划分为内海、领海、毗连区、专属经济区、大陆架、国际航行海峡、群岛水域、公海等区域，我国作为该公约的缔约国，在新修订的《海洋环境保护法》中，沿用了此种划分方法，对于海域的表述就显得更为明确和科学了。

1. 内水

1958 年 9 月 4 日颁布的《中华人民共和国关于领海的声明》第二条规定："我国大陆及其沿海岛屿的领海以连接大陆岸上和沿岸外缘岛屿上各基点之间的各直线为基线，

---

① 参见《海洋环境保护法》第二条第一款。

在基线以内的水域，包括渤海湾、琼州海峡在内，都是我国的内海。"我国于1992年制定的《中华人民共和国领海及毗连区法》（以下简称《领海及毗连区法》）也规定，领海基线向陆一侧的水域是我国的内水。

我国的海岸线甚长，海域辽阔，海疆富饶，沿海地形曲折复杂，有诸多岛屿、海峡、岬角、海湾、河口和港口，它们对我国有着重要的经济和军事意义。我国的内水海域，包括被领海直线基线划入的领湾、领峡、港口、河口湾等。我国的内水由我国实行完全的排他性管辖权，任何外国船舶未经许可不得进入。对我国内水的侵犯，将构成对我国领土的侵犯，并将引起相应的国际责任。

2. 领海和毗连区

我国的《领海及毗连区法》规定，我国的毗连区为领海以外邻接领海的一带海域，宽度为12海里，外部界限为其每一点与领海基线的最近点距离为24海里的线。在毗连区内为防止和惩处在我国陆地领土、内水或领海内违反有关安全、海关、财政、卫生或出入境管理的法律、法规的行为，我国有权行使管制权。

3. 专属经济区和大陆架

我国的《中华人民共和国专属经济区和大陆架法》（以下简称《专属经济区和大陆架法》）规定，我国专属经济区，为中华人民共和国领海以外并邻接领海的区域，从测算领海宽度的基线量起延至200海里。我国大陆架，为我国领海以外依本国陆地领土的全部自然延伸，扩展到大陆边外缘的海底区域的海床和底土；如果从测算领海宽度的基线量起至大陆边外缘的距离不足200海里，则扩展至200海里。我国与海岸相邻或者相向国家关于专属经济区和大陆架的主张重叠的，在国际法的基础上按照公平原则以协议划定界限。

（二）域外效力——国家管辖外的海域

由于海洋具有整体性，海水水体具有流动性，海洋中的污染物质可以从一个海区迁移到另一个海区，任何国家海域发生污染都可能涉及其他国家海域的环境安全。在我国领域以外造成我国管辖海域污染的情况主要有溢油、核污染、大气污染沉降等。我国《海洋环境保护法》第二条第三款规定："在中华人民共和国管辖海域以外，造成中华人民共和国管辖海域污染的，也适用本法的有关规定。"按照该规定，在中华人民共和国管辖海域以外，造成中华人民共和国管辖海域污染的，也适用我国《海洋环境保护法》。这就说明，该法具有一定的域外效力，这是因为海洋作为一个整体，排入某一海域的污染物会随着海洋运动扩散影响到另一个海域。在我国海域管辖范围以外排放污染物质，也就很有可能对我国海洋环境造成污染损害，侵犯我国的主权、主权性权利、专属管辖权等。为了维护我国的海洋权益和有关主权，对于在中华人民共和国管辖海域以外，造成中华人民共和国管辖海域污染的行为进行管辖既符合我国环境保护利益的要求，而且这种规定也是符合国际惯例和国际公约的。

二、我国海洋环境保护法的适用对象

法的适用对象涉及法的对象效力，是指法的适用对象有哪些，对什么样的人和组织有效。法学上也将法的对象效力称为对人的效力，这里的人包括自然人和法律拟制的人，即法人和其他组织。由于海洋的污染既有来自陆地的污染，也有来自各种海洋活动、来自船只的污染以及来自大气的污染等。因此，《海洋环境保护法》对人的行为作了严格的约束。在对人、对事效力上，《海洋环境保护法》规定：适用于在中华人民共和国管辖海域内从事航行、勘探、开发、生产、旅游、科学研究及其他活动，或者在沿海陆域内从事影响海洋环境活动的任何单位和个人。[①]也就是说，所有在中华人民共和国管辖海域的活动，都必须遵守我国《海洋环境保护法》的规定，同时在我国沿海陆域内的我国公民和单位以及外国公民和外国单位从事影响海洋环境活动的，也适用本法。

在我国，可以简单地把海洋环境保护法的适用对象分为两类，即海洋开发利用者和海洋管理者。前者具体包括沿岸居民、沿岸企业等海洋开发利用群体，后者具体包括各涉海行政管理部门。

参考文献

1. 韩德培．环境保护法教程．第四版．北京：法律出版社，2003.
2. 金瑞林．环境与资源保护法学．北京：北京大学出版社，2006.
3. 王金南．环境经济学：理论方法政策．北京：清华大学出版社，1994.
4. 张皓若、卞耀武．中华人民共和国海洋环境保护法释义．北京：法律出版社，2000.
5. 蔡守秋．环境资源法学．北京：人民法院出版社、中国人民公安大学出版社，2003.

课后思考

1. 我国海洋环境问题与其他国家存在的海洋环境问题相比，呈现怎样的特点？
2. 我国海洋问题的存在与目前我国《海洋环境保护法》体系的现状有什么联系？
3. 我国《海洋环境保护法》的立法目的和任务在具体法律中是如何体现的？
4. 我国《海洋环境保护法》在规定该法适用范围时是如何引用《联合国海洋法公约》中的内水、领海、毗连区、专属经济区、大陆架等概念的？
5. 与其他部门法相比，海洋环境保护法的适用范围和对象有什么特点？
6. 实践中，在与其他国家管辖有争议的海域，我国《海洋环境保护法》的适用情况是怎样的？

---

① 参见《海洋环境保护法》第二条。

第四章　我国海洋环境保护的
管理体制与管理实践

环境保护监督管理体制，是指环境管理系统的结构和组成方式，即采用怎样的组织形式以及如何将这些组织形式结合成为一个合理的有机系统，并以怎样的手段和方法来实现环境管理的任务。本章着重介绍我国海洋环境保护管理体制以及各管理部门的具体职责分工。

第一节　海洋环境保护管理体制的概念及特点

一、海洋环境行政

产生环境问题的原因很多，从制度和决策层面分析，主要可以归咎于市场失灵、政策失误、科学不确定性以及国际贸易的影响等方面。因此，环境问题的解决是多方面的，应当综合运用科技、教育、社会、经济、政治、法律等方法和手段。环境问题并非由单一环境利用行为而产生，与之相应的环境对策也非仅仅在事后对环境侵害采取救济对策那么简单，它需要行政机关以全新的风险预防理念为指导、以保护公众的环境权益和合理开发利用全民所有的自然资源为目的，在对各类不同环境利用行为的决策中正确地处理经济发展和环境保护的关系。

在现代很多沿海国家面临着严峻的海洋环境保护问题，故在本国法律体系中都将海洋环境保护作为国家的一项责任，在各国环境保护的基本法律中都对环境保护的管理体制进行了规定。也就是说，海洋环境保护是在国家公权力的干预下才能从整体上全面推行，最终实现社会、经济与环境的协调发展。在对海洋环境利用行为采用的传统决策方法中增加对公众环境权益的考量以及利弊权衡，对防止海洋环境风险转化成未来的行为成本和社会成本、防止事后的海洋环境侵害就具有非常重大的意义。

海洋环境行政决策，是指行政机关就拟议中的海洋环境利用行为可能造成的海洋环境妨害、海洋环境损害以及可能的环境风险与各环境利用行为的成本效益等一并作出分析判断，并最终作出决定的行为。

与其他行政决策相比，有学者将环境行政决策的特点归纳为科技关联性和利益冲突性两大特点。[1] 我们认为以上分析同样适用于对海洋行政决策特点的总结。海洋环境行政决策的科技关联性，是指多数决策行为在决策过程和决策的社会影响等方面都涉及大量的科学技术问题和科学不确定性因素。海洋环境行政决策的利益冲突性，是指被决策的各类环境利用行为均会涉及社会多方的利益，需要在决策过程中一并考虑。[2]

由于海洋环境行政决策的对象是所有海洋环境利用行为，因此无论是环境行政机关

---

[1] 参见叶俊荣著：《环境政策与法律》，台湾月旦出版公司1993年版，第87~91页。

[2] 参见汪劲著：《环境法学》，北京大学出版社2006年版，第284页。

还是政府其他行政机关，无论该决策行为是抽象行政行为还是具体行政行为，只要行政决策的内容涉及环境利用关系，或者决策的结果与他人有法律上的利害关系，如行政规则和适用环境标准的决定行为、环境影响评价、环境费的征收、行政上的授益或优惠措施、制定各类发展政策或规划与计划的草案、依照法律或者规划赋予许可等，都应当按照一定的行政程序予以决定。

从西方国家环境行政的历史发展看，将环境行政决策权分散地赋予政府既存的各行政主管部门，就可能受上述环境行政决策所固有的特点与存在问题的限制而出现顾此失彼的现象。因此，从环境行政决策的特点及其存在的问题出发，自 20 世纪 60 年代开始，西方国家纷纷设立专门的海洋环境行政机关，通过对海洋环境利用行为利弊关系的综合分析和考量，最终达到提高行政效率、实现权利保障、维护人性尊严以及促进决策程序正当化等目标。有学者指出，包括海洋环境管理在内的环境行政决策的正当化程序应当包含如下几个方面的内容：公开决策程序；给各方表达意见的机会或实行听证；说明决策的理由；公布周知。①

在具有悠久政府主导历史的中国，环境保护事业是在计划经济时期由政府主导并自上而下地推动发展起来的。1978 年颁布的《宪法》规定了环境保护的国家责任条款，中央政府、国务院的重要文件中也将环境保护宣示为中国的基本国策。在 1983 年 12 月 31 日召开的第二次全国环境保护大会上，中国政府第一次提出将环境保护作为一项基本国策。在此基础上，我国的环境与资源保护立法有了一个长足的进展，国家和地方的环境保护机构建设也在日益加强。

二、海洋环境保护管理体制的概念

环境管理体制是国家为了执行环境管理职能而确立的管理环境事务的组织系统。从实质上讲，环境管理体制就是环境保护机构的设置问题。一个完善、合理的管理体制不仅为环境监督管理提供了组织保障，而且能在相当程度上弥补经济技术不足带来的工作困难。海洋环境保护管理体制的概念，是指规定中央、地方、部门、企业在海洋环境保护方面的管理范围、权限职责、利益及其相互关系的准则。海洋环境保护管理体制的核心是管理机构的设置、各管理机构职权的分配以及各机构之间的相互协调。

健全有效的海洋环境保护管理体制首先为海洋环境管理提供了可靠的组织保证，它通过管理机构的设置使管理职权得到落实并且成为进行管理的基础。其次，有效的、健全的海洋环境保护管理体制在一定程度上可以弥补政策不合理、法制不健全、技术经济不发达所带来的不足。管理体制本身的强弱直接影响管理的效率和效能，因而它在整个海洋环境管理中起着决定性的作用。一般认为，一个国家环境管理体制的现状直接反映了该国对环境和环境问题的认识水平，体现着该国环境管理的范围和要求，同样，海洋环境保护管理体制的强弱显示了该国环境管理的能力和程度，是该国海洋环境保护政策的重要表现，是海洋环境保护法制完善程度的重要标志。② 因此，建立和健全我国海洋环境保护管理体制是强化海洋环境保护管理、保护和改善海洋环境，扭转我国海洋环境现状的关键所在。

---

① 参见汪劲著：《环境法学》，北京大学出版社 2006 年版，第 291 页。
② 参见曹明德主编：《环境资源法》，中信出版社 2004 年版，第 151 页。

海洋环境保护监督管理，除受到经济、技术水平的限制外，还受制于国家的方针政策、法律法规和制度，它不仅是进行海洋环境监督管理的组织保证，同时也是控制污染的有效手段。1996年我国把加强环境管理正式列为保护环境的三大政策之一。世界银行在一年一度的《世界发展状况报告》中指出："一个国家要保护环境，建立强有力的环境保护机构和实施正确的政策是基本前提。在过去的20年中，各国人民已经懂得在促进发展方面应更多地依赖市场，而较少地依赖政府。但是，环境保护恰恰是政府必须发挥中心作用的领域，市场不能或几乎不能为制止环境污染和破坏提供什么鼓励性措施。"

多少年来，世界上150多个沿海国家和地区的海洋环境管理都经历了一个认识不断深化、管理不断强化的过程。海洋环境保护监督管理采取什么样的管理体制，取决于一个国家的政治、经济和文化等诸多因素，各国情况有别，不可能强求统一的管理体制。我国对海洋环境保护实行统一监督管理与分工负责相结合的管理体制。这是由于海洋环境的整体性决定了其管理体制的综合性，而海洋功能的多样性、区域性又决定必须按部门和区域采取分工、分级的管理办法。

三、我国海洋环境保护管理体制的变化

1982年的《海洋环境保护法》规定："国务院环境保护部门主管全国海洋环境保护工作。国家海洋管理部门负责组织海洋环境的调查、监测、监视，开展科学研究，并主管防止海洋石油勘探开发和海洋倾废污染损害的环境保护工作。中华人民共和国港务监督负责船舶排污的监督和调查处理，以及港区水域的监视，并主管防止船舶污染损害的环境保护工作。国家渔政渔港监督管理机构负责渔港船舶排污的监督和渔业港区水域的监视。军队环境保护部门负责军用船舶排污的监督和军港水域的监视。沿海省、自治区、直辖市环境保护部门负责组织协调、监督检查本行政区域的海洋环境保护工作，并主管防止海岸工程和陆源污染物污染损害的环境保护工作。"这条规定表明，国家对海洋环境保护实行的是环境保护部门归口负责并组织有关职能部门分工管理的体制。但是，由于未对沿海地市和县两级人民政府环境保护部门的海洋环境保护职权作出规定，所以这个管理体制是不够完整的。

《环境保护法》规定："国务院环境保护行政主管部门，对全国环境保护工作实施统一监督管理。县级以上地方人民政府环境保护行政主管部门，对本辖区的环境保护工作实施统一监督管理。国家海洋行政主管部门、港务监督、渔政渔港监督、军队环境保护部门……依照有关法律的规定对环境污染防治实施监督管理。"这条规定表明，国家对海洋环境保护实行环境保护部门统一监督管理、职能部门分工负责的管理体制。这一管理体制与1982年《海洋环境保护法》确定的管理体制相比，明确了沿海县级以上地方人民政府环境保护部门的海洋环境管理职能，而且，用"统一监督管理"代替"主管"，在用语含义上更加规范和完善。所谓统一监督管理，是指环境保护部门对海洋环境保护工作实施宏观调控，一方面要拟定海洋环境保护方针、政策、法规，制定规章、标准和规划，实行统一法规、统一规划、统一标准、统一监测、统一信息发布，落实《海洋环境保护法》规定的目标、任务和职责分工；另一方面要对各地区、各部门实施《海洋环境保护法》和贯彻执行海洋环境保护方针、政策、法律、法规、标准和规划的情况进行指导、协调和监督检查。

修订后的《海洋环境保护法》对海洋环境管理体制的规定较 1989 年《环境保护法》的规定有所变动。

修订后的《海洋环境保护法》还把《环境保护法》赋予环境保护部门制定环境标准、环境规划等职权虚化了起来，有的规定为"国家制定"，有的未明确制定主体，留待国务院制定具体实施办法来确定一些职权的归属。从总体上看，现行海洋环境管理体制，可以说是环境保护部门准统一监督管理，职能部门分工负责，体现了统分结合的原则。

第二节　我国海洋环境保护管理部门的职责分工

我国海洋环境保护管理机构是在 20 世纪 80 年代逐步建立起来的。到目前为止，可以说我国海洋环境管理体制基本形成。根据我国《宪法》、《组织法》和《海洋环境保护法》的规定，我国海洋环境保护工作，实行的是在各级人大及其常委会监督、各级人民政府领导下，由法定的主管部门统一指导、协调和监督，各有关部门分工负责，公众积极参与的管理体制。具体地讲，由国务院环境保护行政主管部门对全国的海洋环境保护工作实行指导、协调和监督，并组织国家海洋、海事、渔业行政主管部门和军队环境保护部门，以及沿海县级以上地方人民政府行使海洋环境保护监督管理权的部门分工负责，密切配合，共同做好海洋环境保护工作。

统一指导、协调和监督，体现了国家在环境管理职能上的集中和强化，以便对严重的海洋环境问题实施有效控制。分工负责是为了充分发挥各有关部门的积极性和力量，以适应海洋环境管理的广泛性和综合性的特点。《海洋环境保护法》第五条对海洋环境监督管理部门及其职责分工作了如下规定①：

国务院环境保护行政主管部门作为对全国环境保护工作实施统一监督管理的部门，对全国海洋环境保护工作实施指导、协调和监督，并负责全国防治陆源污染物和海岸工程建设项目对海洋污染损害的环境保护工作。

国家海洋行政主管部门负责海洋环境的监督管理，组织海洋环境的调查、监测、监视、评价和科学研究，负责全国防治海洋工程建设项目和海洋倾倒废弃物对海洋污染损害的环境保护工作。

国家海事行政主管部门负责所辖港区水域内非军事船舶和港区水域外非渔业、非军事船舶污染海洋环境的监督管理，并负责污染事故的调查处理；对在中华人民共和国管辖海域航行、停泊和作业的外国籍船舶造成的污染事故登轮检查处理。船舶污染事故给渔业造成损害的，应当吸收渔业行政主管部门参与调查处理。

国家渔业行政主管部门负责渔港水域内非军事船舶和渔港水域外渔业船舶污染海洋环境的监督管理，负责保护渔业水域生态环境工作，并调查处理前款规定的污染事故以外的渔业污染事故。

军队环境保护部门负责军事船舶污染海洋环境的监督管理及污染事故的调查处理。

沿海县级以上地方人民政府行使海洋环境监督管理权的部门的职责，由省、自治

---

① 参见张皓若、卞耀武主编：《中华人民共和国海洋环境保护法释义》，法律出版社 2000 年版，第 9 页。

区、直辖市人民政府根据本法及国务院有关规定确定。

《海洋环境保护法》除第五条规定各管理部门的职责外，该法在其他条款中也涉及一些管理部门的职责规定，除规定各管理部门的职责外，还规定了一些由国家制定的事项、由国务院规定的事项、由沿海人民政府负责的事项。

1. 国务院环境保护行政主管部门的职责

修订后的《海洋环境保护法》给国务院环境保护行政主管部门规定的主要职责，除对全国海洋环境保护工作实施指导、协调和监督，并负责全国防治陆源污染物和海岸工程建设项目对海洋污染损害的环境保护工作外，其他职责可概括为以下几项项，即：协调跨部门的重大海洋环境保护工作、编制环境质量公报、审核倾倒废物名录，审核选划海洋倾倒区；审核海洋工程建设项目环境影响报告书和选划临时性倾倒区；编制全国陆源重大污染事故应急计划等。

2. 国家海洋行政主管部门的主要职责

除负责海洋环境的监督管理，组织海洋环境的调查、监测、监视、评价和科学研究，负责全国防治海洋工程建设项目和海洋倾倒废弃物对海洋污染损害的环境保护工作外，其他职责包括[1]：对海岸工程建设项目环境影响报告书提出审核意见；按照国家环境监测、监视规范和标准，管理全国海洋环境的调查、监测、监视，制定具体的实施办法；会同有关部门组织全国海洋环境监测、监视网络；定期评价海洋环境质量，发布海洋巡航监视通报；按照国家制定的环境监测、监视信息管理制度，负责管理海洋综合信息系统，为海洋环境保护监督管理提供服务；负责制定全国海洋石油勘探开发重大海上溢油应急计划。

3. 国家海事行政主管部门的主要职责

可概括为7项职责：负责所辖港区水域内非军事船舶排污的监督管理和污染事故的调查处理；负责所辖港区水域外非渔业、非军事船舶，即运输船舶污染海洋环境的监督管理和污染事故的调查处理；负责所辖水域的监测、监视；负责制定全国船舶重大海上溢油污染事故应急计划；对在我国管辖海域航行、停泊和作业的外国籍船舶造成的污染事故登轮检查处理；对船舶发生海难事故造成或者可能造成重大污染损害强制采取措施；对违法经我国管辖海域转移危险废物的船舶进行处罚。

4. 国家渔业行政主管部门的主要职责

可概括为如下25项：负责渔港水域内非军事船舶污染海洋环境的监督管理；负责渔港水域外渔业船舶污染海洋环境的监督管理；负责保护渔业水域生态环境工作；负责选划渔业水域生态环境海洋自然保护区和海洋特别保护区；负责海洋野生动植物保护和引进海洋动植物物种的审批；负责新建、改建、扩建海水养殖场环评报告书的审批；负责所辖水域（渔港水域、渔业水域、渔业水域生态环境的监测监视；参与调查处理船舶污染事故造成的渔业污染事故；负责调查处理船舶造成渔业污染事故以外的渔业污染事故；负责调查处理渔业船舶污染事故；环境保护部门在批准设置入海排污口之前，提出意见；环境保护部门在批准海岸工程建设项目环评报告书之前，提出意见；海洋部门在核准海洋工程建设项目环评报告书之前，提出意见；海洋部门在选划海洋倾倒区之

---

[1] 参见国家海洋局官方网站：http：//www. soa. gov. cn/。

前，必须提出意见；海洋部门在批准海洋临时倾倒区之前，提出意见；代表国家对破坏渔业生态、海洋水产资源、有关保护区，给国家造成重大损失的责任者，提出损害赔偿要求；向环境保护部门提供编制环境质量公报所必需的海洋环境监测资料；向环境保护部门获取与海洋环境监督管理有关的资料。

5. 军队环保部门的主要职责

负责军事船舶排污的监督管理；负责军事船舶污染事故的调查处理；负责所辖水域的监测、监视。

6. 有关沿海地区人民政府的职责

（1）沿海省、自治区、直辖市人民政府的职责是：确定沿海县级以上人民政府海洋环境监督管理部门的职责；有关沿海省、自治区、直辖市人民政府可以建立海洋环境保护区域合作组织；可以制定地方海洋环境质量标准；应当根据保护海洋生态的需要选划、建立海洋自然保护区。

（2）沿海地方各级人民政府的职责是：确定本行政区近岸海域环境保护目标和任务；采取有效措施，保护红树林、珊瑚礁、滨海湿地、海岛、海湾、入海河口、重要渔业水域等具有典型性、代表性的海洋生态系统，珍稀、濒危海洋生物的天然集中分布区，具有重要经济价值的海洋生物生存区域及有重大科学文化价值的海洋自然遗迹和自然景观。应当结合当地自然环境的特点建设海岸防护设施、沿海防护林、沿海城镇园林和绿地，对海岸侵蚀和海水入侵地区进行综合治理。

（3）沿海县级以上人民政府的职责是：在本行政区域近岸海域环境受到严重污染时，必须采取有效措施，解除或者减轻危害。

（4）沿海城市人民政府的职责是：应当建设和完善城市排水管网，有计划地建设城市污水处理厂或者其他污水集中处理设施，加强城市污水的综合整治。

第三节　海洋环境行政执法

一、海洋环境行政行为

海洋环境行政行为，是指海洋环境保护部门和其他行使环境监督管理权的机关，依照法律规定，运用公权力将各项海洋环境保护法律制度或者措施适用于具体海洋环境保护领域并对外产生法律后果的行为。海洋环境行政行为既包括以实现某种法律后果为目的的意思表示行为，也包括以某种事实结果为目的的其他行政措施。鉴于海洋环境问题的广泛性，我国海洋环境的统一监督管理和分工负责管理制度，使海洋环境行政权无处不在。为实现《宪法》规定的有关国家保护和改善海洋环境，防治污染和其他公害的任务，我国现行海洋环境与资源保护法律都对环境行政管理的权限和分工作出了规定。而海洋环境法基本制度的全面实施，也离不开海洋环境行政的主导和促进作用。同时，基于海洋环境行政行为的对外效力，各国法律都对海洋环境行政行为规定了严格的程序以及不服海洋环境行政行为的救济措施。

与国家其他行政行为一样，海洋环境行政应当依据依法行政原则来执行。依法行政原则具体包含以下内容：其一，合法行政原则，即指行政机关必须遵守现行有效的法律并应当依照法律授权进行活动；其二，合理行政原则，即指行政行为在满足最低限度理性的基础上，应追求更规范的行政理性——公平公正、考虑相关因素、遵循比例原则；其三，程序正当原则，即指行政行为应该保证程序公开、公众参与以及特殊情况下实行回避；其四，高效便民原则、诚实信用原则、权责统一原则等都是海洋环境行政行为应当遵循的原则。

二、海洋环境行政的主要程序及其救济措施

（一）海洋环境行政的主要程序

这里的海洋环境行政程序，主要是指海洋环境保护领域的行政规章制定程序、行政许可程序、行政强制程序和行政处罚程序。

1. 行政规章制定程序

海洋环境行政规章是由法律授权的海洋主管部门和其他行使海洋环境监督管理权的机关，在本部门的权限范围内制定的规章，包括国务院部门规章和地方政府规章两大类。依据国家环境保护局《环境保护法规制定程序办法》（2005年4月）的规定，环境行政规章制定的一般步骤包括立项、起草、审查、决定、公布、备案和解释等程序。

2. 行政许可程序

海洋环境行政许可，是指海洋行政主管部门依行政相对人的申请，以发放执照、许可证等形式，赋予行政相对人实施某种法律一般禁止的权利和资格的行政行为。依据《行政许可法》，行政许可的事项包括特许、一般许可、认可、核准、登记等内容，海洋环境与资源保护的基本制度均涉及这些许可事项。环境行政许可的实施程序一般包括申请、受理、审查、决定四个步骤，《行政许可法》对各个程序应当遵循的原则和方法如期限、听证、变更与延续以及许可的特别事项等也作出了具体规定。

3. 行政强制程序

海洋环境行政强制一般是指在海洋环境受到严重污染造成或可能造成污染事故、危害人体健康和安全的紧急情况下启动的强制性应急措施，包括责令有关排污单位减少或停止排污行为以及其他避免或者减少污染损害的措施。行政强制执行的主要程序包括执行开始时负责执行的人员的告知义务，执行过程中的见证人制度以及执行完毕的登记制度。

4. 行政处罚程序

海洋环境行政处罚是由法律授权的相关主管部门按照国家有关行政处罚法的规定，对违法规定但又未构成犯罪的行为人给予的行政制裁，种类包括警告、罚款、没收违法所得、责令停止生产或者使用、吊销许可证等。海洋环保部门以及其在法定职权范围内委托的环境监察机构（以环保部门的名义）实施行政处罚。实行行政处罚的程序包括简易程序、一般程序和听证程序三种。

（二）海洋环境行政的救济措施

不服海洋环境行政的救济措施主要包含行政复议和行政诉讼两大类。

1. 行政复议

行政复议是指行政相对人认为具体行政行为侵犯其合法权益，向行政复议机关提出复查具体行政行为的申请，行政复议机关对被申请的具体行政行为进行合法性、适当性审查，并作出行政复议决定。海洋环境行政复议应当依照《行政复议法》规定的程序和方法进行。

2. 行政诉讼

行政诉讼指公民、法人或其他组织认为行政部门的具体行政行为侵犯其合法权益，向人民法院提起诉讼并由人民法院对该具体行政行为合法性进行审查并作出裁判的活动。在我国各单项环境与资源保护法律规定中，对有关行政复议是否为提起行政诉讼必经程序的规定各不相同。依照《行政复议法》的规定，公民、法人或其他组织认为行政机关确认海域资源的所有权或者使用权的具体行政行为，侵犯其已经依法取得的自然资源所有权或者使用权的，应当先申请行政复议；对行政复议决定不服的，可以依法向法院提起行政诉讼。对于单项法律法规没有规定行政复议为提起行政诉讼必经程序的，公民、法人或者其他组织既可以提起行政诉讼又可以申请行政复议。但是申请行政复议或者提起行政诉讼的，不停止行政处罚决定的执行。

参考文献

1. 叶俊荣. 环境政策与法律. 台湾月旦出版公司，1993.
2. 叶俊荣. 环境行政的正当法律程序. 台湾大学法学丛书（16），1997.
3. 曲格平. 中国的环境管理. 北京：中国环境科学出版社. 1989.

课后思考

1. 我国海洋环境保护的管理体制和环境管理行政决策是怎样的？目前存在哪些问题？
2. 具体分析我国海洋环境保护监督管理体制的模式和职责分工。
3. 我国海洋环境保护行政管理的主要程序有哪些？提出将环境保护作为中国的一项基本国策的背景是怎样的？
4. 从我国海洋环境保护的管理体制分析环境行政诉讼的程序问题和实体问题。

第五章　我国海洋环境保护法的基本原则

法的基本原则在布莱克法律词典中的解释是：法律的基础性真理或原理，为其他规则提供基础性或本源的综合性规则或原理，是法律行为、法律程序、法律决定的决定性规则。法的基本原则一般都是非常抽象的，其作用是法律规则不能替代的，它既可以为法律规则和概念提供基础或出发点，对法律的制定发挥指导作用，又可以作为特殊情况下案件的断案依据和审判依据。① 我国海洋环境保护法的基本原则，是体现《海洋环境保护法》的根本价值的法律原则，它是整个海洋环境保护法律活动的指导思想和出发点，构成海洋环境保护法律体系的神经中枢。

《海洋环境保护法》的基本原则，是指对海洋环境实行法律调整的基本指导方针。它是海洋环境立法、执法和守法必须遵循的基本准则，是《海洋环境保护法》本质的反映。这些基本原则贯穿在全部海洋环境保护法中，不仅在《海洋环境保护法》，而且在其他相关的法律、法规中，都贯穿着这些基本原则。弄清这些基本精神和内容，认真贯彻执行《海洋环境保护法》，加强海洋环境保护领域的社会主义法制，完成《海洋环境保护法》的任务，具有十分重要的意义。

第一节　体现我国环境保护政策的原则

政策是法律的指导原则，是制定法律的依据；法律是政策的具体化、定型化和条文化。政策不仅体现在立法过程和法律规范中，也反映在法律的适用和实施上。法律只有在政策的指导下，才能正确地使用，才能发挥其应有的作用。

在经济和社会的发展过程中，注意保护环境，维护生态平衡，使经济和社会的发展实现良性循环，避免经济发达国家所出现的种种弊端和社会公害是我国社会主义现代化建设中的一个重要的战略指导思想。在第二次全国环境保护会议上，就宣布环境保护是我国的一项基本国策。

所谓国策，就是立国之策、治国之策。环境保护关系到国家经济建设、社会发展和人民健康，具有全局性、长期性和决定性的影响，所以说环境保护是我国的一项基本国策。它是由我国国情决定的。第一，我国人口众多，人均资源贫乏。因此我们必须充分地、合理地利用有限的资源，使其不断增殖再生，才能使国民经济持续发展，人民的生活逐渐富裕起来。第二，我国环境污染严重，已经成为影响经济建设和社会发展的突出问题。只有采取有力的措施，制止环境继续恶化，不断改善环境质量，才能振兴我国经济，高速地发展工农业生产。第三，为避免重蹈"先污染，后治理"的老路，必须正确地处理经济发展和环境保护的关系，严格按照生态规律和社会主义经济规律办事，才能做到经济建设和环境建设同步发展，才能在实现物质文明的同时创造一个清洁、适

---

① 参见张文显主编：《法理学》，北京大学出版社、高等教育出版社 1999 年版，第 74 页。

宜、安静、优美的生活环境和良性循环的生态环境。第四，我们是社会主义国家，"一切从人民的利益出发"。我们既要为当代人的利益着想，也要为子孙后代的利益着想，这就要我们在安排经济和社会发展时，瞻前顾后，统筹安排，正确处理好眼前利益和长远利益的关系，坚决不作贻害子孙后代的蠢事。总之，把环境保护作为我国的一项基本国策，是完全正确的、十分必要的。如果我们现在不注意，不抓紧环境保护工作，不久的将来我国的环境污染和生态破坏的状况也许会像今天的人口问题一样，成为一个难以解决的问题。

遵循这一国策，《海洋环境保护法》明确规定，本法的立法目的是"为了保护和改善海洋环境，保护海洋资源，防治污染损害，维护生态平衡，保障人体健康，促进经济和社会的可持续发展"。[①]

第二节　海洋开发与海洋环境保护协调发展的原则

海洋开发与海洋环境保护协调发展原则，是指海洋开发利用活动与海洋环境保护要统筹兼顾、有机结合、同步进行，海洋开发和海洋环境保护必须全面规划，协调发展，以实现人类与自然的和谐共处，使经济和社会发展持续、健康地进行，做到经济建设、社会效益与生态效益的统一。它正确地反映了两者之间的关系，同时指出了如何正确处理两者之间的关系。

关于经济发展与环境保护的关系问题，世界上曾出现过两种错误观点：一种观点是先发展经济，然后再治理污染。这种观点实际上是以牺牲环境来谋求经济的发展。很多工业国家走了这条"先污染，后治理"的道路。另一种观念是只保护环境而放弃经济的发展，这种观念也则会使社会发展停滞不前，落后则被别人欺负。

海洋开发与海洋环境保护协调发展是人们在不断的海洋环境资源保护实践中得出经验和教训的总结。长期以来，在思维上，"人是自然的主宰"的观念占据主导地位；在决策上，海洋环境保护被排除于经济发展之外；在行为上，开发利用与增值保护严重脱节。所有这一切，造成了今天的海洋环境污染和生态恶化。

几十年来，人们在付出了惨痛的代价后对这一现象进行了深刻的反省，终于认识到：必须找出人、社会及环境相互调整的途径，走协调发展的道路。协调发展原则已经成为环境资源法调整人们环境资源社会关系的指导思想，也是环境资源法各子部门的通行原则。我国《环境保护法》第四条规定：国家制定的环境保护规划必须纳入国民经济和社会发展规划，国家采取有利于环境保护的经济、技术政策和措施，使环境保护工作同经济建设和社会发展相协调。实现海洋开发与海洋环境保护协调发展的原则在于：第一，协调发展是社会主义经济规律和自然生态规律的客观要求；第二，协调发展是社会主义现代化建设的需要；第三，协调发展是保护人体健康、发展社会生产力的需要。

海洋开发与海洋环境保护协调发展原则的内容十分广泛。一方面，它要求人们树立正确的海洋环境资源观，要求人们在所有的立法活动、宏观决策与计划、具体的管理活动和管理制度中体现协调发展的指导思想；另一方面，要求人们采取各种措施，实现经

---

① 《中华人民共和国海洋环境保护法》第一条。

济效益、社会效益和环境效益的统一。在这三种效益关系中，环境效益是基础，经济效益是手段，社会效益是目的。所以，经济效益、环境效益、社会效益三者是统一的，而实现三者统一则是协调发展的必然结果。

根据我国国情，海洋开发利用与海洋环境保护协调发展原则的贯彻可以通过以下几个主要方面来完成。

（1）将海洋开发利用与海洋环境保护纳入经济和社会发展规划。海洋开发利用与海洋环境保护是我国现代化建设的重要组成部分。由于我国实行的是社会主义市场经济，政府要发挥宏观调控的功能，规划是宏观调控的重要手段。因此，把海洋开发利用与海洋环境保护纳入经济和社会发展规划，从总体上、宏观上预测和计划全国海洋开发与保护工作，是实现协调发展原则的关键。

（2）注意各项政策和法规的协调与配套。在海洋开发与海洋环境保护方面，我国环境资源法规还不够健全。同时，由于法律、法规之间不够配套，有的甚至相互矛盾，致使海洋环境保护法的效能受到影响。如果海洋环境保护法得不到有效地执行，实现经济与环境的协调发展则不可能。

海洋开发与海洋环境保护相协调，就是实现环境效益、经济效益和社会效益的统一。三种效益有着互相依存制约的关系。只强调一个方面，而忽视另一个方面，就会破坏它们之间固有的联系和平衡，发展就难以持久地、有效地进行下去，就不符合整体利益和长远利益。因此，只有对三者统筹兼顾，使之协调发展，才是正确的、健全的、有远见卓识的。

要使海洋开发与环境保护协调发展应当做好以下几个方面的工作：第一，深入开展海洋环境法制教育，提高全社会、全民族，特别是领导干部对海洋环境保护的认识；第二，把海洋环境保护纳入国民经济和社会发展计划；第三，加强环境科学技术研究，努力提高海洋环境科学技术水平；第四，制定海洋环境保护的政策、法规和标准，既要考虑到人体健康和生态条件的基本需要，又要适应国家一定时期内财力、物力、技术支持能力；第五，海洋事业的发展必须兼顾海洋环境保护的要求，在发展的同时采取相应的措施，不能以牺牲环境为代价，应把眼前利益与长远利益结合起来。

为了实现这一原则，《海洋环境保护法》的基本内容体现了这一原则。第一，该法所确定的海洋环境质量目标与海洋事业的发展要求是一致的；第二，该法注意保护各种海洋资源，以使各种海洋事业全面发展；第三，该法把先进性与可能性统一起来，以便在开发海洋的同时保护好海洋环境。

第三节　开发者养护、污染者治理的原则

开发者养护、污染者治理原则是强制污染和破坏环境与资源者承担责任的一项环境管理的基本原则。开发者养护是指对环境和自然资源进行开发利用的组织或个人有责任对其进行恢复、整治和养护。构成生态系统的各种环境要素和自然资源相互联系、相互影响，一种环境要素和资源的开发利用，会对周围的环境和生态系统构成影响。为了使资源开发对环境和生态系统的影响减少到最低限度，并维护自然资源的合理开发、永续利用，除国家加强自然资源的管理外，强调开发者有整治和养护的责任就特别重要。我

国宪法有关自然资源保护的条文、各种资源法规定的资源开发者的法律责任都体现了开发者养护的原则。[①]

污染者治理是指对环境造成污染的组织或个人，有责任对其污染源和被污染的环境进行治理。工业企业大量排放污染物造成了严重的海洋环境污染。从法律上说各种工业企业在其经营活动中有义务防止对环境造成污染。因此，由污染者负责治理自己造成的污染就是理所当然的了。在法律上进一步确定"污染者治理"的原则，目的就在于明确污染者的责任，促进企业治理污染，保护环境。

国际上针对污染者的责任问题，曾提出"污染者负担原则"，提出这一原则的背景是环境污染会直接或间接地造成经济损失、人身危害和环境损害。随着环境污染的加剧，环境保护的投资越来越大。各国政府过去对环境保护投资大都实行财政援助政策。但是，有学者提出，政府过大的财政援助，等于把本应由污染者承担的经济责任转嫁给了全体纳税人。这样做既不合理，也不利于保护环境和资源。针对环境污染造成的经济损失应该由谁承担的问题，20世纪70年代初经济合作与发展组织理事会首先提出了"污染者负担原则"，认为实行这一原则可以促进合理利用环境与资源，防止并减轻环境损害，实现社会公平。这一原则提出后，很快得到国际上的广泛认可并被很多国家确定为环境与资源保护法的一项基本原则。

关于污染者负担费用的范围，国际上有两种意见：一种意见认为污染者应支付其污染造成的全部环境费用。所谓全部环境费用，日本有人主张包括防治公害费用、环境恢复费用、预防费用和被害者救济费用。理由是作为损害环境和公民健康的责任者，理应承担所造成后果的全部责任。另一种意见认为，把全部环境费用都加在生产者身上，会造成污染者负担过重而不利于经济的发展，而且在实践中很难行得通。他们主张污染者应承担消除污染费用和损害赔偿费用。消除污染费用包括治理污染源和恢复被污染的环境的费用；损害赔偿费用是指对环境污染的受害者，赔偿其人身和财产损失。后一种主张提出的负担范围为更多国家所确认。

我国参照"污染者负担原则"的精神，在《环境保护法》（试行）中曾规定"谁污染谁治理"的原则。该法第六条规定：已经对环境造成污染和其他公害的单位，应当按照谁污染谁治理的原则，制定规划，积极治理，或者报请主管部门批准转产、搬迁。

这一原则的提出，当时主要是为了明确污染单位有责任对其造成的污染进行治理。在《环境保护法》修改过程中，有学者曾建议把"谁污染，谁治理"作为一项原则规定在法律中。目的在于明确污染者的责任。不过，其提法和含义要考虑得更加科学和确切，防止由于以下因素对这一原则作简单片面的理解：①关于污染者的责任，"谁污染，谁治理"，只明确了治理责任（在实践中还容易被理解为只是治理污染源的责任），这并不是污染者的全部责任，至少还要包括对污染造成损失的赔偿责任。②由于历史原因，有相当一批国有老企业设备陈旧、工艺落后、排污量大，而且没有净化设备，这批企业污染的治理，需要结合技术改造进行，投资较大。如果全部治理责任都由企业承担，在某些情况下是行不通的。应该由国家统盘考虑制定治理规划，沟通投资渠道，并

---

① 参见吕忠梅著：《环境法》，法律出版社1997年版，第57页。

且要企业的上级主管部门对本系统的治理进行具体的规划、指导和资助，才能逐步解决。在这种情况，笼统提"谁污染，谁治理"就失之简单了。③由于企业所有制的性质，我国的污染治理除排污染单位各自治理污染源之外，还应实行国家和地方政府在污染单位参加下的区域综合治理。例如，污水的处理，事实上，不可能每一个污染排放单位都有条件和有必要建立污水处理厂，如果在适宜地区建立综合性污水处理厂，排污单位共同分担费用，将有利于提高综合效益和处理效果。在这种情况下，对"谁污染，谁治理"也不能作简单理解。

我国《环境保护法》对污染者的责任问题规定为："产生环境污染和其他公害的单位，必须把环境保护工作纳入计划，建立环境保护责任制度；采取有效措施防治在生产建设或者其他活动中产生的对环境的污染和危害。排放污染物超过国家或者地方规定的污染物排放标准的企业事业单位，依照国家规定缴纳超标准排污费，并负责治理。"

为了有效地贯彻开发者养护的原则，我国有关法律对自然资源的开发者规定了各种强制性的整治与养护的责任。

《环境保护法》第十八条规定："在风景名胜区、自然保护区和其他需要特别保护的区域内，不得建设污染环境的工业生产设施；建设其他设施，其污染物排放不得超过规定的排放标准。已经建成的设施，其污染物超过规定的排放标准的，限期治理。"第十九条规定："开发利用自然资源，必须采取措施保护生态环境。"

在《中华人民共和国森林法》（以下简称《森林法》）、《中华人民共和国草原法》（以下简称《草原法》）、《中华人民共和国土地管理法》（以下简称《土地管理法》）、《中华人民共和国矿产资源法》（以下简称《矿产资源法》）、《中华人民共和国水土保持法》（以下简称《水土保持法》）等单行法规中，对于开发者的整治、养护的责任都分别地进一步作了具体规定。

环境保护目标责任制是在第二次全国环境保护会议以后，在不少省市开展起来的一种把环境保护的任务定量化、指标化，并层层落实的管理措施。《环境保护法》第十六条规定："地方各级人民政府，应当对本辖区的环境质量负责，采取措施改善环境。"环境保护目标责任制，一般是以签订责任书的形式，具体规定各级领导从省长、市长、区长（县长）直到基层企业的厂长，在任期内的环境目标和管理指标，并建立相应的定期检查、考核和奖惩办法。实行这样一种环境管理措施有许多好处：①有利于把环境保护的任务真正纳入各级政府的国民经济和社会发展计划、年度工作计划，使环境保护任务得以真正落实；②实行责任制，把各级领导的责任层层分解并落实，把环境保护的任务定量化、指标化，加强了环境管理；③相应地建立各种配套措施和支持系统（例如，定量化的监测和监督系统、定期的检查考核制度、相应的奖惩办法等），促进环保机构的建设，强化环保部门的监督管理职能。

为了把环境保护责任制更好地落实到基层工矿企业，有的地区（例如湖北省）开展了建立厂长任期责任制，推行清洁无害工厂活动。为此，在1984年颁布了《湖北省清洁无害工厂标准及验收细则》（草案），建立了一套相应的制度。比如，申报制度、责任制度、检查验收制度、奖惩制度等。这些做法极大地促进了企业的污染防治工作。

继1978年国家安排第一批限期治理项目完成后，1989年国家环境保护委员会和原国家计委又下达了第二批国家污染限期治理项目140个，1996年国家下达了第三批污染限期治理项目121个。全国共完成限期治理项目5 717个。确定限期治理项目要考虑如下条件：①根据城市总体规划和城市环境保护规划的要求对区域环境整治作出总体规划；②首先选择危害严重、群众反映强烈、位于敏感地区的污染源进行限期治理；③要选择治理资金落实和治理技术成熟的项目。

对污染严重的企业实行限期治理，是贯彻污染者治理原则的一种强制性的和十分有效的措施。这种措施使污染企业的治理责任更加明确，并有了时间上的限制，同时也有助于疏通资金渠道和争取基建投资指标，使污染治理得以按计划进行。第二批国家限期治理项目把限期治理的内容由点源扩展到区域，促进了点源的分散治理与区域综合防治相结合。这样做不仅可以加快区域污染治理，改善区域环境状况，而且可以节省人力、物力和财力，取得最好的经济效益和环境效益。

第四节　预防为主、防治结合、综合治理的原则

预防为主、防治结合、综合治理的原则，是指采取各种防御措施和手段，防止海洋环境问题的产生，或者把海洋环境污染和破坏控制在维持生态平衡、保护社会物质财富和人群健康容许的限度之内。

解决我国海洋环境污染和生态破坏问题，之所以强调预防为主的原则，这是由海洋环境污染的特点决定的。海洋环境及资源遭到破坏，导致平衡失调以后，要恢复正常的生态环境很困难，有些甚至是不可能恢复的。海洋环境受到污染后，要消除因污染受到的影响，往往需要较长的时间，有些甚至是难以消除的。海洋环境污染造成的疾病，往往不易及时发现，也不容易彻底治疗。海洋环境污染和破坏所造成的经济损失是严重的，再去治理，要付出高昂的代价。

以防为主，并不意味着治理工作不重要，而是要求我们在解决海洋环境污染和破坏问题时，要着眼于"预防"，做到"防患于未然"，不要等到海洋环境已经受到污染之后再去治理。对于已经产生的海洋环境污染和破坏问题，必须制定计划，积极进行治理。也就是说，要在产生污染和破坏的根源上下工夫，尽可能把污染和破坏消除在生产过程中。至于对污染破坏后果的处理措施，是对预防措施的必要补充。所以，以防为主，防治结合，是从我国国情出发，有效解决海洋环境和生态破坏问题的一条正确途径。

海洋环境是一个统一的整体，而海洋功能又是多方面的，海洋的开发、利用和保护的各种活动有着各自的特点，所以我国的海洋环境保护工作实行的是由法定的主管部门统一指导、协调和监督，各有关部门分工负责，公众积极参与的管理体制。这样才有利于发挥各部门的积极性。

实行以防为主、防治结合、综合治理的原则有以下意义：首先，可以使海洋环境保护获得投资省、收效大的效果，能够实现经济效益和环境效益的统一；其次，可以把我国海洋环境保护工作的重点放在预防措施的实施方面，加强计划指导。如何贯彻以预防为主、防治结合、综合治理的原则？根据《环境保护法》和《海洋环境保护法》的规定，主要采取以下几种措施：

第一，全面规划，合理布局；

第二，严格控制新污染源；

第三，积极治理原有污染源；

第四，排放有害物质必须遵守国家规定的标准；

第五，加强海洋环境管理，提高监视、监测能力，严格执行"三同时"制度和环境影响评价制度；

第六，各有关部门齐抓共管，实行责任制；采取经济、教育、法律等手段综合治理。

第五节　海洋环境保护法与有关国际公约相协调的原则

我国《海洋环境保护法》与我国参加的有关国际公约相协调的原则，是指我国海洋环境保护法的有关规定的要求与我国参加的公约基本精神相一致。海洋环境保护工作是一个世界性的问题。我国是联合国的常任理事国，是世界上最大的发展中国家。中国对待和处理国际事务的原则立场和措施，对其他国家往往会产生重大影响。随着我国改革开放的日益扩大和深入，在建设社会主义法治国家的进程中，如何正确处理国内海洋环境法与国际法的关系，使国内海洋环境立法与有关国际条约相协调，将成为我国立法中的一个突出问题。

1998年6月，我国政府决定设置国家环境保护总局，负责管理和组织协调环境保护国际条约国内履约活动及统一对外联系。其主要职责是：拟定国家关于全球环境问题基本原则；管理环境保护国际合作与交流；参与协调重要环境保护国际活动；参加环境保护国际条约谈判；管理和组织协调环境保护国际条约的国内履约活动，统一对外联系；管理环境保护系统对外经济合作；协调与履约有关的利用外资项目；受国务院委托处理涉外环境保护事务；负责与环境保护国际组织联系工作。[①]

我国重视公海及其资源的保护管理工作。1993年至1995年，中国参与了联合国关于养护和管理跨界鱼类种群和高度洄游鱼类种群的协定的制定工作。先后与俄罗斯、美国、日本等国就开发和保护白令海渔业资源问题进行谈判，签署并核准了《中白令海峡鳕资源养护和管理公约》。为了保护公海渔业资源，中国参与了保护金枪鱼、鲸类，以及濒危物种的国际活动，加入了《养护大西洋金枪鱼国际公约》，并参加了《促进公海上渔船遵守国际养护和管理措施的协定》的制定工作。

我国积极开展地区性海洋渔业合作。在1975年中、日渔业协定的框架下，中、日两国每年都协商安排渔业资源的开发和保护工作。1997年，中、日两国又签订了新的渔业协定，为两国长期开展渔业合作奠定了基础。我国还与韩国、菲律宾等其他周边国家进行渔业谈判，讨论周边海域渔业资源开发和保护问题。

我国积极发展环境保护领域的国际交流与合作。在环境规划与管理、全球环境问题、污染控制与预防、森林和野生动植物保护、海洋环境问题、气候变化、大气污染、酸雨、污水处理等方面进行了交流与合作，取得了一批重要成果。

我国对所缔结或参加的国际环境条约和协议，一贯严肃认真地履行自己所承担的责任。在《21世纪议程》的框架指导下，编制了《中国环境保护21世纪议程》、《中国生物多样性保护行动计划》、《中国21世纪议程林业行动计划》、《中国海洋21世纪议

---

① 参见《中国环境保护21世纪议程》，中国环境科学出版社1995年版。

程》等重要文件，认真履行所承诺的义务。

我国于 1993 年 1 月批准《中国消耗臭氧层物质逐步淘汰国家方案》，提出了淘汰受控物质计划和政策框架，采取措施控制或禁止消耗臭氧层物质的生产和扩人使用。为适应国际、国内保护臭氧层工作形势的变化，国家环境保护总局于 1999 年 11 月对"国家方案"进行了修订，并经国务院批准实施。

为实施国际船舶防污公约，国务院于 1983 年颁布了《防止船舶污染海域管理条例》，并加入了相关的国际海洋防污公约及议定书。我国海事行政主管部门依据上述法规和国际公约，对在我国水域内航行、停泊的所有船舶实施监督管理。为了实施国际油污防备、反应和合作公约，我国在广州、厦门、宁波、上海、天津和大连六大港口编制了《港口油污应急计划》，制定并发布了《全国海上船舶溢油应急计划》。

第六节　环境保护的民主原则

加强国家对环境的管理、维护环境质量，需要公众的广泛参与。近年来，在环境与资源保护法学研究中，国外有的学者为了给公众参与环境管理找到理论根据，提出了"环境公共财产"理论、"公共委托"理论和公民"环境权"理论。

"环境公共财产"理论认为：空气、水、阳光等人类生活所必需的环境要素，不能像古典经济学的观点那样，认为它是一种取之不尽、用之不竭的自然物，任何人无需支付代价即可任意占有和处置作为人类赖以生存的基本条件的环境要素，在当今受到严重污染和破坏以致威胁到人类的正常生活的情况下，不应再被视为"自由财产"，不能成为所有权的客体。环境资源就其自然属性和对人类社会的极端重要性来说，它应该是人类的共享资源。是全人类的"公共财产'、任何人不能任意对其占有、支配和损害。根据公共信托理论，为了合理支配和保护共有财产，共有人委托国家来管理。国家对环境的管理是受共有人的委托行使管理权的，因而不能滥用委托权。

以"环境公共财产"理论、"公共委托"理论为根据，又有人提出了公民享有"环境权"的理论。1970 年 3 月，在东京召开的一次关于公害问题的国际座谈会上，一位美国环境法教授提出了环境权理论。他认为：每一个公民都有在良好环境下生活的权利，公民的环境权是公民最基本的权利之一，应该在法律上得到确认并受法律的保护。会议采纳了这个建议，在其发表的《东京宣言》第五项中提出："我们请求把每个人享有的健康和福利等不受侵害的环境权和当代人传给后代的遗产，这样一种富有自然美的自然资源的权利，作为一种基本人权，在法律体系中确定下来。"1972 年在联合国人类环境会议上通过的《人类环境宣言》也规定了类似的原则。宣言提出的 26 条原则的第 1 项是人类有权在能够过尊严和福利生活的环境中，享有自由、平等和良好生活条件的基本权利。有些国家的宪法和环境法也明确规定了公民的环境权，并由此规定引申出公众参与环境管理的各种权利。

在我国，环境保护关系到全国人民的切身利益，环境质量的好坏会影响所有人的生活和健康。保持一个良好、清洁、舒适的环境，既是人们的愿望，也符合人民的利益。因此，个人、集体和国家在环境建设上的根本目标、利益是完全一致的。从法律上说，环境保护既是公民的一项基本权利，也是公民应尽的义务。我们应该把环境保护事业建立在更加广泛的民主基础上，把政府、企业的环境管理活动和法律的执行建立在人民群众广泛支持、参与、监督的基础上。

环境权理论和环境保护民主原则需要法律上的体现和支持。我国现行法律没有明确规定公民的环境权。但在《宪法》、《环境保护法》、《民法通则》等法律的有关规定中，体现了维护人民良好生活环境的精神。例如，《宪法》第二十六条规定："国家保护和改善生活环境和生态环境，防治污染和其他公害。"《环境保护法》第一条关于立法的目的规定："为了保护和改善生活环境和生态环境，防治污染和其他公害，保障人体健康，……"这实际上是规定了公民应该享有环境权。《民法通则》第八十三条规定不动产的相邻各方正确处理相邻关系中，包括有通风、采光。给相邻方造成妨碍或者损失的，应当停止侵害，排除妨碍，赔偿损失。这就保证了公民的通风、采光权。

环境保护的民主原则主要体现在我国公民具有参与国家环境管理的权利上。这项权利首先在《宪法》中作了规定："中华人民共和国的一切权力属于人民……人民依照法律规定，通过各种途径和形式，管理国家事务，管理经济和文化事业，管理社会事务。"根据这一规定，我国公民可以广泛参与国家的环境管理。

但是，公民依法参与国家环境管理的具体方式，还有待立法上的进一步具体化。

某些地区（例如，苏州、上海、重庆等地），在居民区中出现了群众性的环保组织，它们积极参与环境与资源保护法的宣传、对排污活动的监督、组织绿化等活动。如果把这种形式推广，在城市街道、工业区和大型工矿企业设立群众性的环境保护组织，它们将在参与环境管理、监督执法、发动群众投身环境保护等方面发挥重要作用。

公民有对污染破坏环境的行为进行监督、检举和控告的权利。我国的《环境保护法》、《大气污染防治法》、《水污染防治法》、《海洋环境保护法》等都对公民享有监督、检举和控告的权利作了规定，充分体现了环境管理的民主原则。但在实践中，公民如何真正有效地参与环境管理，参与监督以及检举，还存在许多困难，如缺乏具体行使权利的形式、程序和有关具体的法律规定。

参考文献

1. 金瑞林．环境法学．北京：北京大学出版社，2002.
2. 陈慈阳．环境法总论．台湾元照出版有限公司，2000.
3. 曲格平．中国环境问题及对策．北京：中国环境科学出版社，1984.
4. 世界银行．1992年世界发展报告——发展与环境．北京：中国财政经济出版社，1992.

课后思考

1. 试分析环境法学的基本理念与海洋环境保护法的基本原则之间的联系。
2. 试分析环境伦理学、环境经济学对海洋环境保护法学的贡献。
3. 海洋环境保护法的基本原则及其特点、意义是怎样的？
4. 试分析我国《海洋环境保护法》的六个基本原则的含义、内容及其具体适用。

第六章　我国海洋环境保护基本制度

第一节　海洋环境保护基本制度概述

一、环境法基本制度的内涵

在现代汉语中，制度是指"要求大家共同遵守的办事规程或行动准则"。制度学派的创始人凡勃伦认为，制度"实质就是个人或社会对有关的某些关系或某些作用的一般思想习惯"。康芒斯认为制度是一种集体行动，他还认为制度不仅是对个人行动的控制，而且是对个人行动的解放和扩展。制度因此是对权利与义务、优先权与无权利的分配。①

从制度的重要性来看，分为基本制度和一般制度。基本制度，可称为主要制度或者核心制度，它是制度系统中的首要构成要素，是各方面制度中最基本的办事规则和行为准则的总和，是制度系统的基本和核心。在总体上，基本制度起着体系的框架作用。它可以成为制度系统的主要标志和代表者。

在法理学中，法律制度是法律规范的有机组合。法律制度和规则所针对的并不是某一个具体问题或少数特例，而是要解决具有一般性的问题。海洋环境法律制度是围绕海洋环境基本法而建立起来的，是指由调整人们在海洋环境资源的开发、利用、保护和管理以及污染防治过程中所产生的各种特定海洋环境社会关系的一系列法律规范及其运行机制所组成的相对完整的规则系统。它是海洋环境管理制度的法律化，是海洋环境保护法规范的一个特殊组成部分。

二、海洋环境保护法基本制度分类

目前，我国各界对海洋环境法基本制度的分类方法和具体内涵并没有形成一致的观点，通常对海洋环境法基本制度的研究也是从对环境法基本制度的角度展开的。在立法层面上，1989 年全国环境保护会议将环境法的主要制度归纳为"老三项"和"新五项"，即环境影响评价制度、"三同时"制度、排污收费制度、排污许可证制度、限期治理制度、环境保护目标责任制度、城市环境综合整治定量考核制度和污染集中控制制度。而在学术界，环境法基本制度乃至海洋环境法基本制度有多种不同的表述：韩德培教授认为的环境法基本制度是：环境影响评价制度、"三同时"制度、排污收费制度、许可证制度、限期治理制度、环境污染与破坏事故的报告及处理制度；② 蔡守秋教授把环境法基本制度归纳为：规划制度、标准制度、监测制度、环境影响评价制度、许可制度、"三同时"制度、清洁生产制度、综合利用制度、动植物检疫制度、环境资源税费

---

① 参见［美］L. M. 弗里德曼. 法律制度——从社会科学角度观察［M］. 李琼英，等，译. 北京：中国政法大学出版社，1994：80.

② 韩德培. 环境保护法教程［M］. 3 版. 北京：法律出版社，1998：80 - 102.

制度等;① 金瑞林教授把环境法基本制度分为环境保护基本法律制度和自然资源保护基本法律制度,其中环境保护基本法律制度包括:土地利用规划制度、环境影响评价制度、"三同时"制度、许可证制度、征收排污费制度、经济刺激制度;自然资源保护基本法律制度包括:环境影响评价、"三同时"制度、自然资源权属制度、自然资源规划制度、自然资源调查和档案制度、自然资源许可制度、自然资源有偿使用制度等。②

由于以上环境保护基本制度在海洋环境保护领域都有着非常广泛的应用,在其他分类方法尚不成熟的情况下,目前学术界对海洋环境法基本制度也大体遵循着这样的分类思路。在此我们按照海洋环境与资源保护法律制度或措施的性质,将海洋环境与资源保护法律中具有共通性的重要制度分为事前预防类、行为管制类、影响与诱导类以及事后救济类四大类,本章后面的几节就是采用这种分类方法而形成的。③

海洋环境法律制度综合概括了我国各种海洋环境保护法律、法规的有关规定,是我国海洋环境保护管理基本制度的法律化和规范化。海洋环境基本法律制度对具体的海洋保护法律法规具有指导、整合的功能和提纲挈领的作用,它与海洋环境保护的基本原则不同,其本身就是可操作的实施性规范。从另一方面说,海洋环境保护的基本法律制度就是海洋环境监督管理基本制度,它们是上升为法律规范的海洋环境监督管理的行政、经济、技术措施和手段,根据海洋环境监督管理的任务和目的而建立,对于海洋环境法律秩序的建立和维护具有重大的意义。海洋环境保护基本法律制度是针对海洋环境保护工作中的几个重点领域,分别从生态保护和环境治理的角度,以促进经济和社会的可持续发展为原则而建立的各项法律制度的总和。

第二节　事前预防类海洋环境管理制度

事前预防类的环境法律制度是预防原则在海洋环境立法中的具体体现和具体适用,特点在于其内容本身具有专业判断性、政策期待性和适用对象不明确性。因此,一般情况下,需经有权国家机关针对具体海洋环境利用行为制定适用,或经政府其他行为确定适用后,才具有法的拘束力。事前预防类的海洋环境管理制度主要包括环境规划制度、环境影响评价制度、环境标准制度。

一、海洋环境规划制度

海洋环境保护规划是海洋环境保护工作的基础和行动方案,制定海洋环境保护规划,有利于海洋环境保护工作有计划、有目的地进行。海洋环境规划主要包括:海洋环境保护目标、具体目标方案、海洋环境保护的主要任务、对各部门和沿海各地区的要求、海洋环境保护主要措施、海洋环境保护投资等内容。海洋环境保护规划的确立,是以海洋功能区划为基础的,即根据不同海域的功能来确定海洋环境保护的整体规划。重点海域区域性海洋环境保护规划,是国家海洋环境保护规划的组成部分,根据重点海域

---

① 蔡守秋主编:《环境资源法学》[M],北京:人民法院出版社、中国人民公安大学出版社,2003 年版第166 页。

② 金瑞林主编:《环境法学》[M],北京:北京大学出版社,2002 年版第96 – 129 页。

③ 参见汪劲:《环境法学》,北京大学出版社,2006 年5 月第一版,第198 页。

区域性海洋环境的特殊性，制定一些特殊的、专门的内容，但其内容的确立，也必须以海洋功能区划为基础。这里的区域性，是相对于我国全部管辖海域而言的局部海域，有时也指传统意义上的海区划分，即国家为管理的需要把管辖的海域划分为不同的海区，如渤海区、黄渤海区、东海区、南海区等。区域性海洋环境保护规划是指以某一海区或者一定海洋区域为单位制定的海洋环境规划。①

《海洋环境保护法》规定，国家根据海洋功能区划制定全国海洋环境保护规划和重点海域区域性海洋环境保护规划②，这里的国家即国务院。为了将规划的责任落实到具体的部门，2002年，国务院关于全国海洋功能区划的批复（国函〔2002〕77号）规定"各级海洋行政主管部门要会同有关部门根据海洋功能区划，编制海洋环境保护规划，加强海洋环境保护。"通过这个文件，国务院将制定海洋环境保护规划的职责确定给了各级海洋行政主管部门。

为了保护重点海域的海洋环境，《海洋环境保护法》作出了关于毗邻重点海域的有关沿海地方实施重点海域区域性海洋环境保护规划的规定。根据这一规定，毗邻重点海域的有关沿海省、自治区、直辖市人民政府及行使海洋环境监督管理权的部门，应当努力实施重点海域区域性海洋环境保护规划，保护好重点海域的海洋环境。对于如何实现该目标，该款规定毗邻重点海域的有关沿海省、自治区、直辖市人民政府及行使海洋环境监督管理权的部门，可以通过建立海洋环境保护区域合作组织的方式来实施重点海域区域性海洋环境保护规划。

二、环境影响评价制度

环境影响评价是指对规划和建设项目实施后可能造成的环境影响进行分析、预测和评估，提出预防或者减轻不良环境影响的对策和措施，进行跟踪监测的方法与制度。③我国在1979年颁布的《环境保护法（试行）》中就有对建设项目实行环境影响评价的规定，随后《海洋环境保护法》中也对建设项目施行环境影响评价作了重申。1998年的《建设项目环境保护管理条例》，2003年的《环境影响评价法》和2009年的《规划环境影响评价条例》将我国的环境影响评价制度进一步完善。

海洋环境影响评价制度是环境影响评价制度在海洋环境保护领域的应用和具体化。④由于海洋具有一定的特殊性，管理方法和程序与陆地不完全相同。我国《海洋环境保护法》根据海岸工程建设项目和海洋工程建设项目的特点，对其环境影响报告书的预审、审核和备案，规定了不同的管理机制。《海洋环境保护法》规定："海岸工程建设项目的单位，必须在建设项目可行性研究阶段，对海洋环境进行科学调查，根据自然条件和社会条件，合理选址，编报环境影响报告书。环境影响报告书经海洋行政主管部门提出审核意见后，报环境保护行政主管部门审查批准。""海洋工程建设项目必须符合海洋功能区划、海洋环境保护规划和国家有关环境保护标准，在可行性研究阶段，

---

① 在海洋法中也有"区域"的概念。关于"区域性"的提法，来源于《联合国海洋法公约》关于"区域"的规定。区域合作组织是指处于同一海区的不同地方组成的合作组织。

② 《海洋环境保护法》第七条。

③ 参见我国《环境影响评价法》第二条。

④ 参见蔡守秋、何卫东著：《当代海洋环境资源法》，煤炭工业出版社2001年版，第107页。

编报海洋环境影响报告书，由海洋行政主管部门核准，并报环境保护行政主管部门备案，接受环境保护行政主管部门监督。"上述规定是海洋环境保护环境影响评价制度与一般环境影响评价制度的重要区别。在 2006 年的《防治海洋工程建设项目污染损害海洋环境管理条例》和 2007 年的《防治海岸工程建设项目污染损害海洋环境管理条例》中分别对海岸工程和海洋工程建设项目的环境影响评价进行了详细具体的规定。

三、环境质量标准制度

环境质量标准是为了保护人群健康、保护社会财富和维护生态平衡，就环境质量以及环境监测方法以及其他需要的事项，按照法律规定程序制定的各种技术指标与规范的总称。依据我国《环境保护法》规定，环境标准主要包括环境质量标准和污染物排放标准两大类。除此之外，在具体实施监测、测定和技术分析时，还要按照一定的科学方法来进行，因此除强制性环境标准外还存在着一些基础性、方法性的技术规范，这些在中国也一并纳入环境标准的范畴。在此我们只对海洋环境质量标准作简单介绍。

海洋环境质量标准管理制度，是指关于海洋环境质量标准的制定、管理和实施的各种法律规定的总和。《海洋环境保护法》第九条规定，国家根据海洋环境质量和国家经济技术条件，制定国家海洋环境质量标准。沿海省、自治区、直辖市人民政府对国家海洋环境质量标准中未作规定的项目，可以制定地方海洋环境质量标准。沿海地方各级人民政府根据国家和地方海洋环境质量标准的规定和本行政区近岸海域环境质量状况，确定海洋环境保护的目标和任务，并纳入人民政府工作计划，按相应的海洋环境质量标准实施管理。

海洋环境质量标准是海洋环境执法尺度，是海洋环境监督管理工作的核心之一。海洋环境质量标准的实施还有待于其他具体制度的配合。

（1）水污染物排放标准管理制度。《海洋环境保护法》明确规定，国家和地方水污染物排放标准的制定，应当将国家和地方海洋环境质量标准作为重要依据之一。[①] 特别是在筹建水环境（河流湖泊、地下水、海洋）"三合一"系统整体监管体制过程中，海洋环境质量标准的管理和维护更需要其他环境标准管理的支持和配合。

（2）总量控制制度。重点海域实行污染物排海总量控制制度是 1999 年修订《海洋环境保护法》增加的重要法律制度。即国家在重点海域确定主要污染物排海总量控制指标，并对主要污染源分配排放控制数量，具体办法由国务院制定。这种制度与其他环境要素保护单位立法中普遍实行的增收超排污费的制度相比更为先进，更有利于对海洋环境的严格保护，这是一个很大的进步。[②]

第三节　行为管制类海洋环境管理制度

行为管制类法律制度是环境与资源保护法律中适用范围最为广泛的法律制度，特点在于它们对环境利用行为以及行为过程中的各种事项具有确定性、指引性和限制性。它们既包括预防性措施，也包括治理性措施，对管制行为和对象具有直接的法律的拘束

---

① 参见《海洋环境保护法》第十条。
② 参见蔡守秋、何卫东《当代海洋环境资源法》，煤炭工业出版社 2001 年版，第 154 页。

力。行为管制类法律制度主要包括环境功能区划制度、污染物排放控制制度、现场检查与联合执法制度、"三同时"制度。

一、海洋功能区划制度

海洋功能区，是指根据海洋的自然资源条件、环境状况和地理位置，并考虑到海洋开发利用现状和社会经济发展需求所划定的，具有特定主导功能，有利于资源的合理开发利用，能够发挥最佳效益的区域。海洋功能区划，是指依据海洋自然属性和社会属性，以及自然资源和环境特定条件，界定海洋利用的主导功能和使用范围。[①] 它是结合海洋开发利用现状和社会经济发展需要，划分出具有特定主导功能，适应不同开发方式，并能取得最佳综合效益区域的一项基础性工作，是海洋环境管理的基础。海洋功能区划的范围包括我国享有主权和管辖权的全部海域、岛屿和必要依托的陆域。我国实行海洋功能区划的目的，一是为制定全国海洋开发战略、政策和规划创造条件；二是宏观指导全国的海洋开发活动，建立良好的开发秩序，充分利用海洋资源和空间，发挥其综合效益，形成合理的产业结构和生产布局；三是协调各海洋产业、沿海各地区之间在海洋开发利用活动中的关系，为加强和实施海洋综合管理提供客观依据；四是为保护海洋环境，确定海洋水质类型，维持良好的海洋生态系统提供依据；五是为实行海域有偿使用制度提供客观依据。全国海洋功能区划由国家海洋行政主管部门拟定。但国家海洋行政主管部门在拟定海洋功能区划时，必须会同国务院有关部门和沿海省、自治区、直辖市人民政府共同完成，并将拟定的海洋功能区划方案，报国务院批准，经国务院批准生效执行。沿海地方各级人民政府要依据全国海洋功能区划制定大比例尺的地方海洋功能区划；在使用海域时，必须严格遵守海洋功能区划的规定，不得违反海洋功能区划的规定，乱占、滥用海域。

海洋功能区按其性质的不同分为开发利用区、整治利用区、海洋保护区、特殊功能区和保留区等不同类型[②]；按其主导功能的不同，又分为港口航运区、海水养殖区、海洋捕捞区、油气区、固体矿产区、旅游资源利用区、盐田区、地下卤水区、再生资源利用区、增殖区、禁渔区、污染治理区、防灾区、海洋自然保护区、重要经济鱼类保护区、科学实验区、海底管线区、海上工程区、海洋倾倒区、泄洪区、禁航区等次级功能区。

海洋功能区划是科学用海、科技兴海的关键。各级人民政府在海洋功能区划的基础上制定海洋环境保护目标和实施方案，是各级政府和海洋环境监督管理部门开展海洋环境保护工作的基本依据。海域使用必须符合海洋功能区划。养殖、盐业、交通、旅游等行业规划涉及海域使用的，应当符合海洋功能区划。沿海土地利用总体规划、城市规划、港口规划涉及海域使用的，应当与海洋功能区划相衔接。海洋功能区划经批准后，应当向社会公布。

二、污染物排放控制制度

污染物排放控制制度，是指国家规定对向环境排放的污染物的浓度和总量实行控制

---

① 参见蔡守秋、何卫东《当代海洋环境资源法》，煤炭工业出版社2001年版，第53页。
② 参见汪劲著：《环境法学》，北京大学出版社2006年版，第368页。

的制度。通常采用按照污染物排放的浓度来控制污染物排放的方法。这种方法是通过制定和实施合理的污染物最高容许排放浓度标准来实现。《海洋环境保护法》规定："向海域排放陆源污染物，必须严格执行国家或者地方规定的标准"，"海洋石油钻井船、钻井平台和采油平台的含油污水和油性混合物，必须经过处理达标后排放；……经回收处理后排放的，其含油量不得超过国家规定的标准。"《防止船舶污染海域管理条例》规定："船舶排放污染物，必须符合中华人民共和国《船舶污染物排放标准》。"对污染物排放实行浓度控制，这种方法比较简便易行，但单靠这种方法并不能控制住进入环境的污染物总量，也保证不了区域环境质量的改善，因此，又出现了按照污染物排放总量来控制污染物排放的方法。在污染物排放控制上，中国已由重浓度控制逐步转变为浓度与总量控制相结合。

《海洋环境保护法》规定："国家建立并实施重点海域排污总量控制制度，确定主要污染物排海总量控制指标，并对主要污染源分配排放控制数量。具体办法由国务院制定。"①《海洋环境保护法》明确规定建立并实施重点海域排污总量控制制度的目的，是对进入国家重点保护海域和已受到严重污染的其他近岸海域的主要污染物数量进行控制。这是我国环境管理的一项重大举措。

另外，为了更好地贯彻和配合排污总量控制制度的实施，我国还采取了排污申报登记制度。排污申报登记制度，是指国家规定向环境中排放污染物的单位，应当按照国务院环境保护行政主管部门的规定，向所在地的环境保护行政主管部门申报登记污染物排放及相关情况和有关技术资料的制度。实行这一制度有利于促使排污单位认真履行环境保护的职责和义务，做好污染防治工作。《海洋环境保护法》规定："排放陆源污染物的单位，必须向环境保护行政主管部门申报拥有的陆源污染物排放设施、处理设施和在正常作业条件下排放陆源污染物的种类、数量和浓度，并提供防治海洋环境污染方面的有关技术和资料。排放陆源污染物的种类、数量和浓度有重大改变的，必须及时申报。拆除或者闲置陆源污染物处理设施的，必须事先征得环境保护行政主管部门的同意。"排污申报登记制度是环境管理的一项重要制度。依照《排放污染物申报登记管理规定》的规定，县级以上环境保护行政主管部门应当向履行排污申报登记手续的，核发《排污申报登记注册证》，并应当建立排污申报登记档案和数据库。通过排污申报登记，环境保护行政主管部门可对本地区排放污染物种类、数量和现有的防污染设施情况有比较全面的了解，获得为制定本地区的环境保护规划和确定环境保护工作重点的依据；掌握本地区的污染隐患，以便采取预防措施，防止发生重大污染事故。

三、现场检查与联合执法制度

现场检查制度，是指法律规定的环境保护行政主管部门或者其他依法行使环境监督管理权的部门，对管辖范围内排污单位（包括船舶、平台、个人）的排污和污染治理等情况进行现场执法检查的制度。实行这个制度，可以督促排污单位遵守环境保护法律规定，采取措施防治污染，促使排污单位加强环境管理，减少污染物的排放和消除污染事故隐患，可以提高排污单位的领导及有关人员的环境保护意识和环境法制观念，自觉

---

① 《海洋环境保护法》第三条。

履行环境保护义务，还可以促使环境监督管理部门深入管辖范围内的排污单位，对其执行国家环境保护方针、政策、法律、法规和标准的情况进行监督检查，以便及时发现问题，有效地控制环境污染。按照《海洋环境保护法》的规定，行使海洋环境监督管理权的部门，有权根据职责分工，对各自所管辖范围内排放污染物的单位和个人进行现场检查。被检查者应当如实反映情况，提供必要的资料。对于隐瞒不报、弄虚作假或者拒绝配合，甚至无理阻挠的，依法予以处罚，责任者必须承担与其行为相应的法律责任。检查机关即行使海洋环境监督管理权的部门，在依法管辖的范围内对排放污染物的单位和个人进行检查时，应当为被检查者保守技术秘密和业务秘密，不得将被检查者的技术秘密和业务秘密泄漏给他人；对于泄漏被检查者业务秘密和技术秘密的检查人员，被泄漏技术秘密和业务秘密的被检查者可以请求依法追究其责任。

海上联合执法制度，是指法律规定行使海洋环境监督管理权的部门可以在海上实行联合执法的制度。《海洋环境保护法》规定："依照本法规定行使海洋环境监督管理权的部门可以在海上实行联合执法，在巡航监视中发现海上污染事故或者违反本法规定的行为时，应当予以制止并调查取证，必要时有权采取有效措施，防止污染事态的扩大，并报告有关主管部门处理。"[①] 关于联合执法和巡航监视中执法的规定，是国家为强化和逐渐完善海上执法的重要举措。环境保护、海洋、海事、渔业等行使海洋环境监督管理权的部门，可以在海上实行联合执法，在海上巡航监视中，如发现海上污染事故或者违反海洋环境保护法律、法规规定的行为，有权利并有义务行使海洋环境管理权，对责任者的违法行为予以制止，并对肇事者和肇事船舶及肇事现场调查取证，必要时有权采取有效措施，防止污染事态的扩大。肇事船舶为外轮的，由海事部门登轮检查；对于造成渔业污染事故的外国籍船舶或者外国渔船，根据我国与一些国家签订的有关双边协定，渔业部门可以参与登轮检查。这样规定的目的，主要考虑到在海上发现污染事故的，可能不是依据《海洋环境保护法》的职责分工规定具有管辖权的海洋环境监督管理的部门，但是，为了及时控制污染损害的扩大，防止责任者逃逸，行使海洋环境监督管理权的任何一个部门，都有权行使紧急管理权，以保护海洋环境、维护国家海洋权益。所指"必要时有权采取有效措施"，主要是：第一，对于造成海洋环境污染，不及时抢救并企图逃逸的肇事者，海洋环境监督管理部门可以对企图逃逸的船舶扣押或者行使紧追权；对外国籍船舶的登临权则应由海事部门行使。第二，对于拒不按照海洋环境监督管理部门的要求采取措施控制污染蔓延的，或者拒不停止污染海洋环境行为的肇事者，可移交公安、司法机关处理；对于情节严重，触犯刑律的，司法机关可按照刑法有关规定追究刑事责任；第三，对于严重污染事故，需要采取紧急措施时，海洋环境监督管理部门可以临时调动其他海上船舶或者调用设备。此外，还包括其他有效措施。同时，行使紧急管理权的部门，必须将污染事故向有关主管部门报告，由有关的主管部门处理。

海上联合执法制度，是根据目前我国海洋环境管理的实际情况和海上执法队伍建设的现实情况作出的。有关部门和专家提出了实行海上统一执法的问题，鉴于我国海洋环境管理体制的现状和海上执法队伍建设的现实情况，经论证，国家决定分步实现海上统

---

① 见《海洋环境保护法》第十九条。

一执法，即先实行联合执法，逐步过渡到统一执法。

四、"三同时"制度

"三同时"制度，是指国家规定新建、扩建、改建的建设项目按照环境影响评价需要配套建设的环境保护设施，必须与建设项目主体工程同时设计、同时施工、同时投产使用的制度。海洋环境保护的"三同时"制度是环境保护"三同时"制度在海洋环境保护领域的应用和具体化。"三同时"制度是有关"三同时"的一套法律规则，是贯彻"预防为主原则"、防止产生新的环境污染和环境破坏的有效措施，是加强建设项目环境管理的主要手段，是我国建设项目环境管理实践经验的总结，它与环境影响评价制度相结合共同构成建设项目环境管理制度。[①]

"三同时"适用于在中华人民共和国领域和中华人民共和国管辖的其他海域内建设对环境有影响的建设项目。所谓"同时设计"，是指建设单位在委托设计单位进行项目设计时，应将环境保护设施一并委托设计；承担设计任务的单位必须依照《建设项目环境保护设计规定》，按照经批准的环境影响报告书及其要求，把环境保护设施与主体工程同时进行设计，并在设计过程中充分考虑建设项目对周围环境的保护。"同时设计"还要求，建设项目的设计任务书中应有环境保护的内容；初步设计中应有环境保护篇章。

所谓"同时施工"，是指建设单位在委托主体工程施工任务时，应同时委托环境保护设施的施工任务。在施工阶段，按照《建设项目环境保护管理程序》的规定，建设单位和施工单位应当将环境保护工程的施工纳入项目的施工计划，保证其建设进度和资金落实，并以季报的形式将环境保护工程进度情况报告审批环境影响报告书（表）的行政主管部门；审批环境影响报告书（表）的行政主管部门在该阶段中，应检查建设项目环境保护设施施工手续是否完备、环境保护工程是否纳入施工计划、建设进度和资金落实情况等，并提出意见；建设单位和施工单位负责落实环境保护行政主管部门对施工阶段的环境保护要求及施工过程中的环境保护措施。

所谓"同时投产使用"，是指建设单位必须把环境保护设施与主体工程同时投入运转。它不仅是指建设项目建成竣工验收后的正式投产使用，还包括建设项目试生产和试运行过程中的同时投产使用。环境保护设施未经审批环境影响报告书（表）的行政主管部门检查批准，建设项目不得试运行；在建设项目竣工后，建设单位应当向批准环境影响报告书的行政主管部门申请对环境保护设施进行竣工验收。建设项目需要配套建设的环境保护设施未建成或者经验收不合格的，该建设项目不得投入生产或者使用。建设产生污染的建设项目，其污染物的排放，应当确保达到国家标准和地方标准；在实施重点污染物排放总量控制的区域内，还必须符合重点污染物排放总量控制的要求。

我国《海洋环境保护法》根据海岸工程建设项目以及海洋工程建设项目的特点，对其环境保护设施的检查批准和验收，规定了不同的管理部门。[②] 为了使"三同时"制度在海洋环境保护中顺利实施，《海洋环境保护法》第四十四条规定："海岸工程建设项目的环境保护设施，必须与主体工程同时设计、同时施工、同时投产使用。环境保

---

① 参见汪劲著：《环境法学》，北京大学出版社 2006 年版，第 233 页。
② 参见张皓若、卞耀武主编：《中华人民共和国海洋环境保护法释义》，法律出版社 2000 年版，第 67 页。

设施未经环境保护行政主管部门审查批准，建设项目不得试运行；环境报设施未经环境保护行政主管部门验收，或者验收不合格的，建设项目不得投入生产或者使用。"第四十八条规定："海洋工程建设项目的环境保护设施，必须与主体工程同时设计、同时施工、同时投产使用。环境保护设施未经海洋行政主管部门审查批准，建设项目不得试运行；环境保护设施未经海洋行政主管部门验收，或者验收不合格的，建设项目不得投入生产或者使用。拆除或者闲置环境保护设施，必须事先征得海洋行政主管部门的同意。"由海洋行政主管部门批准检查和验收海洋工程建设项目的环境保护设施，这是海洋环境保护"三同时"制度与一般"三同时"制度的一个重要区别。

第四节 影响与诱导类海洋环境管理制度

影响与诱导类法律制度，也称经济刺激与市场类法律制度，是环境立法运用市场方法和环境经济学研究成果的产物。与直接针对环境利用行为的行政管制类制度所不同的是，影响与诱导类法律制度具有间接管制的特征，即在环境行政管理中运用经济杠杆原理，通过一定的经济诱导和良性影响措施鼓励环境利用行为人主动采取有利于环境的行为。目前我国在海洋环境保护法上所采用的影响与诱导类法律制度主要包括排污收费制度、船舶油污保险、油污损害赔偿基金制度、落后工艺淘汰制度等。

一、排污收费制度

排污收费制度，是指国家规定对向环境排放污染物的单位和个人征收一定费用的制度。这是贯彻"谁污染谁治理"原则，运用经济手段使污染者承担污染对社会损害责任的另一种形式。《海洋环境保护法》规定："直接向海洋排放污染物的单位和个人，必须按照国家规定缴纳排污费。"[①] 所谓直接向海洋排放污染物，是相对于通过河流、地表径流等间接方式排入海洋而言，包括泵出、溢出、泄出、喷出和倒出。实行排污收费制度，要求一切直接向海洋排放污染物的排污者，按照一定的标准缴纳费用，主要是由于环境作为人类生存的物质条件和生产的物质基础，具有价值。向环境排放污染物的行为，一方面耗损了一定的环境资源，另一方面又可能对影响人类生存的环境质量造成危害。国家作为环境资源的所有者，向排污者征收排污费，是维护国家环境资源权益的体现，也是"污染者付费"原则的具体体现。缴纳排污费是排污行为人使用环境资源和对环境造成污染损害的部分经济补偿。1996年《国务院关于环境保护若干问题的决定》规定："要按照'排污费高于污染治理成本'的原则，提高现行排污收费标准，促使排污单位积极治理污染。各级环境保护行政主管部门和地方各级人民政府要足额征收排污费。对征收的排污费、罚没收入要严格实行'收支两条线'的管理制度，按规定使用，不得挪用、截留。"

《海洋环境保护法》还规定："向海洋倾倒废弃物，必须按照国家规定缴纳倾倒费。"倾倒费也是一种对资源和环境的补偿费和"污染者付费"原则的体现。实行征收倾倒费制度的作用是：第一，补偿环境资源的损失；第二，限制和控制海上倾倒活动。

---

① 《海洋环境保护法》第十一条。

1992 年国家物价局和财政部下达的《关于征收海洋废弃物倾倒和海洋石油勘探开发超标排污费的通知》规定：“凡在中华人民共和国内海、领海、大陆架和其他一切管辖海域倾倒各类废弃物的企业、事业单位和其他经济实体，应向所在海区的海洋主管部门提出申请，办理海洋倾废许可证，并缴纳废弃物倾倒费”。海洋倾倒费应当用于整治和恢复海洋环境，不得挪作他用。

我国现行排污收费制度既部分体现了“谁污染，谁承担责任”的原则和环境资源价值等环境经济学理论，又结合了中国的具体实际，实行强制征收，将排污费与排放污染物的种类、数量、浓度挂钩，征收的排污费专款专用，交纳排污费不免除治理责任、赔偿损害的责任和法定的其他责任。[①] 通过征收排污费，运用经济手段要求污染者承担污染损害海洋环境的责任，使外部经济内在化，使排污情况与单位的经济效益、社会效益、社会形象直接挂钩，从外部给排污单位一定的经济压力和经济刺激，因而对海洋环境保护事业的发展具有重要的意义。

二、船舶油污保险、油污损害赔偿基金制度

《海洋环境保护法》所说的“船舶”，不包括海上石油勘探开发作业中的固定式和移动式平台，仅指一切类型的机动和非机动船只。航行于海上或停靠港口的各种船舶，经常产生油类、油类混合物、废弃物和其他有毒有害物质，如不实行严格控制而任其排入海洋，则会对海洋环境造成污染损害。随着海洋运输事业和海洋船舶业的飞速发展，由此而产生的废弃物、压舱水、船舶垃圾以及其他有毒有害物质成为了海洋污染的重要来源，船舶及其作业已经成为海洋环境恶化的一个主要原因。建立一套完善的国内船舶污染赔偿机制，对保护我国航运业的健康发展和海洋环境的清洁，保障污染受害人的利益将起到积极作用，是一项“利在当代，功在千秋”的事业。

由于船舶油污事故涉及海域面广，对资源、生态及社会诸方面造成的危害严重，损害所带来的赔偿数额巨大。同时，由于船东油污赔偿责任限制的原因，油污事故的受害方往往得不到足够合理的补偿。因此，国际社会十分重视船舶油污损害的赔偿问题。几十年来，世界各国已在重大油污事故的损害赔偿方面形成了一整套切实可行的损害赔偿制度与办法。最具代表性的是国际海事组织制定和修订的《国际油污损害民事责任公约》和《设立国际油污损害赔偿基金公约》。国际上建立的油污赔偿机制已运行 20 多年，被实践证明是科学和行之有效的，得到世界上越来越多国家的认可。目前已有 96 个国家加入了《国际油污损害民事责任公约》，62 个国家加入了该基金公约，有 800 多家石油公司向国际油污基金交纳摊款。缔约国发生的船舶油污损害，基本上都可以通过国际油污损害赔偿机制获得赔偿。[②] 这两个公约确立了“共同利益和保护环境共同责任原则”，即“船东和货主共同承担油污损害赔偿责任原则”，而实现该原则的有效途径即建立船舶油污保险和油污损害赔偿基金制度。

我国于 1980 年加入了《1969 年国际油污损害民事责任公约》，1999 年加入了该公约的 1992 年议定书。目前，中国籍载运 2 000 吨以上散装货油的国际航行船舶，已全部按照公约要求进行了强制保险。作为船舶油污强制保险补充的基金公约，我国虽是缔

---

① 参见吕忠梅著：《环境法》，法律出版社 1997 年版，第 275 页。
② 参见蔡守秋、何卫东著：《当代海洋环境资源法》，煤炭工业出版社 2001 年版，第 116 页。

约国，但仅适用于香港特别行政区。

作为上述两个公约的参加国，中国借鉴两个公约的成功经验，在重新修订生效的《海洋环境保护法》中明确规定："国家完善并实施船舶油污损害民事责任制度；按照船舶油污损害赔偿责任由船东和货主共同承担风险的原则，建立船舶油污保险、油污损害赔偿基金制度。实施船舶油污保险、油污损害赔偿基金制度的具体办法由国务院规定。"[①] 2009 年修订后的《防治船舶污染海洋环境管理条例》对于相关制度的建立进行了详细的规定。

船舶必须配置有关财务保险等证书。载重 2 000 吨以上散装货油的船舶，应当持有有效的《油污损害民事责任保险或其他财务保证证书》或《油污损害民事责任信用证书》或提供其他财务信用保证，以保证其发生事故时能充分履行赔偿责任。《油污损害民事责任保险或其他财务保证证书》是《国际油污损害民事责任公约》规定的证书，由参加该公约的政府签发。根据该公约，我国政府对航行于国际航线的已参加了油污损害民事责任或其他财力保证的船舶，可发给该文件。《油污损害民事责任信用证书》是我国港务监督对航行于我国国内航线的船舶签发的证书。

三、落后工艺淘汰制度

落后工艺设备限期淘汰制度是对严重污染环境的落后生产工艺和设备，由国务院经济综合主管部门会同有关部门公布名录和期限，由县级以上人民政府的经济综合主管部门监督各生产者、销售者、进口者和使用者在规定的期限内停止生产、销售、进口和使用的法律制度。

为了从源头上防止海洋环境污染，《海洋环境保护法》引进了落后工艺设备淘汰制度，规定："国家加强防治海洋环境污染损害的科学技术的研究和开发，对严重污染海洋环境的落后生产工艺和落后设备，实行淘汰制度。企业应当优先使用清洁能源，采用资源利用率高、污染物排放量少的清洁生产工艺，防止对海洋环境的污染。"

这项制度是新近修改的《中华人民共和国大气污染防治法》（以下简称《大气污染防治法》）和《中华人民共和国水污染防治法》（以下简称《水污染防治法》）规定的一项新制度。《海洋环境保护法》对落后生产工艺和设备实行淘汰制度的一般环境法律制度，引进海洋环境保护中；同时把使用清洁能源、采用清洁生产工艺作为防止海洋环境污染的重要措施之一。《海洋环境保护法》是把原则性和具体性相结合，确定了防止落后生产工艺和设备对海洋环境污染的措施和制度的。

第五节　事后补救类海洋环境管理制度

从环境问题的发展过程及其法律对策来看，对已经发生的环境侵害或损害也必须在法律上采取综合对策措施，以防止损害扩大、分清原因责任和迅速救济被害。与事前预防类法律制度不同的是，事后补救类法律制度主要着眼于纠正不法和不当行为、补救行为缺陷或填补实际损失，在法律手段上既有行政的方法，比如污染事故应急制度、污染

---

① 《海洋环境保护法》第六十六条。

事故报告处理制度、限期治理制度，也有司法的方法，比如行政责任、民事责任和刑事责任的承担。在此我们仅对行政方法的两个制度作介绍。

一、污染事故应急制度

重大海上污染事故防备应急措施制度，是指国家规定建立和实施的防范重大海上污染事故，加强事故应急管理工作，按照应急计划解除或者减轻事故危害的制度。其内容主要包括应急组织指挥系统，应急防治队伍和防治设备，通信、监视、监测系统，应急反应和应急反应支持系统等。其目的：一是保护环境和自然资源，防治海上重大污染事故的污染危害，维护生态平衡，保障人体健康和社会公众利益；二是履行我国加入的《1990年国际油污防备、反应和合作公约》（该公约已扩大适用于非油污事故）等国际公约缔约国的义务；三是建立重大污染事故应急组织指挥系统和应急反应队伍，配备相应的设备，一旦重大污染事故发生，可迅速作出应急反应，控制和消除污染。

在我国建立重大海上污染事故应急计划，实施对重大海上污染事故的应急制度，这是根据《联合国海洋法公约》关于"各国应共同发展和促进各种应急计划，以应付海洋环境的污染事故"的规定所履行的国际义务，同时也是为保护我国海洋环境采取的重要而有效的措施。《1990年国际油污防备、反应和合作公约》也对各沿海国制定海上污染事故应急计划提出了要求，并规定实施溢油应急计划，应当与石油界、航运界、港口管理部门及其他部门合作，并做到：①配备与有关风险相称的最低水平的溢油抗御设备及其使用方案；②油污应急反应管理部门组织溢油应急演习，建立人员培训方案；③制定详细的油污事故反应计划，具有始终具备的通信能力；④应由负责油污事故应急反应的管理机构，负责协调和组织，并有权力调动必要的用于实施应急反应的资源。在我国，重大海上污染事故应急计划涉及船舶、石油平台和港口、码头及沿海地区石油、石化、化学危险品及其他可能发生重大海上污染事故的单位，实施重大海上污染事故应急计划，需要动用众多的人力、物力，涉及众多的部门和地方政府，牵扯面大，工作复杂，需要各地区、各部门协同配合，因此，《海洋环境保护法》规定，由国家即国务院作为全国重大海上污染事故应急计划的制定者。

鉴于石油勘探开发重大海上溢油事故，对海洋环境污染损害的程度较高，有必要制定全国海洋石油勘探开发重大海上溢油应急计划。按照职责分工，国家海洋行政主管部门负责海洋石油勘探开发对海洋环境污染损害的环境保护工作，因此规定，国家海洋行政主管部门负责制定全国海洋石油勘探开发重大海上溢油应急计划，但应报国务院环境保护行政主管部门备案。1995年国家海洋局发布了《海洋石油勘探开发溢油应急计划编制与审批程序》，一切从事海洋石油勘探开发的作业者，在从事海上钻井或者油田投产前，都必须按照规定的程序，编制溢油应急计划，配备必要的设备，组织应急人力，建立有效的制度，并报国家海洋行政主管部门审查批准。

正如前面我们讲到的，我国船舶溢油事故频繁发生，而且重大船舶溢油事故呈增加趋势，船舶溢油污染成为海洋环境污染的重要来源之一，制定船舶港口溢油事故应急计划，不仅是必要的，而且是十分迫切的。依照职责分工，国家海事行政主管部门负责船舶污染海洋环境的监督管理，因此，国家海事行政主管部门有权力，同时也有义务制定全国船舶重大海上溢油应急计划，并负责管理和实施这一计划。国家海事行政主管部门制定的全国船舶重大海上溢油应急计划，应当报国务院环境保护行政主管部门备案。装卸油类和散装化学危险品的港口、码头、装卸站和船舶，都必须按照国家海事行政主管部门的规定，编制污染应急计划，配备相应的污染应急设备和器材。

在沿海陆域有不少油库、散装化学品库和其他可能发生重大海洋环境污染事故的单位，都可能发生重大污染事故。1989 年，黄岛油库爆炸，630 吨原油入海，造成胶州湾及邻近海域严重污染。为应付这类事故，《海洋环境保护法》规定："沿海可能造成重大海洋环境污染事故的单位，应按照国家的规定，制定污染事故应急计划"，这与《环境保护法》所作"可能发生重大污染事故的企业事业单位，应当采取措施，加强防范"的规定精神是一致的。为了指导和规范这些单位制定污染事故应急计划，国务院环境保护行政主管部门有责任对制定这种应急计划的内容和程序作出规定。

沿海省、自治区、直辖市和沿海港口城市人民政府，应当根据全国重大海上污染事故应急计划，制定区域和地方重大海上污染事故应急计划，并由人民政府主管领导牵头组织应急指挥机构。当沿海地方发生重大海上污染事故时，沿海县级以上地方人民政府及其有关部门，应当按照污染事故应急计划的规定，采取必要的措施，解除或者减轻污染危害。这是法律赋予沿海县级以上地方人民政府及其有关部门的责任。

二、污染事故报告处理制度

污染事故报告处理制度，是指国家规定建立和实施的因发生事故或者其他突然性事件，以及在环境受到或者可能受到严重污染，威胁居民生命财产安全时，依照法律、法规的规定进行通报和报告有关情况并及时采取措施的制度。

污染事故是指由于违反环境保护法律、法规的经济、社会活动与行为，以及意外因素的影响或者不可抗拒的自然灾害等原因，致使环境受到污染，人体健康受到危害，社会经济与人民财产受到损失，造成不良社会影响的突发性事件。发生污染事故，及时通报可以使受到污染威胁的单位和居民提前采取防范措施，避免或者减少对人体健康和生命安全的危害，避免或者减轻国家、集体、个人的财产遭受损失；及时报告可以使有关部门和人民政府及时采取措施，控制污染，防止事故扩大，还可以为查清事故原因、危害、影响以及为调查处理污染事故创造条件。[①]

《海洋环境保护法》规定："因发生事故或者其他突发性事件，造成或者可能造成海洋环境污染事故的单位和个人，必须立即采取有效措施，及时向可能受到危害者通报，并向依照本法规定行使海洋环境监督管理权的部门报告，接受调查处理。沿海县级以上地方人民政府在本行政区域近岸海域的环境受到严重污染时，必须采取有效措施，解除或者减轻危害。"根据这个规定，导致事故或者突发性事件的责任者，必须：第一，立即采取有效措施。第二，向可能受到污染危害者及时通报。第三，向行使海洋环境监督管理权的部门报告，如在海上，应尽量向就近的海事或者渔业部门报告，如在岸上，应及时向环境保护部门报告；在报告时，责任者必须如实地反映情况，以便有关部门采取有效措施，遏制污染的扩大，并将损失控制在最低水平。《海洋环境保护法》只对污染事故报告制度作了原则性规定，与其相配套的有关条例，对污染事故报告制度进一步作了具有操作性的具体规定。《海洋环境保护法》的上述规定，还明确了沿海县级

---

① 《第一解读：应急预案重大事件 4 小时内上报国务院》，http：//politics. people. com. cn/GB/30178/ 4013494. html。

以上地方人民政府对处理严重污染事故的责任。沿海县级以上地方人民政府对于所辖区域近岸海域环境受到的严重污染，有责任采取有效措施，解除或者减轻污染危害。所谓有效措施，是指使用各种有效的仪器、设备，动员各方面力量，采取各种有效手段等，目的是将污染造成的损害控制在最低限度。

三、限期治理制度

限期治理制度，是指国家规定实行的以政府行政命令的形式，责令污染责任者在治理污染的一定期限内达到规定的治理目标的一项行政强制措施制度。《海洋环境保护法》规定："对超过污染物排放标准的，或者在规定的期限内未完成污染物排放削减任务的，或者造成海洋环境严重污染损害的，应当限期治理。限期治理按照国务院规定的权限决定。"上述规定及其他相关规定确立了我国海洋环境保护方面的限期治理制度。

限期治理是通过行政决定要求造成环境污染和环境破坏的组织、单位或个人在规定期限内完成规定的治理任务。限期治理制度是有关限期治理的对象和范围、期限和目标、程序和措施，以及治理决定的提出和审批、下达和公布、实施和检查等法律规范的有机整体，是限期治理工作或活动的法定化、制度化。

我国不同法律和地方性法规对限期治理的对象有不同的规定。依照相关规定，在海洋环境保护方面必须进行限期治理的情况有三种：一是超标排放的，即超过国家和地方规定的污染物排放标准排放污染物的；二是在规定的期限内未完成污染物排放削减量任务的；三是造成海洋环境严重污染损害的。被责令进行限期治理的责任者，必须按照限期治理决定的要求，在规定的期限内完成治理任务，达到规定的目标；到期未能完成治理任务或者拒不执行限期治理决定要求的，应承担相应的法律责任。

限期治理的内容，包括限期治理的目标和期限。污染源通过限期治理应该实现达标排放，行业通过限期治理应该使该行业的所有污染源都实现达标排放，区域通过限期治理，应该使该区域达到规定的环境质量标准。由于目前限期治理的项目类型很多，各排污单位的资金和技术力量各异，各地区环境污染状况不同，因而法律上对限期治理的期限没有统一的规定。但是，由于限期治理是一个行政强制性的法律制度，所以对限期治理的期限不宜过长；否则会使该制度的强制性失去意义，往往一拖再拖使得"限期"变成"无期"。[①] 限期治理的决定机关包括省、自治区、直辖市人民政府及市、县人民政府。其权限分配是：中央或者省、自治区、直辖市人民政府直接管辖的企业事业单位的限期治理，由省、自治区、直辖市人民政府决定；市、县或者市、县一级人民政府管辖的企业事业单位的限期治理，由市、县人民政府决定。限期治理的一般程序是：由有关主管当局或有管辖权的环境保护行政主管部门对被限期治理的单位进行调查、取证；作出限期治理的初步意见，与被限期治理单位的行业主管部门和有关部门协商；向同级人民政府提出限期治理的建议；同级人民政府审查建议，作出限期治理的决定；发布限期治理决定；监督执行；对限期治理项目进行检查验收并做出是否通过限期治理的决定；对未完成限期治理的，依法追究其法律责任。根据我国环境保护法律规定，限期治理由县级以上地方人民政府环境保护行政主管部门提出意见，报同级人民政府批准。

---

① 参见汪劲著：《环境法学》，北京大学出版社 2006 年版，第 277 页。

"限期治理"的概念在 1973 年第一次全国环境保护会议上首次提出。在 1979 年的《环境保护法（试行）》中作为一项环境管理的制度确定下来，是我国环境保护中的重要法律制度限期治理是减轻或消除现有污染源的污染和污染严重的区域环境，改善环境资源质量状况的一项环境法律制度。限期治理具有法律强制性、明确的时间界限、具体的治理要求、领导重视、社会关注、监管力度大等特点，因而有利于推动被限期治理的单位（污染单位、行业和区域）积极治理污染、改善区域环境质量；有利于抓住主要矛盾、突出重点、集中有限的资金解决突出的环境污染问题；有利于果断、有效地解决老大难的、严重的污染问题，改善厂群关系和维护社会的安定团结。

参考文献

1. 蔡守秋. 环境资源法学［M］. 北京：人民法院出版社、中国人民公安大学出版社，2003.

2. 汪劲. 环境法原理. 北京：法律出版社，1998.

3. 沈木珠. 环境规则与我国环境法律制度的完善及创新思考［J］.《法律科学》2003（3），106.

4. 韩德培. 环境保护法教程. 4 版. 法律出版社，2003.

5. 王明远，马骧聪. 论我国可持续发展的环境经济法律制度［J］，中国人口、资源与环境［J］. 1998，8（4），64.

课后思考

1. 我国是否具有真正意义上的海洋环境保护基本法？当前我国海洋环境保护法是如何规定四大类海洋环境管理制度的？需要改进的地方在哪里？

2. 什么是海洋环境保护基本制度？它在海洋环境保护基本法中的地位是怎样的？

3. 简要介绍和评述我国海洋环境影响评价制度的功能、内容和存在的问题。

4. 海洋环境保护领域中的"三同时"制度与一般的"三同时"制度在实际操作中的不同之处有哪些？

5. 简述海洋环境保护的排污许可和排污收费制度的关系。

6. 简要介绍我国目前船舶油污保险、油污损害赔偿基金制度的发展状况，以及与国际社会发展的差距。

7. 简述海洋环境保护中的落后工艺淘汰制度与清洁生产制度的区别与联系。

第七章　海洋生态和海洋资源保护法

海洋资源，是指在一定的技术经济条件下，海洋中一切能够为人类所利用的物质和能量。海洋资源主要包括海水及海水中的物质、海洋生物、海洋底土及其中的矿产资源、海岸及海岸上的资源等。目前海洋资源的污染破坏已成为我国环境问题的一个重要方面，制约着我国海洋事业的发展。由于海洋资源对国家生存和发展的重要作用，以建立有效、完善的海洋资源法规和政策体系，形成高效、协调一致的海洋管理体制为目标，我国很重视海洋资源保护方面的立法和制度设计，实行了几个比较重要的海洋资源保护基本制度，本章我们对此作出介绍。

第一节　海洋资源权属制度

自然资源权属制度是法律关于自然资源归谁所有、使用以及由此产生的法律后果由谁承担的一系列规定构成的规范系统。自然资源权属制度明确了自然资源主体及其权限，确立了开发利用和保护自然资源的秩序，因而是自然资源保护管理中最具有影响力的不可缺少的基本法律制度。①

海洋是地球上最重要的生态系统和环境要素，是人类生命系统的基本支柱，对人类的生存和发展具有重大的意义。随着人口的不断增加，陆地资源日益显得狭小，丰富的海洋资源越发受到人们的重视，被认为是人类的第二生存空间和人类可持续发展的重要支柱。与此同时，海洋资源权属制度也在逐渐形成、完善和发展。海洋资源权属制度，是指关于海洋资源的所有权、使用权和其他权益的法律制度。综合各有关法律规定，海洋资源权属制度主要包括海洋资源所有权制度和海洋资源使用权制度。

（一）海洋资源所有权

海洋资源所有权，是指对海洋资源占有、使用、收益、处分的权利。占有权是对海洋资源实际掌握和控制的权能；使用权是按照海洋资源的性能和用途对其加以利用，以满足生活、生产需要的权能；收益权是收取由海洋资源产生的新增经济价值的权能；处分权是依法对海洋资源进行处置，从而决定海洋资源命运的权能。海洋资源占有、使用、收益、处分的四种权能，既可以与所有权同属一人，也可以与所有权分离。

1. 海洋资源所有权的取得

海洋资源所有权的取得，是指资源权属主体按一定方式取得一定种类的海洋资源的所有权。海洋资源的国家所有权取得，主要由法定取得和征用取得两种方式。海洋资源的国家所有权，大部分是法律直接规定的，由法律明确海洋资源属国家所有，这是海洋资源国家所有权取得的主要方式。征用取得，是指国家依据法律，将原来不属于国家所有的海洋资源，通过强制性的征收方式归属国家所有。需要指出的是，国家的自然资源

---

① 参见马英杰、田其云著：《海洋资源法律研究》，中国海洋大学出版社 2006 年版，第 70 页。

所有权客体不受限制，一切种类的海洋资源都可以成为国家所有权的客体。

集体所有权的取得，有法定取得和开发取得两种方式。法定取得，是指除国家所有的海洋资源外，法律规定属于集体所有的海洋资源，集体依法律规定取得所有权。集体所有权的法定取得必须经过一定程序，由一定的政府机关登记注册，核发证书，以确认其所有权。开发利用取得，是为了鼓励集体经济组织开发利用海洋资源，保护集体经济组织利用自然资源的合法权益。开发利用取得所有权，并非基于他人转让所有权的行为。因此，也是一种所有权原始取得。在我国，海洋资源的集体所有权是有限所有权，即它的客体是有限的，如海洋矿产资源就不能成为集体所有权的客体。

目前，我国基本上没有完整意义的自然资源个人所有权，只存在某些自然资源个别部分的个人所有权，比如，个人承包一定海面养殖鱼类和贝类，而取得海产品的所有权，但却没有取得用于养殖海产品的海面的所有权。因此，海洋资源个人所有权的取得方式主要是开发利用和继承，而不存在法定取得和强制取得。

2. 海洋资源所有权的变更

海洋资源所有权的变更，是指海洋资源所有权从一主体转移至另一主体。海洋资源所有权的变更，主要有以下原因：①因征用而变更。国家因社会公益的需要，征用属于集体所有的海洋资源时，集体所有权因征用而变更为国家所有权。②因原权属主体变更而变更。集体经济组织自我变更名称，或集体经济组织的分立与合并，原集体经济组织享有的资源所有权或转移，或合并或分割为新的集体组织的所有权。③因行政调整而变更。出于社会公益的需要，国家不采用征用方式，而以一定的资源与集体所有的一定资源相对换或调换，资源的所有权因此而变更。

自然资源的所有权在我国严禁转让，所以各种商品性流转不能成为海洋资源所有权变更的原因。

3. 海洋资源所有权的灭失

海洋资源所有权的灭失，是指资源所有权因法律规定的法律事实的出现而归于灭失。在一般情况下，资源所有权的灭失是与资源本身的灭失联系在一起的，但也有直接依法律规定灭失一定的所有权的情形。海洋资源所有权的灭失，主要有两种原因：①自然因素。因自然的原因使某种海洋资源消灭或改变资源种类时，原海洋资源所有权因客体消灭而灭失。②人为因素。因人工利用使某种海洋资源消灭而改变，变为另一种资源时，原海洋资源的所有权因客体消灭或者用途改变而灭失。

根据海洋资源所有权消灭后能否产生新的所有权的不同，可分为海洋资源所有权的绝对灭失和海洋资源所有权的相对灭失。前者，如海洋石油资源被开采殆尽，不可能产生新的石油资源，就是海洋资源所有权的绝对灭失。后者，如围海造地，海洋资源变成了陆地资源，就属于海洋资源所有权的相对灭失。

（二）海洋资源使用权

我国自然资源法设立的自然资源使用权，与民法中的使用权有一定差异。它往往是含有一定的占有权和收益权在内的使用权，并在法律的规定下可以将之处分的使用权。海洋资源使用权是单位和个人依法对海洋资源的控制、开发、利用的权利。海洋资源使用权的主体十分广泛，几乎任何单位和个人都可以成为海洋资源使用权的主体；同时，海洋资源使用权内容受海洋资源所有权和海洋环境保护及生态规律的制约，不是无限制的使用。①

1. 海洋资源使用权的取得

海洋资源使用权的取得，是指一定主体以一定方式取得海洋资源使用权。海洋资源使用权的取得方式只有：①授予或确认取得。国家所有的海洋资源，可以由法律规定或法律规定的国家机构授予或确认给全民所有制企事业单位、集体经济组织、其他经济组织以及个人使用。海洋资源的使用人依法向法律规定的国家机关申请登记，由其登记造册并核发使用权证。②转让取得。指按照法律所规定的形式，由原使用权主体将海洋资源使用权转让给其他主体，如通过海洋资源使用权的买卖、出租、承包等取得使用权。使用权的转让有绝对转让和相对转让两种，转让行为是要式法律行为，一般须经过一定程序，进行登记注册，通过领取有关证件而确认。在我国，自然资源使用权的转让有很多限制，诸如转让客体限制、转让主体限制、转让方式限制和转让价格限制等。③开发利用取得。指一定主体在法律规定的条件下通过开发利用行为取得一定海洋资源的使用权，如为了鼓励经济组织和个人开发利用滩涂，由法律规定将其改造成为养殖水面的行为可以取得该资源的使用权。

2. 海洋资源使用权的变更

海洋资源使用权的变更，是指海洋资源使用权从一主体转移至另一主体，或者海洋资源使用权内容的变更。海洋资源使用权变更的原因通常有：①因主体变更而变更。享有海洋资源使用权的主体自我变更为一个新主体，或数个主体合并为一个新主体，或原主体分立为数个新主体时，海洋资源使用权由原主体享有变更为新主体享有。②因破产、抵债而变更。如果海洋资源使用权主体经营管理不善而破产，就会发生破产分配而变更海洋资源使用权主体的情况。有的海洋资源使用权可以用于抵押，如果海洋资源使用权人不能按时还债，其使用权就会转归抵押权人，从而发生海洋资源使用权的变更。③因合同内容变更而变更。有的海洋资源使用权是通过合同形式取得的，如果合同双方在合同履行过程中协议改变合同内容，就会发生海洋资源使用权内容的变更。

3. 海洋资源使用权的灭失和终止

海洋资源使用权的灭失，是指海洋资源使用权因法律规定的法律事实的出现而归于消灭，不再存在。海洋资源使用权的终止，是指因法律规定的原因或合同原因而使原来享有的使用权不再享有。海洋资源使用权灭失和终止的原因主要有：①因自然原因而灭失。海洋资源客体因自然原因而消灭，附着于资源客体的资源使用权也因此而消灭，比如严重的地震导致海岸带受损，风暴潮摧毁海上人工设施。②因利用完毕而消灭或终止。海洋资源客体因人工利用原因而消灭，附着于资源客体的使用权也因此而消灭，次数性使用权和期限性使用权，可以因利用完毕而终止。③因合同原因而终止。根据海洋资源使用合同而取得的海洋资源使用权，可因违反合同而终止，可因符合合同规定的终止条件的事实出现而终止，也可因合同期限已满而终止。④因主体消灭而终止。海洋资源使用权主体因某种原因消灭，其所享有的资源使用权因此而终止。⑤因非法使用或转让而被强制终止。海洋资源使用权主体违反法律规定，滥用海洋资源或不按照法定程序

---

① 本节的讲述是从民法学角度分析海洋资源的权属制度的，相关内容参见魏振瀛主编：《民法》，北京大学出版社，高等教育出版社2000年版。

转让其使用权，海洋资源的主管部门可以强制终止其使用权。

第二节　海洋资源开发许可和有偿制度

基于自然资源有限含量和人类无限需求之间的矛盾，目前大多数国家为了便于对自然资源的管理，普遍实行了自然资源使用许可和有偿制度。许可证制度与有偿制度一起，成为国家为加强自然资源管理而采用的两种卓有成效的管理制度。

一、海洋资源使用许可制度

自然资源许可制度，又称自然资源许可证制度，是指单位或者个人在从事开发利用自然资源之前，必须按照法律规定向有关的管理机关提出申请，经审查批准，发给许可证后方可在许可的范围内进行该活动的一整套管理措施的总和。[①]

我国通常将许可证称为执照、批准书，它在环境资源管理方面应用比较广泛，如开发许可证、建设许可证、产品生产、销售许可证以及排污许可证等。在海洋环境行政管理中，许可证适用于各种对海洋环境有影响的开发、建设、生产、经营、排污活动，以及对海洋环境有影响的各种设施的建立和运营活动。在我国，与海洋环境和资源保护有关的许可证主要有：适用沿海陆域建设、开发规划活动的许可证，如建设工程规划许可证；适用域海洋资源开发利用活动的许可证，如海洋石油开采许可证，与海洋生物保护有关的捕捞许可证；适用于各种影响海洋环境的生产经营活动许可证，如珍稀濒危海洋生物进出口许可证；适用于各种排放、处理、转移污染物活动的许可证，如海洋倾废许可证。

海洋资源开发许可制度是海洋资源行政许可的法律化，是海洋资源行政管理机关为了保护海洋资源免遭破坏和浪费，对人们开发和利用海洋资源进行监督管理的重要手段。海洋资源开发许可证制度，可以使海洋资源的开发从宏观上得到控制和规范，从而最大限度地实现人与海洋、人与环境的协调发展，防止因开发过度而使海洋资源遭到破坏，使人类赖以生存的环境恶化。

有关海洋资源开发的许可证制度是环境许可制度的一个重要组成部分。以《渔业法》和《矿产资源法》为代表的海洋资源环境法律均有对各种海洋资源开发许可证制度的规定。许可证制度是一项复杂系统的行政管理活动，其程序大致分为以下五个步骤。

（1）申请。由申请人向主管机关提出书面申请，并附有审查所必需的各种材料，如图表、说明或其他资料，这些资料如果涉及技术秘密或商业秘密，主管机关有义务为其保密。

（2）审查。一般是在报刊上公布该项申请，在规定的时间征求公众和各方面的意见。主管机关在听取各方面的意见后，综合考虑该申请对环境的影响，对申请进行审查。

（3）决定。作出颁发或拒发许可证的决定。同意颁发许可证时，主管机关可依法

---

① 参见汪劲著：《环境法学》，北京大学出版社2006年版，第235页。

规定持证人应尽的义务和各种限制条件；拒发许可证时，应当说明拒发的理由。

（4）监督。主管机关要对持证人执行许可证的情况随时进行监督检查。在情况发生变化或持证人的活动影响周围公众利益时，可以修改许可证中原来规定的条件。

（5）处理。如持证人违反许可证规定的义务或限制条件而导致环境损害或其他后果时，主管机关可以中止、吊销许可证，违法者还要依法追究其法律责任。

目前在实践中，海洋资源开发许可制度还存在着许多不能被贯彻实施的问题，无证开发、利用海洋资源导致了对海洋资源的浪费和破坏现象层出不穷。负责海洋资源保护的各行政机关应当加强对海洋资源许可证的管理，严格遵守许可证的申请、审核、决定、监督等一整套制度，对违法者坚决依法追究其法律责任。我们也应当逐步改进制度中存在的一些可操作性不强等缺陷，不断完善我国的海洋资源开发许可制度。

二、海洋资源使用有偿制度

随着世界性资源短缺危机的出现，人们逐渐抛弃了"资源无价"理论，提出了新的自然资源价值观和价值理论，并在许多国家的经济政策和立法中得到体现。集中体现自然资源价值的法律制度就是资源使用有偿制度。

海洋资源使用有偿制度，是指国家采取强制措施使开发利用海洋资源的单位或个人支付一定费用的一整套管理制度。它是在地球人口日益增长、海洋资源日益紧缺情况下建立和发展起来的一种管理制度，是海洋资源价值在法律上的体现和确认。海洋资源使用有偿制度有利于促进自然资源的合理开发和节约使用；有利于为开发新的资源筹集资金，并有利于自然资源的保护和恢复；有利于保障自然资源的可持续利用，并促进经济社会的可持续发展。

海洋资源的使用有偿方式，因各个国家和地区具体情况不同，其采用的形式也有所不同。综合起来有两种基本形式，即收税和收费。市场经济比较发达的国家通常采取收税的形式，发展中国家和经济转型国家一般是采取收费的形式。但大多数国家则既收税也收费。费的特点在于专款专用，一般不参与体制分成。随着资金运转制度的改革，可以用所缴纳的费用建立专项基金，对基金采用有偿利用提高了资金的使用率。税收是国家强制性的参与国民经济收入再分配的一种方式。它与费的区别在于税收所形成的财政经费，可由政府决定其用途，不限于自然资源的维护或恢复补偿。

《渔业法》规定，集体所有的或全民所有，由农业集体经济组织使用的水域、滩涂，可以由个人或者集体承包从事养殖生产。按照现行体制，不论是个人还是集体承包经营，都要支付承包费。《矿产资源法》规定：国家实行探矿权、采矿权有偿使用制度。但是国家对探矿权、采矿权有偿使用取得的费用，可以根据不同情况规定予以减免。具体办法和实施步骤由国务院规定。[①] 开采矿产资源必须按照国家有关规定缴纳资源税和资源补偿费。

目前我国不同种类的自然资源费的收费标准、程序等是不同的。海洋资源有偿使用制度关于收费的规定还不够具体明确，制度化程度不够高，法律、法规上不能配套进行，需要在今后的制度建设中进一步加强。对于征收费用和税率的高低，也应当进一步

---

① 《中华人民共和国矿产资源法》第五条。

规范。现在亟待解决的是所征费用和税率较低，起不到应有的限制作用。仅仅象征性的收费和收税，使利用者没有感觉到自然资源的价值和稀缺性，从而使实践中对资源的浪费十分严重。

第三节　海洋自然保护区制度

自然保护区是指对其具有代表性的自然生态系统、珍稀濒危野生动植物物种的天然集中分布区、有特殊意义的自然遗迹等保护对象所在的陆地、陆地水体或者海域，依法划出一定面积予以特殊保护和管理的区域。海洋自然保护区，是指以保护海洋自然环境和自然资源为目的，把包含具有特殊经济、科学文化、生态、社会价值的保护对象在内的一定范围内的海洋空间，包括海岛和滨海湿地，依法划出予以特殊保护和管理的区域。

建立海洋自然保护区是保护海洋自然环境、自然资源和生物多样性，促进环境、资源的可持续发展的经济有效的基本措施之一。海洋自然保护区的主要功能是通过它使人类认识和掌握海洋自然环境和自然资源变化的规律及人和自然环境之间的协调关系，以便更合理地开发海洋自然资源，实现海洋环境、资源的可持续发展。建立海洋自然保护区能够较完整地为人类保存一部分海洋生态系统的"天然本底"，减少或者消除人为的不利影响，促进再生资源的繁殖、恢复与发展，保护不可再生资源的利用价值和使用期限，使海洋资源为人类永续利用。只有通过划定海洋自然保护区，才能有效防止、制止对重要海洋生态系统、珍稀濒危海洋生物物种的污染破坏和干扰。

根据《海洋环境保护法》的规定，凡是具有下列条件之一的，应当建立海洋自然保护区：①典型的海洋地理区域、有代表性的自然生态区域，以及遭受破坏但经保护能恢复的海洋自然生态区域；②海洋生物物种高度丰富的区域，或者珍稀、濒危的海洋生物物种的天然集中分布区域；③具有特殊保护价值的海域、海岸、岛屿、滨海湿地、入海河口和海湾等；④具有重大科学文化价值的海洋自然遗迹所在的区域，以及其他需要予以特殊保护的区域。

海洋自然保护区分为国家级海洋自然保护区和地方级海洋自然保护区。在国内外有典型意义、在科学上有重大国际影响或者有特殊科学研究价值的海洋自然保护区，列为国家级海洋自然保护区；除国家级海洋自然保护区外，在当地有较大影响，具有重要科学研究价值和一定保护价值的海洋自然保护区，列为地方级海洋自然保护区。①

国家级海洋自然保护区的建立，由国务院有关部门或者海洋自然保护区所在地的省、自治区、直辖市的人民政府提出申请，经国家级自然保护区评审委员会评审后由国务院环境保护行政主管部门进行协调提出审批意见，报国务院批准。地方级海洋自然保护区的建立，由沿海省、自治区、直辖市人民政府有关部门或者海洋自然保护区所在地的市、县（县级市）人民政府提出申请，经地方级自然保护区评审委员会评审后，由省、市自治区、直辖市人民政府环境保护部门进行协调提出审批意见，报省、自治区、直辖市人民政府批准，并报国务院环境保护行政主管部门、国家海洋行政主管部门和自

---

① 参见蔡守秋、何卫东著：《当代海洋环境资源法》，煤炭工业出版社 2001 年版，第 127 页。

然保护区有关主管部门备案。

为了保护海洋生物、海产资源、海洋景观、海岸带和海岛生态系统，国家环境保护局、国家海洋局、农业部以及沿海地方政府已在我国海域建立的海洋及海岸类型自然保护区占地约367万公顷。海洋自然保护区可以分为核心区、缓冲区和实验区，不同的区域实行不同的保护措施。自然保护区内保存完好的天然状态的生态系统以及珍稀、濒危动植物的集中分布地，应当化分为核心区，禁止任何单位和个人进入；除依法批准外，也不允许进入从事科学研究活动。核心区外围可以划定一定面积的缓冲区，只准进入从事科学研究观测活动。缓冲区外围划为实验区，可以进入从事科学试验、教学实习、参观考察、旅游以及驯化、繁殖珍稀、濒危野生动植物等活动。以"养护为主、适度开发、持续发展"为贯彻原则，我国自1995年制定《海洋自然保护区管理办法》至今，国家和沿海各级政府已经加强了对各类海洋自然保护区的建设和管理，投入了相当的人力、物力和财力，加快了海洋自然保护区的发展速度，使我国的海洋生态环境保护工作取得了明显成效。至2000年，我国各类海洋自然保护区总数已达69个，其中，国家级18个，省级20个，地县级31个；生物多样性保护区33个，海岸生态系统保护区29个，自然遗迹保护区7个。保护区类型有海湾保护区、海岛保护区、河口海岸保护区、珊瑚礁保护区、红树林保护区、海岸潟湖保护区、海洋自然历史遗迹保护区、海草床保护区和湿地保护区等。沿海省地区海洋自然保护区数量最多的是海南省（19个），以下依次是广东（12个）、辽宁（11个）、山东（7个）、福建（6个）、广西（4个）、上海（3个）、天津（2个）、江苏（2个）、河北（2个）、浙江（1个）。代表性的海洋自然保护区有：广东电白小良菠萝山森林公园、海龟湾自然保护区、盘锦市双台子河口国家级自然保护区、盐城滩涂珍禽自然保护区、浙江南麂列岛国家级自然保护区、海南琼山东寨港国家级自然保护区、昌黎黄金海岸国家级自然保护区、蛇岛老铁山国家级自然保护区、山东长岛国家级自然保护区、广西合浦山口红树林国家自然保护区、海南三亚珊瑚礁国家级自然保护区、海南万宁大洲岛海洋生态国家级自然保护区、黄河口湿地生态系统自然保护区，以及海州湾保护区、广东深圳内伶仃道、广西北海白虎头渔礁海区、陵水南湾自然保护区、乐东尖峰岭自然保护区等。

第四节　海洋特别保护区制度

一、海洋特别保护区的基本含义

海洋特别保护区的概念是可持续发展理论与海洋资源开发相结合的必然产物，它是指在我国管辖海域以海洋资源可持续利用为宗旨，对海洋资源密度高、产业部门多、开发强度大、生态敏感和脆弱的海域，依法划定出一定范围的海域予以特殊保护管理，以确保科学、合理、安全、持续地利用各种海洋资源，达到最大的社会经济效益。海洋特别保护区本质上是一种兼顾海洋资源可持续开发和生态环境保护，通过特殊的协调管理手段，促进海洋资源与环境可持续发展的特定区域。[1]

---

① 参见徐祥民、马英杰：《论我国海洋特殊保护区域的分类保护》，《海洋开发与管理》2004年第4期，第38－42页。

海洋特别保护区与海洋自然保护区的区别主要表现在以下几个方面：①两者保护的宗旨、目标与对象不同：特别保护区以可持续利用海洋资源为根本宗旨和目标，保护的是海洋资源及环境可持续发展的能力；自然保护区主要保护某些原始性、存留性和珍稀性的海洋生态环境对象。②选划标准、保护内容与范围不同：特别保护区选划主要侧重于海洋资源的综合开发与可持续利用价值，保护内容涉及社会经济、自然资源和生态环境等多个方面，其内部甚至还可以包括海洋自然保护区；自然保护区选划主要侧重于保护对象的原始性、珍稀性和自然性等，保护的是其原始自然状态，基本不涉及资源开发与社会发展。③保护的任务和管理方式不同：特别保护区保护的任务和方式涵盖了海洋资源可持续开发的诸多方面，如海洋开发规划、海洋功能区划、产业结构优化、协调管理等，强调海洋资源开发的合理性；自然保护区则按区域实行不同程度的强制与封闭性管理。因此，海洋特别保护区与海洋自然保护区基本不存在建设与管理的交叉重复问题。

二、建设海洋特别保护区的重要意义

海洋特别保护区建设对于可持续开发利用海洋资源，保护海洋生态环境，促进当地海洋经济发展等方面具有十分重要的意义。当前，我国海洋经济以高于同期国民经济整体增长速度的态势快速发展。但是，也出现了许多亟待解决的问题，突出表现在：海洋经济的科技含量不高，海洋产业结构不甚合理，海洋资源合理利用程度不高，海洋生态环境遭受破坏，缺乏综合协调的海洋资源开发和环境保护管理机制和机构，缺乏科学合理开发与保护的规划和秩序，海洋资源开发出现较为严重的无偿、无序、无度的现象等。面对这种海洋经济快速发展与宝贵的海洋资源及环境保护之间的深层次矛盾，急需以海洋资源可持续利用为宗旨建设一批海洋特别保护区，充分实现在对少数珍稀自然资源与生态环境进行绝对保护的同时，在更大范围内协调管理海洋资源开发与环境保护，实现海洋经济、社会与生态环境协调发展。

三、海洋特别保护区的基本方针和主要目标

（一）基本方针

海洋特别保护区的建设与管理贯彻实施"全面规划、合理开发、积极保护、永续利用"的方针，根据区域内不同海洋资源与生态环境状况、不同经济条件与社会属性，按照有关法律法规、规范标准及管理制度，在不同区域采用功能分区、结构优化和高科技等手段，对整个区域实行全面协调管理，积极引导、调控各类海洋资源进行科学合理的开发活动，探索海洋资源最优开发秩序。

（二）主要目标

（1）保护特定海域资源和生态环境。保护特定海域的自然资源和生态环境是海洋特别保护区的基本任务，通过在保护区内实施各种资源开发与环境保护协调管理措施，防止、减少和控制海洋自然资源与生态环境遭受破坏。

（2）对已受到损害和破坏的海域资源与环境进行恢复治理。通过实施生态旅游、生态养殖等技术，并建设海洋资源循环利用、海洋生态恢复整治、海洋生物多样性保护等海洋生态工程，促进已受到破坏的海洋资源与环境尽快恢复。

（3）资源与环境统筹考虑的海洋可持续发展示范区。在保护区内以海域空间的合

理调配实现对海洋资源的合理配置和环境效益，促进各类资源可持续利用技术和清洁生产技术的广泛应用，逐步建立符合海洋开发实际的"资源节约型"和"环境友好型"的可持续发展的海洋经济体系。

（4）实行预留及谨慎开发策略区域。对于某些海域或海洋资源，目前尚不具备进行规模开发的能力，如潮汐能、波浪能等海洋新能源，或小规模的新兴高新技术海洋产业等，以及某些特殊敏感脆弱海域，如海岸侵蚀区域等，都可以在特别保护区内实行预留或谨慎开发策略。①

四、海洋特别保护区的选划和审批

根据《海洋环境保护法》和国务院有关规定，对海洋特别保护区的选划和审批等制定以下规范程序。

（一）海洋特别保护区的规划与选划

国家海洋行政主管部门会同有关涉海行业主管部门，依据全国海洋功能区划和有关海洋科学调查研究成果，对我国管辖海域的海岸带、河口、海湾和群岛海域进行综合调查和全面评估，编制全国海洋特别保护区发展规划。沿海地区海洋行政主管部门应当组织编制地方海洋特别保护区发展规划，纳入国家、地方或行业的相关计划，并组织实施。

在我国管辖海域，凡具备下列条件的海区应当建立海洋特别保护区：①具有特殊海洋资源和生态环境特征的海岸带、河口区、海湾和群岛海域；②已受到损害的典型海洋自然生态环境或海洋生态环境敏感与脆弱的海域；③海洋资源密度大和开发利用程度高的海域；④具有重要开发价值的海洋资源或海洋高新技术产业发展潜力区；⑤其他需要特殊保护的海域。

海洋特别保护区根据海洋资源和生态环境特征可分为海岸带、河口区、海湾和群岛海域等类型。根据目前海洋特别保护区建设面临的实际情况，海洋特别保护区暂不分级。

（二）海洋特别保护区的申报与审批

海洋特别保护区的建立，由拟选划海洋特别保护区所在的省（地、市或县）海洋行政主管部门根据全国和地方海洋特别保护区发展规划，提出建区申请，征求有关部门意见进行综合论证，经海洋特别保护区评审委员会评审同意，由上一级海洋行政主管部门提出审核意见，经拟建特别保护区所在的省（地、市或县）人民政府审批。

申请建立海洋特别保护区，应当填报由国家海洋行政主管部门统一印制的《建立海洋特别保护区申报书》。国家海洋行政主管部门组织成立海洋特别保护区评审委员会，并制定评审标准和要求，负责海洋特别保护区评审的日常工作。建设海洋特别保护区须经评审委员会评审通过后方可报批。

五、海洋特别保护区的管理体制

根据《海洋环境保护法》和国务院有关规定，海洋特别保护区实行统一协调管理与分部门管理相结合的体制，各部门应按照国家职能分工明确各自协调管理权限，加强

---

① 参见中国自然保护区网：http://www.nre.cn/htm.

配合与分工。①

（一）海洋行政主管部门主管海洋特别保护区

国家海洋行政主管部门负责全国海洋特别保护区的监督管理，主要负责编制全国海洋特别保护区发展规划，审查海洋特别保护区的建区方案和报告，指导海洋特别保护区的建设与管理工作等。国家海洋行政主管部门有权组织有关部门对海洋特别保护区进行监督检查，被检查的单位应当如实反映情况，提供必要的资料。

沿海省、自治区、直辖市海洋行政主管部门，负责监督管理本行政区内的海洋特别保护区，主要负责编制本行政区邻近海域海洋特别保护区发展规划，提出海洋特别保护区选划建议，主管本行政区邻近海域海洋特别保护区的选划、建设和管理工作，接受国家海洋行政主管部门的指导等。

县级以上人民政府应当加强对海洋特别保护区工作的领导。

（二）涉海行业主管部门按各自职责分管

沿海省、自治区、直辖市各级渔业、交通、国土资源、林业、旅游等有关行政主管部门在各自的职责范围内，负责管理本行业在海洋特别保护区内的活动。

（三）海洋特别保护区管理机构及人员组成

海洋行政主管部门应商批准建立海洋特别保护区地方人民政府，在海洋特别保护区内设立由当地涉海有关部门组成的协调管理委员会，负责研究议定特别保护区建设管理的重大事项。该委员会在当地海洋行政主管部门中设立特别保护区管理处（站），配备一定的管理和技术人员，负责保护区的日常具体管理工作。

（四）海洋特别保护区管理机构的基本职责

海洋特别保护区管理机构的主要职责是：①贯彻执行国家有关海洋资源开发和环境保护的法律、法规和方针、政策；②制定和实施特别保护区的总体建设规划、管理制度和技术规范，并组织落实年度工作计划；③结合保护区资源与环境条件，以及涉海产业部门的发展政策与规划，统筹兼顾地组织编制在保护区内海洋产业开发及其环境保护的区划与规划；④规范和协调保护区内各涉海行业的海洋资源开发活动，对已受损害和破坏的海洋资源与环境进行恢复治理；⑤开展保护区内海洋资源与环境基础调查和经常性监测评估工作，建立保护区的档案资料和数据信息系统；⑥在保护区内实行联合监视执法和监督检查等工作。

第五节　保护海洋渔业资源制度

海洋生物大都是海洋渔业资源，不少国家没有制定专门的海洋生物保护法，而是通过渔业法去调整属于海洋生物范畴的海洋渔业资源保护的社会关系，因而保护海洋渔业资源的法律也是保护海洋生物法律的一个重要组成部分。一般认为，渔业法是调整渔业经济活动中有关渔业生产、渔业资源的增殖与保护方面的社会关系的法律规范的总称。渔业法属于资源行业法，但渔业资源保护却是其重要内容，在规范渔业权、渔业秩序和渔政管理的基础上促进渔业资源的合理利用与保护是其根本目的。

---

① 　参见张皓若、卞耀武主编：《中华人民共和国海洋环境保护法释义》，法律出版社2000年版，第45页。

根据我国《渔业法》规定，该法的目的是"加强渔业资源的保护、增殖和合理开发利用"。① 该法及其实施细则围绕着渔业活动对渔业资源的增殖和保护作了具体规定。虽然《渔业法》及其实施细则并没有对渔业资源给出一个明确的法律定义，但根据《渔业法实施细则》第一条有关"渔业水域，是指中华人民共和国管辖水域中鱼、虾、蟹、贝类的产卵场、索饵场、越冬场、洄游通道和鱼、虾、蟹、贝类、藻类及其他水生动植物的养殖场所"的解释，渔业资源包括海洋动物和海洋植物资源。另外，根据《野生动物保护法》第二条的规定，珍贵、濒危的水生野生动物以外的其他水生野生动物的保护，适用《渔业法》的规定，这意味着《渔业法》中的渔业资源是指除珍贵、濒危的海洋生物以外的其他海洋生物资源。概括起来，以《渔业法》、《渔业法实施细则》为代表的渔业法规形成的海洋渔业资源保护法律制度，其主要内容如下。

1. 制定并实施有利于保护海洋渔业资源的渔业资源发展方针

《渔业法》规定，国家对渔业实行"以养为主，养殖、捕捞、加工并举，因地制宜，各有侧重"的方针，并规定各级人民政府把渔业生产纳入国民经济发展计划，采取措施，加强水域的统一规划和综合利用。这样，就从指导思想上纠正了海洋渔业生产中重捕捞、轻养殖、掠夺性开发利用资源的错误做法，确保海洋渔业资源得到合理利用。

2. 通过明确权属关系，促进对海洋渔业资源的法律保护

根据我国法律，与海洋渔业资源有关的权属主要有：所有权、使用权、承包经营权和捕捞业权。与我国对海洋、海洋滩涂的所有权和使用权的规定相适应，海洋渔业资源可以分为国家所有权、集体所有权和个人所有权；海洋渔业权可以分为海洋捕捞权和海洋采集权。海洋捕捞（采集）权是依照捕捞（采集）许可证规定的时间、地点、方式、方法捕捞（采集）海洋生物的权利，它可以分为近海、外海和远洋捕捞（采集）权。

按照渔业经济学的思想，明确上述权利有利于更好、更有效地保护和增殖渔业资源。与渔业海域、渔业资源地国家所有权相适应，我国对海洋渔业实行许可证制度，对捕捞业实行捕捞许可证制度。从事外海、远洋捕捞业的，由经营者提出申请，经省级人民政府渔业管理部门审核后，报国务院渔业行政主管部门批准；从事外海渔业生产的渔船，必须按照批准的海域和渔期作业，不得擅自进入近海捕捞；近海大型拖网、围网作业捕捞许可证，由国务院渔业行政主管部门批准发放；近海其他作业捕捞许可证，由省级人民政府渔业行政主管部门按照国家下达的船网工具控制指标批准发放。持有许可证从事渔业的单位和个人必须按照许可证的规定从事渔业活动，必须按照捕捞许可证关于作业类型、场所、时限和渔具数量的规定进行作业，遵守有关保护渔业资源的规定。

3. 通过对海洋渔业的行政管理，保护管理海洋渔业资源

根据《渔业法》，国家对包括海洋渔业在内的整个渔业实行统一领导、分级管理的体制；国务院渔业行政主管部门主管全国的渔业（包括养殖业、捕捞业、渔业资源的增殖和保护）工作，这意味着它主管海洋生物中的渔业资源的增殖和保护工作；县级以上地方人民政府渔业行政主管部门主管本行政区域内的渔业工作。

渔业行政简称渔政，是指国家行政机关对渔业活动进行的行政管理。我国渔政主体包括渔政主管部门、渔政监督管理机构（是由渔政行政主管部门设立的专门渔政监督

---

① 《中华人民共和国渔业法》第一条。

管理机构)、渔政船和渔政检查人员等。根据《农业部职能配置、内部机构和人员编制》,农业部设立渔政渔港监督管理局即渔业局。农业部东海区、黄渤海区、南海区的渔政渔港监督管理局即渔业局,代表国家行使渔政渔港监督管理职能。农业部渔业船舶检验局代表国家行使船舶检验和监督管理职能。

4. 通过控制渔业活动和保护渔业海域,保护和增殖海洋渔业资源

渔业法保护海洋渔业资源的一个重要特点,是通过控制海洋渔业活动或通过对渔业海域的保护来保护海洋渔业资源。例如,对海洋渔业实行统一规划,进行划区管理,对不同渔业区域采取相应的保护措施;确定重点保护的渔业资源的品种和采捕标准,实施限制渔业的措施和禁渔措施,按照"取之于渔,用之于渔"的原则,征收和使用海洋渔业资源费,用于海洋渔业资源的增殖和保护,对违反有关保护、增殖海洋渔业资源法的依法追究行政责任和刑事责任。

此外,《渔业法》第二十六条规定,各级人民政府应当按照《海洋环境保护法》和《水污染防治法》的规定,采取措施保护和改善渔业水域的生态环境,防治污染,并追究污染渔业水域的单位和个人的责任。

第六节 濒危野生海洋生物保护制度

珍稀、濒危海洋野生生物,是指在海洋自然环境中天然生长、不属于海水养殖或海洋捕捞业捕获对象的,具有重要经济价值或重大科学文化价值的珍贵、濒危的海洋野生生物,包括海洋动物和海洋植物。珍贵、濒危的野生海洋生物通常分为三类:其一,中国特产稀有或者世界性稀有的;其二,数量少,处于或者不采取拯救保护措施行将濒临灭绝状态的;其三,尚有一定数量,但正处于减少状态的。

野生海洋动植物作为一种可再生资源,不仅是重要的自然资源,也是重要的环境要素,是自然生态系统中能量转化、物质循环和信息传递的不可或缺的环节,同时与人类的生存也息息相关。我国是世界上海洋生物多样性最为丰富的国家之一,然而随着人口的不断增加,城市化、工业化的迅猛发展,人类对海洋野生动植物的开发强度日益增大,使得许多野生海洋动植物数量明显减少,有些甚至面临灭绝。因此,加强野生海洋动植物保护立法工作,加大海洋野生动植物保护执法力度,已势在必行。[1]

我国保护濒危野生海洋生物的立法工作起步较早,经过近50年的发展,目前已初步形成比较完整的体系。根据我国《环境保护法》、《海洋环境保护法》、《渔业法》、《野生动物保护实施条例》、《野生植物保护条例》、沿海地方保护海洋野生动物的法规、规章的规定,目前我国确定的海洋珍稀濒危野生生物的保护制度主要内容如下。

一、保护濒危海洋野生动物的法律制度

国务院和沿海省、自治区、直辖市人民政府的渔业行政主管部门,会同环境保护等有关主管部门对本行政区管理的海洋野生动物资源状况定期进行调查和评价。建立系统的档案资料,为制定、调整国家和地方重点保护的海洋野生动物名录及制定海洋野生动

---

[1] 参见马英杰、胡增祥著:《海洋生物多样性保护的法律思考》,中国海洋大学出版社2006年版,第45页。

物保护规划提供科学依据。国务院和沿海省、自治区、直辖市人民政府的渔业行政主管部门会同环境保护等有关主管部门，在对本行政区海洋野生动物资源状况进行调查和评价的基础上，拟订海洋野生动物保护规划，经计划部门综合平衡后，报同级人民政府批准实施。

国家对珍贵、濒危的海洋野生动物实行重点保护。国家重点保护的海洋野生动物分为一级保护野生动物和二级保护野生动物。国家重点保护的野生动物名录及其调整，由国务院野生动物行政主管部门（全国陆生野生动物行政主管部门为国务院林业行政主管部门，全国海洋和其他水生野生动物行政主管部门为国务院渔业行政主管部门）制定，报国务院批准公布。依照 1988 年《国家重点保护野生动物名录》，儒艮、中华白海豚、中华鲟、达氏鲟、白鲟、红珊瑚、库氏砗磲、鹦鹉螺、多鳃孔舌形虫、黄岛长吻虫等为国家一级保护海洋野生动物；文昌鱼、黄唇鱼、大珠母贝、虎斑宝贝、冠螺、花鳗鲡、克氏海马鱼、海龟、玳瑁、鲸类、斑海豹和海狗等鳍足目所有种等为国家二级保护海洋野生动物。地方重点保护海洋野生动物，是指国家重点保护海洋野生动物以外，由沿海省、自治区、直辖市重点保护的海洋野生动物。地方重点保护海洋野生动物名录，由沿海省、自治区、直辖市人民政府制定并公布，报国务院备案。国家禁止捕捞、出售和收购重点保护的海洋野生动物，如因特殊需要必须捕捞、运输、买卖、驯养和进出口重点保护海洋野生动物应当取得相应的主管部门的许可。

国务院和沿海地方各级人民政府负有采取措施保护海洋野生动物物种的职责。这些措施主要包括原地保护、迁地保护、离体基因保存三种方式。实施这些措施必须建立一定的机构和进行必要的投入。国家和地方重点保护海洋野生动物受到自然灾害威胁时，当地政府应当及时采取拯救措施。任何单位和个人发现受伤、搁浅和误入港湾、河汊而被困的海洋野生动物时，应当及时报告渔业行政主管部门或者其所属的渔政监督机构，由其采取紧急救护措施；也可以要求附近具备救护条件的单位采取紧急救护措施，并报告渔业行政主管部门。捕捞作业中误捕海洋野生动物的，应当立即无条件放生。

建设项目对国家或者地方重点保护野生动物的生存环境产生不利影响的，建设单位应当提交环境影响报告书；环境保护部门在审批时，应当征求同级野生动物行政主管部门的意见。兴建海岸工程和近海工程建设项目，不得改变、破坏国家和地方重点保护的海洋野生动物的生存环境。不得兴建可能导致重点保护的野生动物生存环境污染和破坏的海岸工程和近海工程建设项目；确需兴建的，应当征得渔业行政主管部门的同意，并由建设单位负责组织采取异地繁育等措施，保证物种延续。

各级渔业行政主管部门应当监视、监测环境对海洋野生动物的影响。由于环境影响对海洋野生动物造成危害时，渔业行政主管部门应当会同环境保护等有关主管部门进行调查处理。

二、保护濒危海洋野生植物的法律制度

我国对海洋野生植物实行加强保护、积极发展、合理利用的方针。国务院农业行政主管部门主管全国海洋野生植物的监督管理工作。国家保护海洋野生植物及其生长环境，禁止任何单位和个人非法采集海洋野生植物或破坏其生长环境。

国家对珍贵、濒危海洋野生植物实行重点保护，国家重点保护的海洋野生植物分为一级保护海洋野生植物和二级保护海洋野生植物，重点保护名录由国务院农业行政主管部门制定。

在国家重点保护海洋野生植物物种和地方重点保护海洋野生植物物种分布的天然集中分布海域，划定自然保护区，加强对重点保护海洋野生植物及其生存环境的保护管理。海洋野生植物行政主管部门及其他有关部门应当监视、监测对重点保护海洋野生植物生长的影响，并采取措施，维护和改善重点保护海洋野生植物的生长条件；对生长受到威胁的重点保护海洋野生植物，应当采取拯救措施，保护或者恢复其生长环境，必要时应当建立繁育基地、种质资源库或者采取迁地保护措施。海洋野生植物行政主管部门应当定期组织对重点保护海洋野生植物资源的调查，建立资源档案。建设项目对重点保护海洋野生植物的生长环境产生不利影响的，建设单位提交的环境影响评价报告书必须对此作出评价。

禁止采集国家一级重点保护海洋野生植物，禁止出售、收购国家一级重点保护海洋野生植物。因科学研究、人工培育、文化交流等特殊情况需要，采集国家一级重点保护海洋野生植物的，必须依法向国务院海洋野生植物行政主管部门申请采集证；采集国家二级重点保护海洋野生植物的，必须依法向当地省级海洋野生植物行政主管部门申请采集证；需要出售、收购国家二级重点保护海洋野生植物的，必须依法经过有管辖权的行政主管部门批准。采集国家重点保护海洋野生植物的单位和个人，必须按照采集证规定的种类、数量、地点、期限和方法进行采集。有关行政主管部门应当对经营利用国家二级保护海洋野生植物的活动进行监督检查。

另外，对列入重点保护的野生药材范畴的海洋野生植物，应该遵守《野生药材资源保护条例》等有关野生药材的规定。

参考文献

1. 中国自然保护纲要. 北京：中国环境科学出版社，1987.

2. 中国自然资源丛书编辑委员会. 中国自然资源丛书——渔业卷. 北京：中国环境科学出版社，1995.

3. 张梓太. 自然资源法. 北京：科学出版社，2004.

4. 蔡守秋. 环境资源法学. 北京：人民法院出版社，中国人民公安大学出版社，2003.

5. 肖乾刚. 自然资源法. 北京：法律出版社，1999.

课后思考

1. 论述海洋自然资源、海洋生态系统、海洋环境与海洋自然保护的关系。

2. 从海洋环境保护立法的角度，分析海洋生态保护法与海洋自然资源保护法在立法目的上的异同。

3. 简述我国海洋自然保护区制度与海洋特别保护区的各自含义、建立的条件及两者的区别。

4. 试述我国对外来物种入侵进行法律控制的措施和存在的不足之处。

第八章　陆源污染物污染海洋环境防治法

第一节　陆源污染物的定义及污染现状

一、陆源和陆源污染物的定义和范围

陆地污染源（简称陆源），是指从陆地向海域排放污染物，造成或者可能造成海洋环境污染的场所、设施等。陆源污染物，是指由陆地污染源排放的污染物，主要有石油、农药、重金属、有机污染物、固体废物、放射性物质、传染病原体和热能等。污染物可能具有毒性、扩散性、积累性、活性、持久性和生物可降解性等特征，多种污染物之间还有拮抗和协同作用。陆源污染物的种类多、排放数量大，对近岸海域环境会造成很大的有害影响。陆源的范围包括沿海陆域、岛屿通过管道、沟渠、设施，直接或者间接向海域排放污染物的企业、事业单位、生活和旅游设施；向海域输入污染物的河口；向海域排放污染物的农业面源以及大气沉降。陆源污染物的范围包括来自陆源的水污染物、固体废物和大气沉降的污染物。

二、陆源污染海洋环境状况

海域环境与其相邻接的陆域环境是一个具有内在联系、彼此制约的大的生态系统。大量未经处理的工业废水和生活污水通过各种渠道排入海中，加上沿海农业和养殖污水，给海洋环境造成了巨大压力。据统计，入海污染物 90% 来源于陆地，陆源污染已经成为我国近海污染的主要来源，不少近海形成"一个工厂污染一片海"的严重局面。有关资料显示，中国沿海地区有 10 万多家各类工矿企业和 2 亿多人口，其工业废水和生活污水大都直接或间接排放入海。2005 年，全国陆源入海排污口监测结果显示，84% 的入海排污口超标排放污染物，全年陆源排海污水总量达 317 亿吨，主要入海污染物约 1 463 万吨。2000 年至 2004 年，我国海域海水受污染面积在 14.2 万平方千米至 20.6 万平方千米之间，主要污染物是无机氮、磷酸盐、部分重金属（铅、汞）和石油类，污染海域主要分布在近岸、河口、海湾和人口密集、工业发达的大中城市邻近海域以及排污口附近海域。[①]

目前，我国已经把防治陆源污染作为海洋环境保护的重点，为了防止陆源污染物对海洋环境的污染损害，我国《海洋环境保护法》就"防治陆源污染物对海洋环境的污染损害"作了原则规定，1990 年国务院发布的《防治陆源污染物损害海洋环境管理条例》对此作了具体规定，其他有关环境法律、法规和行政规章也有了防治陆源污染物对海洋环境污染损害的内容。这些法律规定构成了我国防治陆源污染物对海洋环境污染

---

① 以上数据来自新华网：《我国近岸海域污染十分严重 80% 来自陆源排污》，2006 年 10 月 18 日，作者：顾瑞珍、胡锦武。http://www.sepa.gov.cn/ztbd/hyhj/bd/200610/t20061019_ 94863.htm。

损害的法律制度。

第二节　防治陆源污染物污染海洋环境法律制度

一、《海洋环境保护法》关于防治陆源污染的规定

《海洋环境保护法》专章对防治陆源污染作了具体规定。主要内容如下。

1. 向海域排放陆源污染物的基本规定①

向海域排放陆源污染物，必须严格执行国家或者地方规定的标准和有关规定。"标准"是指污染物排放标准。污染物排放标准对污染源有直接的约束力，是环境执法的直接依据，影响到环境质量标准的实现，在环境管理中具有重要意义。"有关规定"是指排放陆源污染物申报登记、入海污染物总量控制、缴纳排污费、采用清洁生产工艺、对超标排放或者在规定的期限内未完成污染物排放削减任务的限期治理等规定。

2. 对设置入海排污口的规定②

首先，对入海排污口位置的选择。入海排污口位置是否合理，直接关系到对海洋环境影响的程度。因此，选择入海排污口位置应当根据海洋功能区划、海水动力条件和有关规定，经科学论证后，报设区的市级以上人民政府环境保护行政主管部门审查批准。"海洋功能区划"，是指依据海洋自然属性和社会属性，以及自然资源和环境特定条件，界定海洋利用的主导功能和使用范畴。"海水动力条件"，是指海水涨、落潮，海流运动和海水交换对污染物输运及其自净能力。"有关规定"，是指防治陆源污染的规定、防治海岸工程建设项目污染的规定和排放标准等。

其次，设置入海排污口的批准部门是环境保护行政主管部门。由于设置入海排污口涉及海域使用、养殖业和船舶航行安全，所以环境保护行政主管部门在批准设置入海排污口之前，必须征求海洋、海事、渔业行政主管部门和军队环境保护部门的意见。

再次，不得新建排污口的区域。在海洋自然保护区、重要渔业水域、海滨风景名胜区和其他需要特别保护的区域，不得新建排污口。"其他需要特别保护的区域"，是指除海洋自然保护区、重要渔业水域和海滨风景名胜区以外，具有环境保护上的特殊价值，而划出一定范围，加以特别保护的区域。

最后，排污口深海设置的要求。在有条件的地区，应当将排污口深海设置，实行离岸排放。设置陆源污染物深海离岸排放口，应当根据海洋功能区划、海水动力条件和海底工程设施的有关情况确定。"海底工程设施"，是指位于海床底土上的构筑物和敷设物，如人工鱼礁、电缆和管道等。考虑到深海离岸排污口设置的特殊要求，具体审批办法将由国务院另行作出规定。

3. 对入海河流防治污染的规定③

入海河流的管理部门是沿海省、自治区、直辖市人民政府环境保护行政主管部门和水行政主管部门，其职责是按照水污染防治有关法律的规定，加强入海河流的管理，防

---

① 参见《海洋环境保护法》第二十九条。
② 参见《海洋环境保护法》第三十条。
③ 参见《海洋环境保护法》第三十一条。

治污染，使入海口处的水质处于良好的状态。"按照水污染防治有关法律的规定"，是指《水污染防治法》及其实施细则等的规定。"使入海口处的水质处于良好状态"，是指使该水质符合《地面水环境质量标准》（GHZB 1—1999）。

4. 对排放陆源污染物申报制度的规定①

对排放陆源污染物申报制度，该法规定了三层意思：第一，申报内容。排放陆源污染物的单位，必须向环境保护行政主管部门申报拥有的陆源污染物排放设施、处理设施和在正常作业条件下排入陆源污染物的种类、数量和浓度，并提供防治海洋环境污染方面的有关技术和资料。第二，变更申报。排放陆源污染物的种类、数量和浓度有重大改变的，必须及时申报。第三，事先同意。拆除或者闲置陆源污染物处理设施的，必须事先征得环境保护行政主管部门的同意。

排污申报制度是环境管理的一项重要制度。通过排污申报，环境保护行政主管部门对本地区排放污染物种类、数量和现有的防污染设施情况有比较全面的了解，为制定本地区的环境保护规划和确定环境保护工作重点提供依据；并通过排污申报掌握本地区的污染隐患，以便重点采取预防措施，防止发生污染事故。

5. 对排放各种废水的规定②

首先，禁止向海域排放油类、酸液、碱液、剧毒废液和高、中水平放射性废水。"油类"，是指任何类型的油及其炼制品。石油类排入水体后形成的油膜，会阻碍海水蒸发，影响水气交换，减少空气中氧进入水体的数量，从而降低了水体的自净能力；藻类因油污染，光合作用受阻而致死；油污沾在鱼鳃上引起鱼窒息死亡；石油中所含的多环芳烃，可通过食物链进入人体，对人体有致癌作用。酸液或碱液进入水体，能使水的pH值发生变化。pH值过高或过低均能杀死鱼类和其他生物，抑制微生物生长，影响海水的自净能力。剧毒废液，如氰化物、氟化物、酚类化合物、农药等废液。氰化物导致人和生物急性中毒主要通过消化道吸收后，分解成氰化氢，迅速进入血液与红细胞中细胞色素氧化酶结合，造成细胞缺氧而致死。氟化物进入人体后与钙结合形成氟化钙，沉积于骨骼组织中，使骨质硬化形成氟骨症，斑釉齿，抑制酶的活性。酚类化合物能使鱼类出现异常味道，难以食用，重者迅速破坏鱼鳃，以致腹腔出血死亡。对人类的毒性主要表现在酚类化合物与细胞中的蛋白质发生反应，低浓度时，使细胞变性；高浓度时，使细胞凝固，引起急性中毒死亡。有机氯农药能在食物链中高度富集，进入人体后影响中枢神经系统，并对肝脏和肾脏有明显的损害。"高水平放射性废水"是指每升所含放射能超过10^{-5}居里的废水。"中水平放射性废水"是指每升所含放射能$10^{-2} \sim 10^{-5}$居里的废水。由于这类废水含有大量长寿命（放射性半衰期大于30年）裂变物，排入海洋后会严重污染环境并可能通过食物链进入人体，所以本条将其列入禁排对象。

其次，严格限制向海域排放的废水。该法规定："严格限制向海域排放低水平放射性废水；确需排放的，必须严格执行国家辐射防护规定。"低水平放射性废水所含放射能比高、中放射性废水少，国际原子能机构专门委员会1960年的报告认为，在适当的控制下，向海洋排放是安全的。所以，本条将其作为有条件限制的排放对象，即在一般

---

① 参见《海洋环境保护法》第三十二条。

② 参见《海洋环境保护法》第三十三条。

情况下尽量不排或少排；在确需排放时，必须严格执行国家辐射防护规定。"国家辐射防护规定"包括《放射性同位素与射线装置放射防护条例》（1989 年）、《辐射防护规定（GB 8703—88）》、《城市放射性废物管理办法》（1987 年 7 月 16 日）、《放射环境管理办法》（1990 年 5 月 28 日）等。如《辐射防护规定》规定：低放废液应尽量采用槽式排放。排放前必须进行监测，超过排放管理限值时不得排放。一般不得采用稀释方法，将超过排放管理限值的废液排入环境。低放废液向江河和海洋排放时，在排放口位置、排放总活度和浓度等方面，都必须得到环境保护部门的批准。排放地域应避开经济鱼类产卵区、水生生物养殖场、盐场、海滨游泳和娱乐场所等；排放口应设在集中取水区的下游。

最后，严格控制向海域排放含有不易降解的有机物和重金属的废水。含有不易降解的有机物的废水，是指含有在自然条件下难以被微生物作用发生递降分解的有机化学物质的废水。如含有合成洗涤剂、有机氯农药、多氯联苯等化合物的废水等。不易降解的有机物在环境中的持久性和广域的分散性，会对海洋环境与生态造成严重影响。严格控制向海域排放含有不易降解的有机物的废水，是保护海洋环境，防止污染，维护生态平衡的重要环节。重金属，一般把比重大于 5 克/厘米^3，周期表中原子序数大于 20 的金属元素称为重金属，如汞、铬、镉、砷等。重金属具有毒性，微生物不能降解，可通过食物链逐级富集，进入人体后往往蓄积在某些器官中，造成慢性积累性中毒。因此，严格控制向海域排放含有重金属的废水，有利于保护人体健康，保证海水产品质量。

6. 对排放含病原体废水，含有机物、营养物质、含热废水的限制性规定①

"病原体"，是指传染病原体，包括致病菌、病虫卵和病毒。限制条件是：含病原体的医疗污水、生活污水和工业废水必须经过处理，符合国家有关排放标准后，方能排入海域。"经过处理"，是指经过消毒与处理。"符合国家有关排放标准"，是指经过处理，符合《污水综合排放标准》（GB 8978—1996）。该标准规定，该标准从生效（1998 年 1 月 1 日）之日起，替代《医院污水排放标准（试行）》（GB J48—83）。

"含有机物和营养物质的工业废水、生活污水"，是指含蛋白质、脂肪、氨基酸、碳水化合物等耗氧有机物和氮、磷等营养物质的工业废水、生活污水。耗氧有机物一般不具有毒性，也比较容易被微生物分解，但分解时要消耗海水中的溶解氧。如果所消耗的溶解氧在速率上大于空气给予海水水体的复氧速率，则水中的溶解氧就会逐渐耗尽，水体从饱和氧到不饱和氧，再到缺氧和无氧状态。海水中的耗氧有机物在缺氧的条件下，由厌氧微生物作不完全的分解，释放出硫化氢、氨和甲烷等有毒并有臭味的气体，使水体造成"黑臭"现象。溶解氧是生物和鱼类生存的必要条件。当水体缺氧时，生物和鱼类就会窒息死亡。含有氮、磷等营养物质的工业废水、生活污水排入水体和耗氧有机物分解时释放出的氮、磷、硫等营养物质，打乱了水体营养盐的循环调节，导致水生植物和藻类的大量繁殖，加速水体富营养化，使水质恶化，生态系统破坏。由于海水流动缓慢的海湾、半封闭海及其他自净能力较差的海域，容易遭受污染而发生富营养化现象，所以本条规定"含有机物和营养物质的工业废水和生活废水，应当严格控制向海湾、半封闭海及其他自净能力较差的海域排放"。

① 参见《海洋环境保护法》第三十四、第三十五条。

"含热废水"，是指火力发电厂、核电站、有色金属冶炼、石油化工等工业排放的高温冷却水、冲灰水，引起受纳水体水温升高的废水。"必须采取有效措施"，是指采取废水循环利用、搁置降温等措施。"渔业水域"，是指鱼虾类的产卵场、索饵场、越冬场、洄游通道和鱼虾贝藻类的养殖场。"符合国家海洋环境质量标准"，是指保证邻近渔业水域的水温符合《海水水质标准》（GB 3097—1997）。该标准规定，在渔业水域"人为造成的海水温升夏季不超过当时当地1℃，其他季节不超过2℃"。

7. 相关区域污染物治理规定①

由于环境问题具有整体性和联系性，一个领域的污染防治往往需要多个区域污染防治工作的配合和支持，因此在对陆源污染物的治理过程中涉及沿海农田、林场的化学农药使用限制；涉及海岸垃圾及固体废物的处置以及沿海城市的污水处理，甚至于大气污染的防治问题等都在《海洋环境保护法》中作了规定。

二、其他防治陆源污染的法律法规

陆地污染源是造成海洋及海岸环境污染损害的主要污染源。为防治陆源污染物污染损害海洋及海岸环境，中国加强了防治陆源污染的立法工作。《环境保护法》规定了适用防治陆源污染的基本原则和制度；《水污染防治法》及其实施细则，虽然不适用海洋环境保护，但在很大程度上控制和减少了入海河流携带污染物的入海量；《水土保持法》及其实施条例，通过预防和治理水土流失，保护和合理利用水土资源，减轻了地面径流对海洋环境的污染损害；《农业法》、《农药管理条例》、《农药登记规定》和《农药安全使用规定》，通过对农业资源和农业环境保护，加强对农药生产和使用的管理，减轻了农药污染，直接或间接地保护了海洋环境。《海洋环境保护法》将"防止陆源污染物污染损害海洋环境"列为专章，分别对工业废水和生活污水的排放，固体废弃物在岸滩处理和处置等，作了8条原则规定。除此之外，还制定了防治陆源污染的单项条例和与其相配套的规章和标准，如《防治陆源污染物污染损害海洋环境管理条例》、《污水综合排放标准》等。此外，中国已经加入的《关于持久性有机污染物的斯德哥尔摩公约》、《保护臭氧层维也纳公约》也适用于防治陆源污染物污染损害海洋环境。

三、防治陆源污染主要法律制度

1. 排污申报登记制度②

向海洋环境排放陆源污染物的单位和个人，必须按照法律规定向所在地环境保护部门申报登记拥有的污染物排放设施、处理设施和正常作业条件下排放污染物的种类、数量和浓度，并提供防治污染的有关技术资料，在排放污染物有重大改变时，应当及时申报。

2. 排污收费制度③

向海洋环境超标排放陆源污染物的单位和个人，必须依照国家有关规定缴纳一定数额的排污费，用于污染防治。

---

① 参见《海洋环境保护法》第三十七条至第四十一条。
② 参见《海洋环境保护法》第三十二条。
③ 参见《海洋环境保护法》第十一条。

3. 污染物排放控制制度①

国家对向海域排放污染物实行浓度控制制度，对重点海域排污总量实行总量控制制度。《海洋环境保护法》规定，向海域排放陆源污染物，必须严格执行国家或地方规定的标准。国家建立并实施重点海域总量控制制度，确定主要污染物排海总量控制指标，并对主要污染源分配排放控制数量，其中对于陆源排污的控制占主要部分。陆源污染物排放的适用《污水综合排放标准》。

4. 限期治理制度②

对造成海洋环境严重污染的企事业单位，或者排放陆源污染物超过规定标准的企事业单位，由人民政府责令限期治理。被限期治理单位必须如期完成治理任务。对于逾期未完成治理任务的，要责令其关闭、停产或者转产。

5. 现场检查制度③

沿海县级以上地方人民政府环境保护部门，对管辖范围内的排污单位的排污情况和污染治理情况，有权进行现场检查。被检查单位应当如实反映情况，提供有关资料，检查机关应当为被检查单位保守技术秘密和业务秘密。

6. 污染事故报告制度④

因发生事故或者其他突然性事件，造成或者可能造成污染事故的单位，必须立即采取措施处理，及时通报可能受到污染危害的单位和居民，并向当地环境保护行政主管部门报告，接受调查处理。在环境受到严重污染，威胁居民生命财产安全时，环境保护行政主管部门必须立即向当地人民政府报告，由人民政府采取有效措施，解除或者减轻危害。

第三节　防治陆源污染物污染海洋法律责任及执行情况

一、防治陆源污染物污染海洋的法律责任

（1）根据《海洋环境保护法》第七十四条，陆源污染物排放单位和个人，拒报或者谎报排污申报登记事项的，由县级以上环境保护行政主管部门责令改正，并处以罚款。

（2）根据《海洋环境保护法》第七十三条，排放污染物超过国家或地方规定的排放标准，不按规定缴纳超标准排污费的，由环境保护行政主管部门追缴超标准排污费及滞纳金，并处罚款。

（3）对逾期未完成限期治理任务的企业事业单位，由环境保护部门征收两倍的超标准排污费，并可根据危害和损失后果，处以罚款，或者责令其停业、关闭。

（4）根据《海洋环境保护法》第七十五条，对拒绝现场检查或者在检查时弄虚作假的，由环境保护行政主管部门责令改正，并可处以罚款。

---

① 参见《海洋环境保护法》第三、第二十九、第三十三、第三十六条。
② 参见《海洋环境保护法》第十二条。
③ 参见《海洋环境保护法》第十九条。
④ 参见《海洋环境保护法》第十七条。

（5）根据《海洋环境保护法》第九十一条，对造成陆源污染物污染损害事故，导致重大经济损失的，由环境保护行政主管部门按照直接损失百分之三十计算罚款，但最高不超过20万元。

（6）根据《海洋环境保护法》第九十条，因排放陆源污染物造成海洋环境污染损害的，承担赔偿责任。

（7）根据《海洋环境保护法》第九十一条，违反法律规定，造成陆源污染损害事故，导致公私财产重大损失或致人伤亡的，对直接责任人员追究刑事责任。

二、防治陆源污染物污染海洋法律法规执行情况

中国是个海洋大国，沿海地区人口最为集中，经济最为发达，对海岸带和海洋环境压力较大。保护海洋环境免受陆上活动的影响，促进沿海地区经济社会可持续发展是中国政府的一项重要任务。同时，也是中国政府对国际海洋环境保护事业的一项重要贡献。中国在保护海洋环境免受陆上活动影响方面做了大量工作。中国政府高度重视陆源污染的防治工作，采取一切措施防止、减轻和控制陆上活动对海洋环境的污染损害。按照陆海兼顾和河海统筹的原则，采取一系列的政策和措施，坚持不懈地做好陆源污染防治工作。[①]

1. 不断完善防治陆源污染法制建设

在海洋环境保护法制建设方面，继1982年中国颁布实施了《海洋环境保护法》以来，又先后颁布和实施了《防治陆源污染物污染损害海洋环境管理条例》和《防治海岸工程建设项目污染损害海洋环境管理条例》等。此外，我国制定了《近岸海域环境功能区划》，并以局长令的形式颁布了《近岸海域环境功能区划管理办法》，近岸海域环境功能区划的实施为指导我国沿海地方政府，在可持续开发利用海洋资源过程中，强化海域环境实现目标责任制管理提供了科学依据。

2. 制定和实施"碧海行动计划"，努力改善海域生态环境

《渤海碧海行动计划》经国务院批复正式实施，并纳入国家环境保护"九五"和"十五"计划中的环境综合治理重点工程。通过"计划"中的城镇污水处理厂、垃圾处理厂、沿海生态农业、沿海生态林业、沿海小流域治理、港口码头的油污染防治、海上溢油应急处理系统的建设以及"禁磷"措施的实施，初步遏制了渤海海域环境继续恶化趋势。为保护和改善海洋生态环境，促进沿海地区的经济持续、快速、健康发展，目前沿海其他七省、市、自治区也正在编制本区域的"碧海行动计划"，制定陆源污染物防治和海上污染防治的具体措施。

3. 以海域环境容量控制陆源污染物排海总量

为贯彻落实《海洋环境保护法》，实施陆源污染排海总量控制制度，开展了辽东湾海域环境容量测算试点项目。经过两年多的努力，该项目完成了陆源污染物入海通量调查和估算，辽东湾海域环境容量测算模型系统，辽东湾海域环境容量总量控制规划，辽东湾海域环境信息系统等专项研究工作，制定了各排污口的主要污染物最大允许排放总量，提出了辽东湾陆源污染控制对策建议，形成了以近岸海域环境功能区环境保护目标

---

① 参见国家环保总局官方网站：《防治陆源污染，保护海洋环境——中国的工作和成效》，2006年10月 http：//www.sepa.gov.cn/ztbd/hyhj/cg/200610/t20061009_94328.htm。

确定陆源污染物最大允许排放量的陆源污染物总量控制管理技术路线。

4. 防止和控制沿海工业污染

随着沿海工业的快速发展和环境压力的加大，中国政府采取一切措施逐步完善沿海工业污染防治措施：一是通过调整产业结构和产品结构，转变经济增长方式，发展循环经济；二是加强重点工业污染源的治理，推行全过程清洁生产，采用高新适用技术改造传统产业，改变生产工艺和流程，减少工业废物的产生量，增加工业废物资源再利用率；三是按照"谁污染，谁负担"的原则，进行专业处理和就地处理，禁止工业污染源中有毒有害物质的排放，彻底杜绝未经处理的工业废水直接排海；四是加强沿海企业环境监督管理，严格执行环境影响评价和"三同时"制度。

5. 防止和控制沿海城市污染

中国自改革开放以来，沿海城市发展迅速，对沿岸海域环境压力加剧。对此，中国政府采取有力措施防止、减轻和控制沿海城市污染沿岸海域环境，调整不合理的城镇规划，加强城镇绿化和城镇沿岸海防林建设，保护滨海湿地，加快沿海城镇污水收集管网和生活污水处理设施的建设，增加城镇污水收集和处理能力，提高城镇污水处理设施脱氮和脱磷能力，沿海城市环境污染防治能力进一步加强。加强沿海城市污染治理的监督管理，结合国家"城考"、"创模"和"生态示范区"建设，将沿海城市近岸海域环境功能区纳入考核指标，强化防止和控制沿海城市污染物污染海域环境的措施。

6. 防止、减轻和控制沿海农业污染

一些沿海省、市结合生态省、生态市建设，积极发展生态农业，控制土壤侵蚀，综合应用减少化肥、农药径流的技术体系，减少农业面源污染负荷。严格控制环境敏感海域的陆地汇水区畜禽养殖密度、规模，建立养殖场集中控制区，规范畜禽养殖场管理，有效处理养殖场污染物，严格执行废物排放标准并限期达标。

7. 流域污染防治和海域污染防治相结合

国家环保总局组织编制了《辽河水污染防治计划》、《海河水污染防治计划》、《淮河水污染防治计划》等防治陆源污染综合治理计划，经国务院批复正式实施。通过上述"计划"中的城镇污水处理厂、垃圾处理厂、生态农业、生态林业、小流域治理等污染治理和生态建设工程，有效地削减河流入海污染负荷。

8. 积极参与国际合作，推进 GPA[①] 的实施

中国在采取一系列措施保护沿海和海洋环境的同时，积极参与海洋环境保护的国际合作，为保护全球海洋环境这一人类共同事业进行了不懈的努力。中国已缔结和参加的涉及海洋环境保护的国际条约和协议主要有：《1982 年联合国海洋法公约》、《1992 年

---

① 保护海洋环境免受陆源污染全球行动计划（GPA）的背景介绍：联合国环境署倡导的"保护海洋环境免受陆源污染全球行动计划"（以下简称"全球行动计划"）于 1995 年在美国华盛顿召开的政府间会议上获得通过，并发表了《华盛顿宣言》，我国是 108 个成员国之一。全球行动计划旨在应对人类陆地活动所引起的对海洋及沿海环境的健康、繁殖及生物多样性的威胁。全球行动计划提出在由地方、国家、区域到全球各级参与的基础上采取统一的跨领域的行动举措，它是全球唯一明确提出处理淡水、沿海及海洋水环境相互问题的机构。全球行动计划使世界上很多国家建立了相应制度，检查立法框架和环境政策以保护海洋和沿海地区环境的可持续发展。2001 年全球100 余个国家参加了环境署在加拿大蒙特利尔召开的第一次全球行动计划实施情况政府间审查会议（IGR-1），此次会议主要是审查在行动计划的时期内各国的进展情况，提出新的工作目标和措施，会议通过了《蒙特利尔宣言》。对全球行动计划的发展起到了有利的作用，被公认为是推动海岸、海洋和岛屿的生态系统管理的有效途径。

生物多样性公约》和《1971 关于特别是作为水禽栖息地的国际重要湿地公约》等。

自 1995 年"GPA"产生以来，中国政府高度重视 GPA 的实施工作，积极参与 GPA 的第一次政府审查会。在全球行动层面上，中国积极参加 GPA 工作；在区域层面上，积极参与联合国环境署的区域海项目。

在国家层面上，UNEP/GPA 秘书处多次与国家环境保护总局磋商，于 2004 年 1 月支持中国在青岛召开了第一次研讨会。2005 年至 2006 年，在 GPA 协调办公室的支持下，进一步研讨和准备中国保护海洋环境免受陆源污染国家行动计划编制工作的有关活动，先后组织中国涉海部门和沿海省（市、自治区）代表召开了长岛、湛江、北京和西宁四次工作会议。2006 年，中国 10 个涉海部门成立了领导小组，指导中国 NPA 工作的开展。目前，编制工作进展顺利，已完成了中国保护海洋免受陆源污染国家行动计划现状报告、涉海部门报告和沿海省（市、自治区）报告。

中国编制了保护海洋环境免受陆源污染国家行动计划工作的国家报告。编制工作由国家环境保护总局负责组织协调，与 GPA 相关的 9 个国家部门、沿海 11 省（市、自治区）环保局参加，中国环境科学研究院负责技术支持。目前，已分别在地方、部门和国家层面上形成了省市工作报告、部门工作报告和国家工作报告。

三、"十一五"期间我国防治陆源污染海洋环境的主要对策

（1）落实《国务院关于落实科学发展观加强环境保护的决定》，以实现沿海社会经济的可持续发展为目标，以海岸带和近岸海域生态保护为重点，以控制陆源污染为手段，积极组织制定《全国海岸带和海洋生态环境保护规划纲要》，促进沿海地区社会经济与海岸带和海洋环境的协调发展。

（2）完善法规，依法行政。加强法制建设，完善《海洋环境保护法》配套法规。积极协调有关部门尽快完善《海洋环境保护法》配套条例、办法、规定、标准的制定。例如，修订《防治陆源污染物污染损害海洋环境管理条例》。依法行政，加大执法力度，保证环境法律法规的有效实施，促进海洋和沿海地区的可持续发展。

（3）大力推进"碧海行动计划"的实施。积极推进重点海域环境保护规划工作。在做好渤海"碧海行动计划"的基础上，抓紧制定长江口及毗邻海域、珠江口及毗邻海域"碧海行动计划"的编制工作。

（4）积极推进陆源污染物排放总量控制制度。按照河海统筹、陆海兼顾的原则，开展近岸海域环境容量研究，以近岸海域环境功能区环境保护目标为限制条件确定陆源污染物最大允许排放量，为实施排污许可证制度提供依据。

（5）加强国际合作，推进 GPA 的实施。积极发展同世界各国和国际组织在海洋环境保护方面的交流与合作，认真履行国际环境公约和有关协议，大力推进 GPA 在中国的实施，制定"保护海洋环境免受陆源污染国家行动计划"。继续推进"西北太平洋"、"东亚海"等区域海项目的实施。

中国经过不懈的努力，在保护海洋环境免受陆源污染方面取得了一定的成效。但是，中国政府清醒地认识到，中国沿海地区快速的经济发展已经给海岸带和海洋造成巨大环境压力，部分海域环境污染相当严重。随着沿海地区人口增长和经济发展，这些问题可能会更加突出。解决历史遗留的海洋环境问题和控制发展过程中出现的新的环境问题，仍然是一项长期而艰巨的任务。在改革开放和现代化建设的过程中，中国将继续认

真贯彻执行环境保护基本国策，实施可持续发展战略。加强陆源污染防治以及海岸带生态环境建设，走陆域经济发展和海洋环境保护相协调的可持续发展之路。

参考文献

1. 金瑞林. 环境法学. 北京：北京大学出版社，1999.
2. 张皓若、卞耀武. 中华人民共和国海洋环境保护法释义. 北京：法律出版社，2000.
3. 蔡守秋. 环境资源法学. 北京：人民法院出版社，中国人民公安大学出版社，2003.

课后思考

1. 简述陆源污染物及陆源污染的含义和特征，我国目前陆源污染状况如何。
2. 系统论述我国防治陆源污染物污染海洋环境的法律体系和主要法律制度。
3. 实践中我国针对陆源污染防治作出了哪些具体的工作？简要评述之。

第九章 防治海岸工程建设项目
污染损害海洋环境

海岸工程建设项目，是指位于海岸或者与海岸连接，工程主体位于海岸线向陆一侧，对海洋环境产生影响的新建、改建、扩建工程项目。具体包括：①港口、码头、航道、滨海机场工程项目；②造船厂、修船厂；③滨海火电站、核电站、风电站；④滨海物资存储设施工程项目；⑤滨海矿山、化工、轻工、冶金等工业工程项目；⑥固体废弃物、污水等污染物处理处置排海工程项目；⑦滨海大型养殖场；⑧海岸防护工程、砂石场和入海河口处的水利设施；⑨滨海石油勘探开发工程项目；⑩国务院环境保护主管部门会同国家海洋主管部门规定的其他海岸工程项目。① 由于海洋具有一定的特殊性，海岸工程建设项目的管理方法和程序与陆地上的建设工程不完全相同。

一、相关法律、法规和规章

为防治海岸工程建设项目污染损害海洋环境，《环境保护法》②、《环境影响评价法》和《建设项目环境保护管理条例》规定了防治工程建设项目污染损害环境的基本管理原则和制度；《海洋环境保护法》将"防治海岸工程对海洋环境的污染损害"列为专章。为了实施《环境保护法》和《海洋环境保护法》，还制定了《防治海岸工程建设项目污染损害海洋环境管理条例》（1990年制定，2007年修改）及有关的规章。

二、主要法律规定

1. 海岸工程的环境影响评价

根据《环境影响评价法》和《海洋环境保护法》规定，兴建海岸工程建设项目的建设单位，必须在可行性研究阶段编制环境影响报告书（表），按照规定的程序，经项目主管部门和有关部门预审后，报环境保护行政主管部门审批。承担环境影响评价的单位，必须持有《建设项目环境影响评价资格证书》，按照证书中规定的范围承担评价任务。③ 环境保护主管部门在批准海岸工程建设项目的环境影响报告书之前，应当征求海事、渔业主管部门和军队环境保护部门的意见。④ 海岸工程建设项目环境影响报告书的内容，除按有关规定编制外，还应当包括：①所在地及其附近海域的环境状况；②建设过程中和建成后可能对海洋环境造成的影响；③海洋环境保护措施及其技术、经济可行性论证结论；④建设项目海洋环境影响评价结论。海岸工程建设项目环境影响报告表，应当参照前款规定填报。⑤

---

① 《防治海岸工程建设项目污染损害海洋环境管理条例》第二条。
② 《环境保护法》第十三条、第十八条、第十九条、第二十一条、第二十三条、第二十五条、第二十六条和第三十六条。
③ 《海洋环境保护法》第四十七条。
④ 《防治海岸工程建设项目污染损害海洋环境管理条例》第七条。
⑤ 《防治海岸工程建设项目污染损害海洋环境管理条例》第八条。

2. 海岸工程的"三同时"要求

海岸工程建设项目的环境保护设施，必须与主体工程同时设计、同时施工、同时投产使用。环境保护设施必须经环境保护部门验收合格后，方可投入生产或使用。[①]

3. 海岸工程的现场检查要求

根据《海洋环境保护法》[②]，县级以上人民政府环境保护行政主管部门，按照项目管理权限，会同项目主管部门对海岸工程建设项目进行现场检查。被检查者必须如实反映情况，提供有关资料；检查者有责任为被检查者保守技术秘密和业务秘密。

4. 海岸工程建设的禁限规定

禁止在天然港湾有航运价值的区域、重要苗种基地和养殖场所及水面、滩涂中的鱼、虾、蟹、贝、藻类的自然产卵场、繁殖场、索饵场及重要的洄游通道围海造地。[③]禁止兴建向我国海域及海岸转嫁污染的中外合资经营企业、中外合作经营企业和外资企业；海岸工程建设项目引进技术和设备，应当有相应的防治污染措施，防止转嫁污染。[④] 在海洋特别保护区、海上自然保护区、海滨风景游览区、盐场保护区、海水浴场、重要渔业水域和其他需要特殊保护的区域内不得建设污染环境、破坏景观的海岸工程建设项目；在其区域外建设海岸工程建设项目的，不得损害上述区域的环境质量。[⑤]禁止在红树林和珊瑚礁生长的地区，建设毁坏红树林和珊瑚礁生态系统的海岸工程建设项目。[⑥] 禁止在海岸保护设施管理部门规定的海岸保护设施的保护范围内从事爆破、采挖砂石、取土等危害海岸保护设施安全的活动。[⑦]

5. 建设海岸工程应当采取的环境保护要求[⑧]

设置向海域排放废水设施的，应当合理利用海水自净能力，选择好排污口的位置。采用暗沟或者管道方式排放的，出水管口位置应当在低潮线以下。建设港口、码头，应当设置与其吞吐能力和货物种类相适应的防污设施。港口、油码头、化学危险品码头，应当配备海上重大污染损害事故应急设备和器材。现有港口、码头未达到前两款规定要求的，由环境保护主管部门会同港口、码头主管部门责令其限期设置或者配备。建设岸边造船厂、修船厂，应当设置与其性质、规模相适应的残油、废油接收处理设施，含油废水接收处理设施，拦油、收油、消油设施，工业废水接收处理设施，工业和船舶垃圾接收处理设施等。建设滨海核电站和其他核设施，应当严格遵守国家有关核环境保护和放射防护的规定及标准。建设岸边油库，应当设置含油废水接收处理设施，库场地面冲刷废水的集接、处理设施和事故应急设施；输油管线和储油设施应当符合国家关于防渗漏、防腐蚀的规定。建设滨海矿山，在开采、选矿、运输、储存、冶炼和尾矿处理等过程中，应当按照有关规定采取防治污染损害海洋环境的措施。[⑨] 建设滨海垃圾场或者工

---

① 《海洋环境保护法》第四十八条。
② 《洋环境保护法》第十九条。
③ 《防治海岸工程建设项目污染损害海洋环境管理条例》第七条。
④ 《防治海岸工程建设项目污染损害海洋环境管理条例》第九条。
⑤ 《防治海岸工程建设项目污染损害海洋环境管理条例》第十条。
⑥ 《防治海岸工程建设项目污染损害海洋环境管理条例》第二十四条。
⑦ 《防治海岸工程建设项目污染损害海洋环境管理条例》第二十五条。
⑧ 《防治海岸工程建设项目污染损害海洋环境管理条例》第十四条至第二十五条。
⑨ 《防治海岸工程建设项目污染损害海洋环境管理条例》第十九条。

业废渣填埋场，应当建造防护堤坝和场底封闭层，设置渗液收集、导出、处理系统和可燃性气体防爆装置。修筑海岸防护工程，在入海河口处兴建水利设施、航道或者综合整治工程，应当采取措施，不得损害生态环境及水产资源。兴建海岸工程建设项目，不得改变、破坏国家和地方重点保护的野生动植物的生存环境。不得兴建可能导致重点保护的野生动植物生存环境污染和破坏的海岸工程建设项目；确需兴建的，应当征得野生动植物行政主管部门同意，并由建设单位负责组织采取易地繁育等措施，保证物种延续。在鱼、虾、蟹、贝类的洄游通道建闸、筑坝，对渔业资源有严重影响的，建设单位应当建造过鱼设施或者采取其他补救措施。集体所有制单位或者个人在全民所有的水域、海涂，建设构不成基本建设项目的养殖工程的，应当在县级以上地方人民政府规划的区域内进行。集体所有制单位或者个人零星经营性采挖砂石，应当在县级以上地方人民政府指定的区域内采挖。① 兴建海岸工程建设项目，应当防止导致海岸非正常侵蚀。非经国务院授权的有关主管部门批准，不得占用或者拆除海岸保护设施。

三、法律责任

（1）海岸工程建设项目环境影响报告书（表）未经环境保护部门审批，擅自施工的，由县级以上人民政府环境保护部门责令其停止施工、采取补救措施。县级以上人民政府责令其限期拆除或者没收；并可处以罚款。②

（2）海岸工程建设项目未按批准的环境影响报告书（表）的要求建设，或者环境保护设施未建成而投入生产或使用；或者未经环境保护部门验收，或者验收不合格而投入生产、使用的，由环境保护部门责令停止生产或使用，并可处以罚款。③

（3）拒绝或者阻挠环境保护行政主管部门进行现场检查，或者在被检查中弄虚作假的，由环境保护部门责令其限期纠正，并可处以罚款。④

（4）受到海岸工程开发项目污染损害的，有权要求致害方赔偿损失，海岸工程开发项目造成海洋生态、海洋水产资源、海洋保护区破坏，给国家造成重大损失的，由有关行政主管部门代表国家对责任者提出损害赔偿要求。⑤

---

① 《防治海岸工程建设项目污染损害海洋环境管理条例》第二十三条。
② 《海洋环境保护法》第八十条。
③ 《海洋环境保护法》第八十一条。
④ 《海洋环境保护法》第七十五条。
⑤ 《海洋环境保护法》第九十条。

第十章 海洋工程建设项目污染海洋环境防治法

第一节 海洋工程建设项目的定义及污染现状

一、海洋工程建设项目的定义

海洋工程的概念是随着科学技术的不断进步、海洋经济的迅速发展和海域利用方式日益多样化而出现的。国外出现这一概念是在 20 世纪六七十年代。由于我国当时对于海洋的开发利用程度还很低，虽然实践中已经有了海洋工程，但在有关法律法规中一直没有出现这个概念。① 1999 年全国人大修订海洋环境保护法时，根据实践发展需要，专门增加了"防治海洋工程建设项目对海洋环境的污染损害"一章，但对海洋工程的定义和范围未作界定。

为了解决这个问题，我们根据海洋环境保护法的原则规定，总结实践管理经验，充分听取各有关方面和专家的意见，并参照《海洋工程环境影响评价技术导则》（GB/T 19485—2004）等国家标准中的有关规定，在反复研究论证的基础上，对海洋工程采用了原则规定和列举相结合的方法，在《防治海岸工程建设项目污染损害海洋环境管理条例》中规定："本条例所称海洋工程，是指以开发、利用、保护、恢复海洋资源为目的，并且工程主体位于海岸线向海一侧的新建、改建、扩建工程。具体包括：

（1）围填海、海上堤坝工程；

（2）人工岛、海上和海底物资储藏设施、跨海桥梁、海底隧道工程；

（3）海底管道、海底电（光）缆工程；

（4）海洋矿产资源勘探开发及其附属工程；

（5）海上潮汐电站、波浪电站、温差电站等海洋能源开发利用工程；

（6）大型海水养殖场、人工鱼礁工程；

（7）盐田、海水淡化等海水综合利用工程；

（8）海上娱乐及运动、景观开发工程；

（9）国家海洋主管部门会同国务院环境保护主管部门规定的其他海洋工程。"

二、海洋工程建设项目污染海洋环境现状

近年来，海洋经济发展较快，已经形成了一定规模的海洋产业群，海洋经济已经成为沿海地区新的重要的经济增长点。随着海洋资源开发利用的不断深入和经济的不断发

---

① "依法防治海洋工程污染损害海洋环境"——国务院法制办负责人就《防治海洋工程建设项目污染损害海洋环境管理条例》答记者问，石国胜，《人民日报》（2006 - 10 - 09 第 08 版）。

展，海洋环境污染和海洋生态破坏日益加剧，尤其是近海海域生态功能退化，污染严重。经过十几年的快速发展，我国主要海洋产业总产值2005年达1.7万亿元左右。① 目前各类海洋资源开发工程和海洋空间利用工程建设类型越来越多，海洋工程建设进入了一个新的经济增长期。但不当的开发利用也使得海洋环境污染和海洋生态破坏日益加剧。随着人类的资源勘探和开发利用逐步从陆地向海洋转移，海洋工程建设项目逐日增多，防治海洋工程建设项目对海洋环境的污染已经迫在眉睫。

为了保护海洋资源和海洋环境，国务院已经先后制定了防治陆源污染物污染损害海洋环境、船舶和海岸工程建设项目污染损害海洋环境方面的行政法规。鉴于海洋工程建设项目（以下简称海洋工程）是造成海洋环境污染损害的一个重要方面，1999年全国人大在修订海洋环境保护法时，专门增加了"防治海洋工程建设项目对海洋环境的污染损害"一章，对防治海洋工程污染损害海洋环境作了原则规定。为了更好地贯彻执行海洋环境保护法，将海洋环境保护法规定的各项制度落到实处，有必要制定专门的行政法规，将海洋工程污染损害海洋环境的防治措施进一步具体化，以确保我国海洋资源的永续利用和海洋经济的可持续发展。

第二节　防治海洋工程建设项目污染海洋环境法律制度

一、《海洋环境保护法》关于防治海洋工程建设项目污染海洋的规定

1. 对海洋工程建设项目海洋环境保护的原则要求和海洋环境影响报告书编报审批程序的规定②

关于海洋工程建设项目必须符合海洋功能区划、海洋环境保护规划和国家有关环境保护标准的规定。本规定体现了海洋资源开发利用与环境保护相协调发展的原则，是防治海洋工程建设项目对海洋环境造成污染损害和影响海洋功能的合理开发利用，尤其是防治海洋工程建设项目损害、影响主导功能的开发利用的基本保证。关于海洋工程建设项目的定义和具体范围将由国务院作出规定。根据本款规定，海洋工程建设项目对海洋环境的影响应符合功能区不损害主导功能开发利用所需的环境条件。同时，要求工程建设项目还必须符合海洋环境保护规划和国家相关的保护标准；否则，海洋环境将会受污染损害，影响海洋资源的合理开发利用。本款规定海洋工程建设项目单位在可行性研究阶段必须编制海洋环境影响报告书，这是防治海洋工程建设项目污染损害海洋环境的有效措施，也是我国环境管理的基本制度。根据本款规定，环境影响报告书应报有审批权的海洋行政主管部门审核批准。海洋行政主管部门应将审核批准的海洋环境影响报告书，通知申报单位并报同级环境保护行政主管部门备案，接受环境保护行政主管部门的监督。

另外，海洋行政主管部门在审核批准海洋环境影响报告书之前，应该广泛听取各方面的意见，其中，必须征求海事、渔业行政主管部门和军队环境保护部门的意见。

---

① 参见中华人民共和国商务部官方网站：http://www.mofcom.gov.cn/aarticle/difang/jiangsu/200611/20061103772208.html。

② 参见《海洋环境保护法》第四十七条。

2. 关于海洋工程建设项目环境保护设施执行"三同时"制度和投产使用前后验收与管理的规定①

关于环境保护设施执行"三同时"制度和投产前验收的规定。建设工程的环境保护设施与主体工程"同时设计、同时施工、同时投产使用"是一项行之有效的环境保护措施，它和环境影响评价制度共同构成建设项目环境管理的两项基本制度。

"环境保护设施"是指根据海洋工程建设项目环境影响评价报告书及其审核批准意见中所确定的各项环境保护措施，建造的借以防治海洋环境污染和生态损害的工程设施、设备等。环境保护设施一般分为三种类型：一是防治海洋污染的装置、设备、监测手段和工程设施等；二是生产与环境保护两用的设施；三是保护自然资源和生态系统的设施。

"同时设计"是指建设单位委托设计单位进行主体工程设计时，应同时将环境保护设施委托具备该专业设计能力与资格的设计单位设计。建设单位提交主体工程的设计任务书应有环境保护的内容，初步设计中应有环境保护篇章。环境保护设施设计单位根据环境保护的内容与要求，依照《设计规定》中的有关要求进行设计。环境保护设施和主体工程的设计可以由同一单位承担，也可以由两个设计单位分开设计，若由不同单位分开设计，则环境保护设施设计单位应主动与主体工程设计单位配合，以使环境保护设施设计与主体工程设计协调统一。

"同时施工"是指建设单位在委托主体工程施工任务时，应同时委托环保设施施工任务，若主体工程施工单位不具备环保设施施工能力，可另委托具有建造环保设施能力的单位施工。在施工阶段中，环保设施施工单位应按主体工程施工计划安排施工进度，并保证建设进度与资金落实。为确保工程环境保护设施按质按期完成，建设单位应及时向海洋行政主管部门书面报告环保工程进展情况，海洋行政主管部门根据施工进展及存在的问题提出意见。施工期间，建设单位与施工单位负责落实施工的环境污染防治措施。

"同时投产使用"是指建设单位必须把环境保护设施与主体工程同时投入运行。同时投入运行包括建设项目建成竣工验收后的正式投产使用，试生产与试运行过程的同时投产使用，也包括设施投入使用后的正常运行。为保证"同时投产使用"严格实施，本款规定环境保护设施未经海洋行政主管部门检查批准，建设项目不得试运行；环境保护设施未经海洋行政主管部门验收，或者经验收不合格的，建设项目不得投入生产或者使用。这是执行"三同时"制度的关键环节，对违反本款规定的，按本法第八十三条规定进行处罚。

关于海洋工程建设项目在建成投产后不得随意拆除或闲置环境保护设施的规定。根据本款规定，确需拆除或闲置者，必须事先征求海洋行政主管部门的同意。环境保护设施只有保证在其闲置并不构成海洋环境污染和损害条件下，才可以允许闲置。如果环境保护设施损坏而不能修复，或超过使用期限，或实践证明设施在技术方面和使用效果上已不能满足环境保护要求，可以在保证新的、效果好的设施在预定期间内建成投产的前提下，向海洋行政主管部门申请，获得同意后才可以拆除。

---

① 参见《海洋环境保护法》第四十八条。

3. 关于海洋工程建设项目材料不得含有超标准放射性物质或者易溶出有毒有害物质，防止海底爆破作业和海洋石油勘探开发破坏和污染损害海洋资源和环境的规定①。

海洋工程建设单位在选用材料时必须实行"预防原则"，对可能含有超标放射性和易溶出有害有毒物质的材料进行检验，确保海洋工程建设项目所使用材料的放射性物质或有毒有害物质的含量符合国家相关规定。同时，应把检验结果报海洋行政主管部门备案，并随时接受海洋行政主管部门的检查。

"海上爆破"是指海洋工程建设、海洋环境整治和海洋调查活动必须采用爆破手段的作业行为。海上爆破对海洋资源的损害主要来自物理效应，表现为声、冲击波、爆破物沉降和沉积物翻动。本款所指的"海洋资源"主要指生物资源。海上爆破可能对海洋生物资源，尤其是渔业资源造成不同程度的损害，因此我国的《渔业法》也明确规定防止爆炸作业对渔业的损害。爆破作业者应掌握作业区海洋生物资源状况，确定主要保护目标。在选择爆破地点、方式、时间时，要避开生物聚集与洄游的季节与路线，同时采取必要的措施，如设置明显的作业标志和信号，将爆破对海洋资源的危害降至最低程度。在制定爆破方案时，对其他资源的保护也应给予综合考虑。作业者必须将爆破方案报海洋行政主管部门备案。

另外，建设单位必须在技术和管理上采取有效措施，防止溢油事故的发生。技术改进是防止溢油事故的重要预防措施之一，例如，采用先进钻井技术，可减少井喷事故的发生。在防止溢油事故的管理中，除了严格操作程序，明确岗位责任，强化防范意识外，海上石油开发单位必须编制溢油污染应急计划，配备与开发规模相适应的设备和器材。对违反本规定者，将按本法第八十五条规定进行处罚。②

4. 关于海洋石油勘探开发过程中处置废弃物质的规定②

关于海洋石油勘探开发过程中排放含油污水和油性混合物以及处置残油、废油等废弃物质的规定。含油污水是指原油经油水分离器分离后产生的采出水，及机舱、机房和甲板含油污水。油性混合物通常是用棉纱、木屑等吸油材料清洁甲板污油或机器后产生的含油材料，以及含油泥浆、含油钻屑等任何含有油分的混合物。含油污水及油性混合物未经达标处理，不得直接向海洋排放。机舱、机房和甲板含油污水的排放，应符合国家《船舶污染物排放标准》。采油工业含油污水排放，应符合国家《海洋石油开发工业含油污水排放标准》。含油污水在排放前不得稀释或加入消油剂进行预处理。采油工业含油污水的排放，必须符合国家《海洋石油开发工业含油污水分析方法》的要求。海洋石油勘探开发过程中排放的含油污水要征收排污费，具体征收标准和办法由国务院规定。

海洋石油勘探开发过程中使用的泥浆包括水基泥浆、油基泥浆和混合泥浆等，其海上处置方式分为两类。含油量超过10%（重量）的水基泥浆，禁止向海中排放。含油量低于10%（重量）的水基泥浆，回收确有困难、经海区主管部门批准，可以向海中排放，但要征收排污费。油基泥浆使用后禁止排放，要求回收处理。钻屑中的油含量超过15%（重量）时，禁止排放入海。含油量低于15%（重量）时，回收确有困难、经

---

① 参见《海洋环境保护法》第四十九、第五十条。
② 参见《海洋环境保护法》第五十一条。

海区主管部门批准，可以向海中排放，但要征收排污费。油基泥浆和其他有毒复合泥浆不得排放入海。水基泥浆和无毒复合泥浆及钻屑的排放，必须符合国家有关规定。作业者应提交钻井泥浆和钻屑等样品到主管部门认可的实验室进行毒性检验。检验合格并符合国家有关规定，经批准后方可排放。主管部门必须提供海洋石油钻井泥浆毒性检验标准与分析方法。

5. 关于海洋石油勘探作业过程中处置工业垃圾、海上试油和编制、审批溢油应急计划的环境保护规定①

首先，含油工业垃圾是指海洋石油钻井船、钻井平台和采油平台及其海上设施在作业期间产生的含有油分的废弃物。其他工业垃圾主要指在海上油气田钻井平台、采油平台的安装、拆卸等作业过程中可能产生的废弃物，如一切塑料制品，包括用于包装的废塑料、合成缆绳、塑料袋等废弃物质，一切有毒化学制品以及其他一切有害物质。上述物质如弃置到海洋中以后，可能对海洋环境造成污染，因此须要求送陆地处理，禁止向海洋中处置。按有关法规可以向海洋处置的，如钢筋混凝土等固体废弃物向海洋处置时应按照海洋倾废的有关规定执行。

海上试油是测试油气产量的作业内容之一。作业者在试油过程中，必须采取有效措施确保油气充分燃烧。试油过程中产生的油和油性混合物不得排放入海，应采取有效措施回收。海上试油前，作业者应通知海洋行政主管部门并接受海洋行政主管部门的现场监督。作业者应将试油时落入海中的原油量以及采取的相应措施等情况记录在"防污记录簿"中。

作业者在从事海上钻井或油田投产前，应按规章制度编制溢油应急计划，充分评估可能产生的溢油风险，并配备应急设施、设备和制定应急措施，以便发生溢油事故后，能有效地组织人力、物力及时处理，将污染损害降到最低。国家海洋行政主管部门在1995年发布了《海洋石油勘探开发溢油应急计划编制与审批程序》，对海洋石油勘探开发溢油应急计划编制的内容与审批的程序进行了规定。

溢油应急计划应报国家海洋行政主管部门审查批准。审查批准后，企业或作业者应按照批准的溢油应急计划组织相应的人力物力实施。如果在作业过程中，作业规模、方式、方法等发生变化，作业者应重新向国家海洋行政主管部门报批溢油应急计划。

二、其他防治海洋工程建设项目污染海洋的法律法规

为防治海洋工程污染损害海洋环境，《海洋环境保护法》将其列为专章进行了规定。《环境保护法》第十三条、第十四条、第十九条、第二十四条、第二十八条和第三十一条的规定，以及《环境影响评价法》和《建设项目环境保护管理条例》也适用于防治海洋工程污染损害海洋环境。为了实施《环境保护法》和《海洋环境保护法》，国务院及其有关主管部门还颁发了单项条例、办法及标准。此外，《对外合作开采海洋石油资源条例》、《矿产资源法》及其实施细则也包括适用于防治海洋工程污染损害海洋环境工作的规定。《防治海洋工程建设项目污染损害海洋环境管理条例》（以下简称《条例》）自2006年11月1日起施行。

---

① 参见《海洋环境保护法》第五十二、第五十三、第五十四条。

三、防治海洋工程建设项目污染海洋主要法律制度

1. 环境影响评价制度

《海洋环境保护法》第四十七条规定："海洋工程建设项目必须符合海洋功能区划、海洋环境保护规划和国家有关环境保护标准，在可行性研究阶段，编报海洋环境影响报告书，由海洋行政主管部门核准，并报环境保护行政主管部门备案，接受环境保护行政主管部门监督。"海洋石油勘探开发环境影响评价应当参照国家海洋行政主管部门发布的《海洋石油开发工程环境影响评价管理程序》进行。

2. "三同时"制度

《海洋环境保护法》第四十八条规定："海洋环境建设项目的环境保护设施，必须与主体工程同时设计、同时施工、同时投产使用。环境保护设施未经海洋行政主管部门审查批准，建设项目不得试运行；环境保护设施未经海洋行政主管部门验收，或者经验收不合格的，建设项目不得投入生产或者使用。拆除或者闲置环境保护设施，必须事先征得海洋行政主管部门的同意。

3. 防污染设备配备制度

根据《海洋环境保护法》第五十二条和《海洋石油勘探开发环境保护管理条例》规定，固定式和移动式平台应设置油水分离设备、含油污水处理设备、排油监控装置、残油和废油回收设施及垃圾粉碎设备。防污设备应经中国船舶检验机关检验合格，并获得有效证书。

4. 对废弃物管理制度

根据《海洋环境保护法》第五十二条、五十三条和《海洋石油勘探开发环境保护管理条例》规定，残油、废油、油基泥浆、含油垃圾和其他有毒残液，必须回收，不得排放或弃置入海。大量工业垃圾的弃置，按照海洋倾废的规定管理；零星工业垃圾，不得投弃于渔业水域和航道。生活垃圾，需要在距最近陆地 12 海里以内投弃的，应经粉碎处理，粒径应小于 25 毫米。污水排放应当符合《海洋石油开发工业含油污水排放标准》。废弃的海洋石油平台的处理应当符合国家海洋行政主管部门发布的《海洋石油平台弃置管理暂行办法》。

5. 渔业资源保护制度

根据《海洋环境保护法》第五十条和《海洋石油勘探开发环境保护管理条例》规定，海洋石油勘探开发需要在重要渔业水域进行炸药爆破或其他对渔业资源有损害的作业时，应避开主要经济鱼虾类的产卵、繁殖和捕捞季节，作业前报告主管部门，作业时应有明显的标志、信号。主管部门接到报告后，应及时将作业地点、时间等通报有关单位。

6. 油污染事故预防制度

根据《海洋石油勘探开发环境保护管理条例》，海上储油设施、输油管线应符合防渗、防漏、防腐蚀的要求，并应经常检查，保持良好状态，防止发生漏油事故。海上试油应使油气通过燃烧器充分燃烧；对试油中落海的油类和油性混合物，应采取有效措施处理，并如实记录。发生溢油、漏油等污染事故，应迅速采取围油、回收油的措施，控制、减轻和消除污染。发生大量溢油、漏油和井喷等重大油污染事故，应立即报告主管部门，并采取有效措施，控制和消除污染，接受主管部门的调查处理。

7. 化学消油剂控制使用制度

根据《海洋石油勘探开发化学消油剂使用规定》和其他相关法律、法规的规定，发生油污染事故时，应采取回收措施，对少量确实无法回收的油，准确使用少量的化学消油剂。一次性使用化学消油剂的数量，应根据不同海域等情况，由主管部门作具体规定；作业者应按规定向主管部门报告，经批准后使用。在海面浮油可能发生火灾或者严重危及人命和财产安全时，又无法使用回收方法处理，而使用化学消油剂可以减轻污染和避免扩大事故后果的情况下，可以不经事先批准使用，但事后应将事故情况和使用化学消油剂情况详细报告主管部门。必须使用经主管部门核准的化学消油剂。

8. 油污染事故应急制度

根据《海洋环境保护法》第十八条、《海洋石油勘探开发环境保护管理条例》和《海洋石油勘探开发溢油应急计划编报和审批程序》，国家海洋行政主管部门负责制定全国海洋石油勘探开发重大海上溢油应急计划，报国务院环境保护行政主管部门备案。企业单位、事业单位、作业者应具备防治油污染事故的应急能力，配备与其开发规模相适应的回收设施和围油、消油器材，并且制定应急计划，报海洋行政主管部门备案。

9. 现场检查制度

根据《海洋环境保护法》第十九条，主管部门的公务人员或指派的人员，有权登临固定式平台以及其他有关设施，进行监测和检查。被检查者应为执行检查的公务船舶和人员提供方便，并如实提供材料、陈述情况。

第三节　防治海洋工程建设项目污染海洋法律责任及执行情况

一、防治海洋工程建设项目污染海洋的法律责任

（1）主管部门对违反《海洋环境保护法》和有关条例的，可视其情节轻重，给予警告或者罚款。

（2）根据《海洋环境保护法》第九十条，受到海洋工程开发项目污染损害的，有权要求致害方赔偿损失。

（3）根据《海洋环境保护法》第九十条，海洋工程开发项目造成海洋生态、海洋水产资源、海洋保护区破坏，给国家造成重大损失的，由有关行政主管部门代表国家对责任者提出损害赔偿要求。

（4）根据《海洋环境保护法》第九十一条，违反法律规定，污染损害海洋环境，造成公私财产重大损失或致人伤亡的，对直接责任人员追究刑事责任。

二、防治海洋工程建设项目污染海洋法律法规执行情况

中国自20世纪60年代开始进行海洋油气资源的勘探开发，到1997年年底，中国已有20个海上油气田投入生产，石油产量超过1 629万吨，天然气产量40亿立方米。为了防治海上石油勘探开发污染损害海洋环境，采油平台全部配备了含油污水处理装置，钻井船舶全部配备了机舱油水分离装置，各油田都配备了围油栏、化学消油剂和溢油回收船。为了防治海洋石油勘探开发的泄油事故对海洋环境的污染损害，有关主管部门建立了溢油应急计划审批程序和泄油事故报告制度，并经常派检查人员登临中外海上

平台，派中国海监船只和飞机巡航监视石油开发区。目前，所有海上油田都编制了《海洋石油勘探开发溢油应急计划》。海洋石油产量在不断增长，海洋石油开发区的环境质量还能保持比较好的状态。

三、防治海洋工程建设项目污染海洋环境法律制度改进的方向

2006 年开始实行的《防治海洋工程建设项目污染损害海洋环境管理条例》，为进一步搞好海洋环境保护的执法和管理工作提供了强有力的法律保障，对加强海洋工程建设项目海洋环境保护管理，改变过去管理中无细化操作法规可依的局面，具有重要的现实意义和深远的历史意义。围绕该条例的实施，我们要注意以下几个方面。

一是要注意发挥各有关方面的作用，共同做好《条例》的贯彻实施工作。海洋环境的污染防治工作涉及面广，影响因素多，涉海的管理部门也比较多，这就更需要沿海各级人民政府及其各有关部门按照职责分工，各负其责，互通信息，密切配合，形成合力，才能保证《条例》更好地贯彻实施。

二是要处理好相关行政法规与《条例》的关系。《条例》是根据 1999 年修订后的海洋环境保护法制定的。由于目前尚有一些行政法规是与修订前的海洋环境保护法相配套的，并且尚未能及时地进行修订，这就使得《条例》与个别现行的行政法规之间存在一些不一致的地方（如《防治海岸工程建设项目污染损害海洋环境管理条例》）。对此，要严格依照《立法法》关于有关行政法规之间"新的规定与旧的规定不一致的，适用新的规定"的要求，妥善处理好相关行政法规与《条例》的关系。

海洋工程是开发利用海洋的一种手段，但海洋工程的建设不仅是对海洋资源的利用，更表现为对海洋生态环境的影响。[①] 海洋工程多位于浅海近岸区域，这些区域是海洋生态系统向陆地生态系统的过渡地带，海洋特性突出，生态环境敏感而脆弱。首先，沿岸海域属于重要海洋生态区域，滨海湿地、红树林、珊瑚礁、河口区等典型海洋生态系统分布于此，属于高生产力和生物多样性丰富区域，是海洋生物繁殖、生长的重要场所。其次，沿岸海域生态环境比较脆弱，是海洋开发利用活动最密集的区域，也是海洋工程建设较集中的区域，受人为干扰和影响非常大，而且沿岸海域生态特点表现为与海岸线平行的带状分布，存在着空间脆弱性。海洋工程主要以影响海洋水文动力条件、地质地貌，改变或破坏区域生态系统等为主要特征，因此，海洋工程环境影响评价重点与现行的建设项目环境影响评价制度有较大的不同。应该切实地从海洋生态环境和海洋工程的特点出发，结合环境影响评价制度的适应性、理论方法和管理理念，以及海洋环境监管的手段与力度，实现客观反映海洋环境的特殊性、保护管理的专业性、海洋资源与环境管理的统一性，从而使今后的海洋工程建设项目的环境影响评价工作真正做到真实、客观、可靠地预测和评价，这对于推进海洋工程建设项目环境保护管理工作具有重要作用。

海洋环境监测是法律赋予各级海洋行政主管部门的一项重要工作，同时也是做好海洋工程环境保护工作的基础性、业务化工作。加强海洋工程环境评价工作，只有紧紧扣住海洋环境状况，才能做到环境评价工作的针对性、时效性和科学性。今后应进一步强

---

① "加强海洋环境管理保护海洋生态环境"——全面贯彻实施《防治海洋工程建设项目污染损害海洋环境管理条例》，作者为国家海洋局副局长王飞（摘自《中国海洋报》第 1 545 期）。

化监测系统能力建设，瞄准国际前沿，不断发展监测技术，深化监测能力，拓展监测内容和领域，提高监测工作和评价水平，逐步实现国家统一指导下的监测能力有序发展和合理布局。应继续完善海洋环境监测网络，加强数据与资料的保密与管理，逐步实现海洋信息共享。要加强对建设项目污染物排海的监督管理，进一步加大排污口监测力度，强化信息发布工作。要通过多种渠道不断加强人才培养，强化培训的力度，在海洋工程建设环境监测实践中尽快形成一支作风优良、业务过硬的人才队伍，不断提高海洋工程环境监测水平和服务保障能力，为环境管理工作提供有力支撑。

保护好海洋环境关系到我国现代化的实现和中华民族的复兴，需要全社会的关心和支持，需要各部门的密切配合和共同努力，根据我国海洋环境保护工作的实际，坚决贯彻实施以《防治海洋工程建设项目污染损害海洋环境管理条例》为中心的防治海洋工程建设项目污染海洋环境法律法规体系，依法防治海洋工程建设项目对海洋环境造成的影响和破坏，实现沿海地区经济和社会的可持续发展。

参考文献

1. 张皓若、卞耀武. 中华人民共和国海洋环境保护法释义. 北京：法律出版社，2000.

2. 曲格平. 中国的环境管理. 北京：中国环境科学出版社，1989.

3. 蔡守秋. 环境资源法学［M］. 北京：人民法院出版社、中国人民公安大学出版社，2003.

课后思考

1. 简述海洋工程建设项目的含义和特征，我国目前海洋工程建设项目对海洋环境的污染状况如何？

2. 系统论述我国防治海洋工程建设项目污染海洋环境的法律体系和主要法律制度。

3. 简要评述我国颁布《防治海洋工程建设项目污染损害海洋环境管理条例》的背景和意义，与《海洋环境保护法》和其他配套法规、标准相比较，该条例的特点在哪里？

第十一章　防治船舶污染损害海洋环境

第一节　有关法律法规和制度

一、法律、法规、规章和标准

为防治船舶污染损害海洋环境，《海洋环境保护法》将其列为专章，作了比较全面的规定。《环境保护法》① 的规定，也适用于船舶污染。在《领海及毗连区法》、《海上交通安全法》、《海商法》及其他法律、条例、规则中也对船舶污染作了若干规定。为实施《海洋环境保护法》关于船舶的规定，国务院和有关主管部门颁发了专门条例、规则和标准，如《防治船舶污染海洋环境保护管理条例》、《渤海海域船舶排污设备铅封程序规定》、《船舶污染物排放标准》等。在涉外案件中也可以直接适用《1973/1978国际防止船舶污染海洋公约》。

二、主要法律制度

1. 防污设备设置制度

船舶必须配置相应的防污设备和器材。载运具有污染危害性货物的船舶，其结构与设备应当能够防止或者减轻所载货物对海洋环境的污染②。船舶的结构、设备、器材应当符合国家有关防治船舶污染海洋环境的技术规范以及我国缔结或者参加的国际条约的要求。③

150总吨以上的油船和400总吨以上的其他船舶应当设有相应的防污设备和器材，不足150总吨的油船和不足400总吨的其他船舶，应当设有专用容器，回收残油、废油。

小于400总吨从事国际航行的其他船舶的防污设备，1985年9月2日交通部作了以下专门规定：

装设油水分离器，经处理的含油污水排放含油量不超过100毫克/升，在12海里以外排放，并应设有处理残油的设施。

如不能保证在12海里以外排放，则应装设油水分离器，经处理的含油污水排放含油量不超过15毫克/升，并应设有处理残油的设施。

如果该船舶到达的港口没有足够的接收设备，则可在船上设置足够容量的机舱底污水储存柜，并装设标准排放接头，以便把储存污水排往港口的接收设备。

对小于100总吨的其他船舶，倘不能安装油水分离器时，可设计简易的等效装置，经船检部门检验认可，给予证件，否则不得从事国际航行。

---

① 《环境保护法》第十四条、第二十一条、第三十一条和第三十三条。
② 《海洋环境保护法》第六十四条。
③ 《防治船舶污染海洋环境管理条例》第十条。

2. 防污文书配备制度

150 总吨以上的油船和 400 总吨以上的其他船舶，应当备有油类记录簿和船上溢油应急计划。运载 2 000 吨以上的散装货油的船舶，应当持有有效的《油污损害民事责任保险或其他财务保证证书》，或《油污损害民事责任信用证书》，或提供其他财务信用保证；备齐海事行政主管部门要求的其他防污文书。尽管公约没有规定小于 400 总吨的其他船舶必须备有规定的《油类记录簿》，但为了记录船舶机舱处所的油类及油性混合物的操作，中国交通部要求从事国际航行的此类船舶必须备有经海事行政主管部门核发的《油类记录簿（第一部分）》，并按规定填写。[1] 船舶应当依照法律、行政法规、国务院交通运输主管部门的规定以及我国缔结或者参加的国际条约的要求，取得并随船携带相应的防治船舶污染海洋环境的证书、文书。[2]

3. 含油污水排放制度

150 总吨以上的油船和 400 总吨以上的其他船舶，排放含油污水，必须按照国家有关船舶污水的排放标准和规定进行，并如实地记录油类记录簿。船舶排放的含油污水（油轮压舱水、洗舱水及船舶舱底污水）的含油量，在距最近陆地 12 海里以内海域不大于 15 毫克/升；在距最近陆地 12 海里以外海域不大于 100 毫克/升。

到港船舶的压舱、洗舱、机舱等含油污水，不得任意排放，应由港口含油污水处理设施接收处理。港口无接收处理条件，船舶含油污水又确需排放时，应事先向海事行政主管部门提出书面报告，经批准后，按规定条件和指定区域排放。[3]

船舶污染物的排放应当适用《船舶污染物排放标准》。

4. 船舶含有毒、腐蚀性物质的洗舱水的排放制度

载运有毒、含腐蚀性货物的船舶，排放洗舱水和其他残余物，必须按照国家有关船舶污水排放的规定进行，并如实地记录航海日志。[4]

5. 船舶垃圾处理制度

航船垃圾不得任意倒入港区水域。装载有毒害货物，以及粉尘飞扬的散装货物的船舶，不得任意在港区冲洗甲板和舱室，或以其他方式将残物排入港内。确需冲洗的，事先必须申请海事行政主管部门批准。

来自有疫情港口的船舶垃圾，应申请卫生检疫部门进行卫生处理。

船舶在海上不得将塑料制品投弃入海，生活垃圾及食品废弃物，经过粉碎处理，粒径小于 25 毫米的，可在距最近陆地 3 海里以外投弃；未经粉碎处理的，应在距最近陆地 12 海里以外投弃。

6. 渤海船舶污染物零排放制度。

根据 2003 年交通部发布的《渤海海域船舶排污设备铅封程序规定》，自 2003 年 6 月 1 日起，海事部门对航行于渤海海域的船舶排污设备进行铅封。

① 《海洋环境保护法》第六十三条。
② 《防治船舶污染海洋环境管理条例》第十条。
③ 《海洋环境保护法》第六十二条、六十三条、七十条。
④ 《海洋环境保护法》第六十二条、六十三条、七十条。

7. 船舶油类作业安全制度

船舶进行加油、装卸油作业和装船用燃油时，必须遵守操作规程，采取有效的预防措施，防止发生漏油事故。油轮应将油类作业情况，准确地记入《油类记录簿》；非油轮应记入《轮机日志》或值班记录簿。船舶在进行油类作业过程中发生跑油、漏油事故，应及时采取清除措施，防止扩大油污染，同时向海事行政主管部门报告，并接受调查处理。

8. 船舶装运危险货物安全制度

船舶储存、装卸、运输危险货物，必须具备安全可靠的设备和条件，采取必要的安全和防污染措施，遵守我国交通行政主管部门关于《船舶装载危险货物监督管理规则》、《水路危险货物运输规则》和国际海事组织制定的《国际海上危险货物运输规则》，防止发生事故造成危险货物散落或溢漏污染海域。船舶在港口进行装卸危险货物时，船方和作业单位都必须采取预防措施，防止货物落水；如发生事故，应采取紧急措施，进行打捞清除，并立即向海事行政主管部门报告，防止造成重大危害。

9. 船舶倾废管理制度

利用船舶倾倒废弃物的，废弃物装载之后，由驶出港的海事行政主管部门核实。倾倒之后，须向驶出港的海事行政主管部门作出书面报告。外国籍船舶不得在我国管辖海域内进行倾倒废弃物作业，包括弃置船舶和其他浮动工具。[①]

10. 船舶污染事故报告处理制度

船舶非正常排放油类、油性混合物和其他有害物质，或有毒、含腐蚀性货物落水造成污染时，应当立即采取措施，控制和消除污染，并向就近的海事行政主管部门报告，接受调查处理。船舶在我国管辖的海域发生污染事故，应尽快向就近的海事行政主管部门报告，在船舶进入第一个港口后，应立即向海事行政主管部门提交报告书，并接受调查处理。船舶在发生油污事故或违章排油后，不得擅自使用化学消油剂。如必须使用时，应事先用电话或书面向海事行政主管部门申请，说明消油剂的牌号、计划用量和使用地点，经批准后，方可使用。船舶发生污染事故，船舶所有人要求免于承担赔偿责任的，应向海事行政主管部门提出报告。发生污染事故，或违章排污的船舶，其被处以罚款或需负担消除、赔偿等经济责任船舶所有人或肇事人，必须在开航前办妥有关款项的财务担保或缴纳手续。[②]

11. 防止拆船污染环境制度[③]

设置拆船厂必须编制环境影响报告书（表）。拆船排放的污染物必须符合国家和地方规定的排放标准。

12. 港口国监督

根据《1973/1978公约》的要求，中国建立了港口国监督制度。根据《1997年船舶安全检查规则》和《船舶安全检查员管理规定》，对在我国所属海域内作业的外国船舶和访问我国港口的外国船舶进行检查，检查外籍船舶的污染控制设施和《油类登记

---

① 《海洋倾废管理条例》。
② 《海洋环境保护法》第十七条。
③ 《防治拆船污染环境管理条例》。

簿》的配备情况。我国执行港口国监督的机关是海事行政主管部门。

13. 船舶重大污染损害事故处置制度

船舶发生海损事故，由此造成或者可能造成海洋环境重大污染损害的，我国海事主管部门有权采取避免或减少海损事故引起的污染损害的措施，包括强制拖航或强制清除，因采取救援措施发生的一切费用，由责任船方承担。[①]

在环境受到严重污染威胁居民生命安全时，县级以上地方环境保护行政主管部门必须立即向当地人民政府报告，由人民政府采取有效措施，解除或者减轻危害。

三、法律责任

（1）船舶违法造成或可能造成中国管辖海域和海港水域污染损害的，海事行政主管部门可以责令其支付消除污染费，赔偿国家损失，并可视情节轻重，处以警告或对船舶所有人处以罚款。[②]

（2）对未经批准擅自使用消油剂，或未按规定配备《油类记录簿》，或阻挠海事行政主管部门现场检查的，处以罚款。

（3）根据《海洋环境保护法》[③] 和有关行政法规，凡由船舶造成海洋污染，受到污染损害的单位和个人，有权要求造成污染损害的船方赔偿损失。赔偿责任和赔偿金额纠纷，可由海事行政主管部门调解处理。当事人对处理不服的，可以直接向人民法院起诉，或向中国仲裁机构申请按仲裁程序解决。

（4）船舶违反海洋环境保护法律、法规，污染损害海洋环境，造成公私财产重大损失或者致人伤亡的，对直接责任人员可以由司法机关依法追究刑事责任。[④]

第二节　修订后的《防治船舶污染海洋环境管理条例》介绍

一、《防治船舶污染海洋环境管理条例》修订背景

为了实施 1982 年《海洋环境保护法》，我国于 1983 年颁布了《中华人民共和国防止船舶污染海域管理条例》（以下称《防止船舶污染海域管理条例》）。从该条例颁布至 2010 年这 27 年的时间里国际国内的形势发生了很大的变化。

国际方面：为了应对国际海运业快速发展对海洋环境带来的威胁，有关国际组织制定出台了一些加强防治船舶污染海洋环境的国际公约。我国作为国际海事组织的 A 类理事国，积极推动并加入了《国际防止船舶造成污染公约》、《国际油污损害民事责任公约》、《国际油污防备、反应和合作公约》等多个防治船舶污染海洋环境的国际公约。

国内方面：1999 年全国人大常委会对 1982 年《海洋环境保护法》进行了修订，增加了国家建立船舶油污保险、油污损害赔偿基金制度，以及对船舶载运油类、危险化学品等污染危害性货物的作业进行监管、及应急器材的配备等内容。再者我国的海运实践也发生了巨大变化，我国石油进口量已升至世界第二位。据统计，2008 年我国通过海

[①]　《海洋环境保护法》第七十一条。

[②]　《海洋环境保护法》第九十条。

[③]　《海洋环境保护法》第九十条。

[④]　《海洋环境保护法》第九十一条。

运共进口原油约2.01亿吨，沿海石油运输量超过3.32亿吨，其他散装有毒有害物质运量也不断增长，重大海上污染事故的发生风险大大提高。① 这些变化给保护海洋环境带来了新的压力。

在这种情况下1983年颁布的《防止船舶污染海域管理条例》已不适应新形势的要求，难以满足船舶运输业发展需要。2009年9月9日，温家宝总理签署国务院令，发布了《中华人民共和国防治船舶污染海洋环境管理条例》（以下简称《防治船舶污染海洋环境管理条例》），该条例于2010年3月1日起施行。该条例共有9章78条，是根据1999年修订后的《海洋环境保护法》对1983年出台的《防止船舶污染海域管理条例》进行的修订。

二、有关条例名称的改变

条例名称由原来的《防止船舶污染海域管理条例》修改为《防治船舶污染海洋环境管理条例》，将"防止污染"原则转变为"防治污染"，包括了"治理"的意思。这个改变体现了环境保护的"预防为主、防治结合的原则"②，也将政府对环境进行治理的理念引入了条例。

三、《防治船舶污染海洋环境管理条例》主要内容

1. 明确了防治船舶污染的监督管理部门

《防治船舶污染海洋环境管理条例》（下称条例）明确了国务院交通运输主管部门的相关管理职责。规定"国务院交通运输主管部门主管所辖港区水域内非军事船舶和港区水域外非渔业、非军事船舶污染海洋环境的防治工作。海事管理机构依照本条例规定具体负责防治船舶及其有关作业活动污染海洋环境的监督管理。"③ 此外，对国务院交通主管部门在组织编制防治船舶，及其有关作业活动污染海洋环境应急能力建设规划和特别重大船舶污染事故调查处理方面的管理责任进行了规定。

2. 对船舶污染事故应急反应能力建设进行了规定

为了加强国家对船舶污染事故的应急反应能力，确保发生船舶污染事故时能够及时有效地开展相关工作，条例在规划制定应急规划、应急预案订立、人员和器材配备等方面进行了如下规定。

国务院交通运输主管部门应当根据防治船舶及其有关作业活动污染海洋环境的需要，组织编制防治船舶及其有关作业活动污染海洋环境应急能力建设规划，报国务院批准后公布实施。沿海设区的市级以上地方人民政府应当按照国务院批准的防治船舶及其有关作业活动污染海洋环境应急能力建设规划，并根据本地区的实际情况，组织编制相应的防治船舶及其有关作业活动污染海洋环境应急能力建设规划。④

国务院交通运输主管部门、沿海设区的市级以上地方人民政府应当建立健全防治船舶及其有关作业活动污染海洋环境应急反应机制，并制定防治船舶及其有关作业活动污

---

① 王慧：解读《防治船舶污染海洋环境管理条例》，载《环境经济》2010年第7期。
② 《防治船舶污染海洋环境管理条例》第三条：防治船舶及其有关作业活动污染海洋环境，实行预防为主、防治结合的原则。
③ 《防治船舶污染海洋环境管理条例》第四条。
④ 《防治船舶污染海洋环境管理条例》第五条。

染海洋环境应急预案。①

　　船舶所有人、经营人或者管理人以及有关作业单位应当制定防治船舶及其有关作业活动污染海洋环境的应急预案，并报海事管理机构批准。港口、码头、装卸站的经营人应当制定防治船舶及其有关作业活动污染海洋环境的应急预案，并报海事管理机构备案。船舶、港口、码头、装卸站以及其他有关作业单位应当按照应急预案，定期组织演练，并做好相应记录。②

　　国务院交通运输主管部门、沿海设区的市级以上地方人民政府应当按照防治船舶及其有关作业活动污染海洋环境应急能力建设规划，建立专业应急队伍和应急设备库，配备专用的设施、设备和器材。③

　　3. 对船舶污染事故的应急处置进行了规定

　　发生船舶污染事故后，首要任务是立即开展应急处置工作，避免损失扩大。为了加强船舶污染事故的应急处置，确保发生船舶污染事故时能够及时有效地开展相关工作，条例按照船舶溢油量、事故造成的直接经济损失数额，将船舶污染事故分为特别重大、重大、较大和一般事故四个等级④，并明确规定，船舶在我国管辖海域发生污染事故，或者在我国管辖海域外发生污染事故造成或者可能造成我国管辖海域污染的，应当就近向有关海事管理机构报告；接到报告的海事管理机构应当立即核实有关情况，并向上级海事管理机构或者国务院交通运输主管部门报告，同时报告有关沿海设区的市级以上地方人民政府。⑤ 此外，为了有效处置船舶污染事故，条例还对不同等级事故的应急指挥机构作了明确规定，发生特别重大船舶污染事故，国务院或者国务院授权国务院交通运输主管部门成立事故应急指挥机构；发生重大、较大和一般船舶污染事故，由有关省、自治区、直辖市人民政府或者设区的市级人民政府会同海事管理机构成立事故应急指挥机构。⑥ 此外，还规定了船舶污染事故报告应当包括的内容⑦以及对船员、船舶所有人、经营人及有关管理部门和管理部门的要求如下。

　　船舶发生事故有沉没危险，船员离船前，应当尽可能关闭所有货舱（柜）、油舱（柜）管系的阀门，堵塞货舱（柜）、油舱（柜）通气孔。船舶沉没的，船舶所有人、经营人或者管理人应当及时向海事管理机构报告船舶燃油、污染危害性货物以及其他污染物的性质、数量、种类、装载位置等情况，并及时采取措施予以清除。⑧

　　发生船舶污染事故或者船舶沉没，可能造成我国管辖海域污染的，有关沿海设区的市级以上地方人民政府、海事管理机构根据应急处置的需要，可以征用有关单位或者个人的船舶和防治污染设施、设备、器材以及其他物资，有关单位和个人应当予以配合。被征用的船舶和防治污染设施、设备、器材以及其他物资使用完毕或者应急处置工作结

① 《防治船舶污染海洋环境管理条例》第六条。
② 《防治船舶污染海洋环境管理条例》第十四条。
③ 《防治船舶污染海洋环境管理条例》第八条。
④ 《防治船舶污染海洋环境管理条例》第三十六条。
⑤ 《防治船舶污染海洋环境管理条例》第三十七条。
⑥ 《防治船舶污染海洋环境管理条例》第三十九条。
⑦ 《防治船舶污染海洋环境管理条例》第三十八条。
⑧ 《防治船舶污染海洋环境管理条例》第四十条。

束，应当及时返还。船舶和防治污染设施、设备、器材以及其他物资被征用或者征用后毁损、灭失的，应当给予补偿。①

发生船舶污染事故，海事管理机构可以采取清除、打捞、拖航、引航、过驳等必要措施，减轻污染损害。相关费用由造成海洋环境污染的船舶、有关作业单位承担。需要承担前款规定费用的船舶，应当在开航前缴清相关费用或者提供相应的财务担保。②

处置船舶污染事故使用的消油剂，应当符合国家有关标准。海事管理机构应当及时将符合国家有关标准的消油剂名录向社会公布。船舶、有关单位使用消油剂处置船舶污染事故的，应当依照我国《海洋环境保护法》有关规定执行。③

4. 完善了船舶污染事故的调查处理规定

按照条例的规定，特别重大船舶污染事故由国务院或者国务院授权国务院交通运输主管部门等部门组织事故调查处理；重大船舶污染事故由国家海事管理机构组织事故调查处理；较大船舶污染事故和一般船舶污染事故由事故发生地的海事管理机构组织事故调查处理。当船舶污染事故给渔业造成损害的，应当吸收渔业主管部门参与调查处理；给军事港口水域造成损害的，应当吸收军队有关主管部门参与调查处理。④ 组织事故调查处理的机关或者海事管理机构应当及时、客观、公正地开展事故调查，勘验事故现场，检查相关船舶，询问相关人员，收集证据，查明事故原因。⑤ 组织事故调查处理的机关或者海事管理机构根据事故调查处理的需要，可以暂扣相应的证书、文书、资料；必要时，可以禁止船舶驶离港口或者责令停航、改航、停止作业直至暂扣船舶。⑥ 条例对委托的检验、检测机构、事故调查对各方的要求及事故认定书的内容、制作和送达等也进行了规定。⑦

5. 完善了船舶污染事故的损害赔偿制度

船舶污染事故大多是突发性、灾难性的，给我国海洋环境造成了巨大的损害，需要完善船舶污染事故损害赔偿制度，以保障船舶污染事故造成的损害能够得到合理赔偿。条例根据《海洋环境保护法》、《海商法》以及我国加入的《国际油污损害民事责任公约》、《2001年燃油污染损害民事责任国际公约》等国际公约的规定，对船舶污染事故损害赔偿制度作了以下四个方面的规定。

第一，规定了船舶污染事故的赔偿原则，即造成海洋环境污染损害的责任者，应当排除危害，并赔偿损失；完全由于第三者的故意或者过失，造成海洋环境污染损害的，由第三者排除危害，并承担赔偿责任。⑧

第二，明确了船舶污染事故损害赔偿限额制度。条例规定，船舶污染事故的赔偿限额依照《海商法》关于海事赔偿责任限制的规定执行。但是，船舶载运的散装持久性

---

① 《防治船舶污染海洋环境管理条例》第四十一条。
② 《防治船舶污染海洋环境管理条例》第四十二条。
③ 《防治船舶污染海洋环境管理条例》第四十三条。
④ 《防治船舶污染海洋环境管理条例》第四十四条。
⑤ 《防治船舶污染海洋环境管理条例》第四十五条。
⑥ 《防治船舶污染海洋环境管理条例》第四十六条。
⑦ 《防治船舶污染海洋环境管理条例》第四十七条、第四十八条、第四十九条。
⑧ 《防治船舶污染海洋环境管理条例》第五十条。

油类物质造成我国管辖海域污染的，赔偿限额依照我国缔结或者参加的有关国际条约的规定执行。①

第三，建立了船舶油污损害民事责任保险制度。为了保障发生船舶污染事故后，污染损害能够得到合理赔偿，同时也为了防止航运企业因船舶污染事故赔偿导致破产，条例根据《海洋环境保护法》和我国加入的有关国际公约的规定，并兼顾我国小型油轮多，事故率高，赔付能力差，以及1 000总吨以上大型非油轮发生燃油污染事故后，造成的后果比较严重的情况，规定除1 000总吨以下载运非油类物质的船舶外，在我国管辖海域内航行的船舶，其所有人应当按照国务院交通运输主管部门的规定，投保船舶油污损害民事责任保险或者取得相应的财务担保。②③

第四，目前我国进口原油90%以上通过海上运输，运输持久性油类物质货物的船舶发生污染事故的风险较大，一旦发生船舶油污事故，会给海洋环境造成重大损害，带来巨额赔偿，仅仅依靠船舶投保的船舶油污损害民事责任保险难以合理地进行赔偿。为此，条例细化了《海洋环境保护法》有关船舶油污损害赔偿基金的制度，规定在我国管辖水域接收海上运输的持久性油类物质货物的货物所有人或者代理人应当缴纳船舶油污损害赔偿基金。船舶油污损害赔偿基金由有关行政机关和主要货主组成的船舶油污损害赔偿基金管理委员会负责管理。④

6. 加强了对船舶和港口码头等设施的技术要求

条例规定，船舶的结构、设备、器材应当符合国家有关防治船舶污染海洋环境的技术规范以及我国缔结或者参加的国际条约的要求。⑤港口、码头、装卸站以及从事船舶修造的单位应当配备与其装卸货物种类和吞吐能力或者修造船舶能力相适应的污染监视设施和污染物接收设施，并使其处于良好状态。⑥港口、码头、装卸站以及从事船舶修造、打捞、拆解等作业活动的单位应当制定有关安全营运和防治污染的管理制度，按照国家有关防治船舶及其有关作业活动污染海洋环境的规范和标准，配备相应的防治污染设备和器材，并通过海事管理机构的专项验收。港口、码头、装卸站以及从事船舶修造、打捞、拆解等作业活动的单位，应当定期检查、维护配备的防治污染设备和器材，确保防治污染设备和器材符合防治船舶及其有关作业活动污染海洋环境的要求。⑦

7. 加强了对船舶排污活动的监管

条例规定"船舶应当取得并随船携带相应的防治船舶污染海洋环境的证书、文书"。⑧中国籍船舶的所有人、经营人或者管理人应当按照国务院交通运输主管部门的规定，建立健全安全营运和防治船舶污染管理体系。海事管理机构应当对安全营运和防

---

① 《防治船舶污染海洋环境管理条例》第五十二条。

② 国务院法制办负责人就《防治船舶污染海洋环境管理条例》答记者问。中华人民共和国政府网 http：//www. gov. cn/zwhd/2009 –09/16/content_ 1418816. htm，2011年5月23日最后访问。

③ 《防治船舶污染海洋环境管理条例》第五十三条、第五十四条。

④ 《防治船舶污染海洋环境管理条例》第五十六条。

⑤ 《防治船舶污染海洋环境管理条例》第五十六条。

⑥ 《防治船舶污染海洋环境管理条例》第十二条。

⑦ 《防治船舶污染海洋环境管理条例》第十三条。

⑧ 《防治船舶污染海洋环境管理条例》第十条。

治船舶污染管理体系进行审核，审核合格的，发给符合证明和相应的船舶安全管理证书。① 除了规定船舶污染物要达标排放外，条例还规定"船舶处置污染物，应当在相应的记录簿内如实记录。船舶应当将使用完毕的船舶垃圾记录簿在船舶上保留 2 年；将使用完毕的含油污水、含有毒有害物质污水记录簿在船舶上保留 3 年"。② 为了避免造成二次污染，条例规定，不符合向海洋排放标准的船舶污染物，应当排入港口接收设施或者由船舶污染物接收单位接收。并且规定："船舶污染物接收单位接收船舶污染物，应当向船舶出具污染物接收单证，并由船长签字确认。船舶凭污染物接收单证向海事管理机构办理污染物接收证明，并将污染物接收证明保存在相应的记录簿中。"③ "船舶污染物接收单位应当按照国家有关污染物处理的规定处理接收的船舶污染物，并每月将船舶污染物的接收和处理情况报海事管理机构备案。"④

8. 完善了船舶有关作业活动污染防治的规定

根据条例，从事船舶清舱、洗舱、油料供受、装卸、过驳、修造、打捞、拆解，污染危害性货物装箱、充罐，污染清除作业以及利用船舶进行水上水下施工等作业活动的，应当遵守相关操作规程，并采取必要的安全和防治污染的措施。从事相关作业活动的人员，应当具备相关安全和防治污染的专业知识和技能。并且对船舶的货物适载要求、污染危害性货物的载运、船舶油料供受作业、船舶修造、水上拆解的地点、船舶拆解、使用船舶向海洋倾倒废物以及船舶清污作业等方面进行了规定。⑤

条例还规定禁止船舶经过我国内水、领海转移危险废物。经过我国管辖的其他海域转移危险废物的，应当事先取得国务院环境保护主管部门的书面同意，并按照海事管理机构指定的航线航行，定时报告船舶所处的位置。⑥

参考文献

1. 防治船舶污染海洋环境管理条例.
2. 王慧. 解读《防治船舶污染海洋环境管理条例》,《环境经济》/2010 年 07 月/总第 79 期.

课后思考

1. 我国防治船舶污染海洋环境的主要法律制度是什么？
2. 我国 2009 年修订的《防治船舶污染海洋环境管理条例》新增加了哪些制度？

① 《防治船舶污染海洋环境管理条例》第十一条。
② 《防治船舶污染海洋环境管理条例》第十六条。
③ 《防治船舶污染海洋环境管理条例》第十八条。
④ 《防治船舶污染海洋环境管理条例》第十九条。
⑤ 《防治船舶污染海洋环境管理条例》第二十条至第三十四条。
⑥ 《防治船舶污染海洋环境管理条例》第三十一条。

第十二章　防治倾倒废弃物污染损害海洋环境

一、我国防治倾倒废物污染海洋环境的法律、法规和规章

为加强对海洋倾倒活动的监督管理，防治倾倒污染，《环境保护法》对海洋倾倒管理作出了原则规定；《海洋环境保护法》将"防治倾倒废弃物对海洋环境的污染损害"列为专章，规定了对海洋倾倒管理的基本制度。为实施环境保护法和海洋环境保护法的有关规定，中国还制定了防治倾倒废弃物污染的行政法规和规章，如《海洋倾废管理条例》、《海洋倾废管理条例实施办法》、《海洋倾倒区选划与监测指南》等。此外，《防止倾倒废物和其他物质污染海洋的公约》及其 3 个决议也适用于防治倾倒废弃物污染海洋环境。

二、主要法律规定

1. 废弃物分类管理规定

根据废弃物的毒性、有害物质含量和对海洋环境影响程度，将废弃物分为三类：一类废弃物是指列入《海洋倾废条例》附件一的物质；二类废弃物主要是指列入《海洋倾废条例》附件二的物质；三类废弃物主要是指未列入《海洋倾废条例》附件一和附件二的物质。对海洋倾倒废弃物，按照废弃物的类别实行分类管理。一类废弃物禁止倾倒，但当出现紧急情况，在陆地上处置会严重危及人体健康时，主管基层获得紧急许可证后，可到指定的区域按规定的方法倾倒；二类废弃物需要获得特别许可证后才能倾倒；三类废弃物为低毒或无毒的废弃物，需事先获得普通许可证才能倾倒。①

2. 倾倒区分类选划

国家海洋行政主管部门按照科学、合理、经济、安全的原则选划海洋倾倒区，经国务院环境保护行政主管部门提出审核意见后，报国务院批准。临时性海洋倾倒区由国家海洋主管部门批准，并报国务院环境保护行政主管部门备案。

倾倒区分为一、二、三类倾倒区和临时倾倒区。一类倾倒区，用于紧急处置一类废弃物；二类倾倒区，用于倾倒二类废弃物；三类倾倒区，用于倾到三类废弃物，临时倾倒区，是因工程需要等特殊原因而划定的一次性专用倾倒区。国家海洋行政主管部门按照科学、合理、经济、安全的原则选划倾倒区。一、二、三类倾倒区需经国务院批准。②

3. 海洋倾倒许可证

凡向海洋倾倒废弃物和其他物质的单位，应事先向国家海洋行政主管部门提出倾倒申请，办理倾倒许可证。主管部门批准倾倒后，向申请人发放倾倒许可证。倾倒许可证应载明倾倒单位，有效期限，废弃物的数量、种类、倾倒方法，倾倒区位置和载运工具

---

① 《海洋环境保护法》第五十六条和《海洋倾废管理条例》。
② 《海洋环境保护法》第五十七条和《海洋倾废管理条例》。

名称。进行倾倒作业的船舶、飞机和其他载运工具，应持有倾倒许可证；未取得许可证的载运工具，不得进行海洋倾倒。主管部门根据海洋生态环境的变化和科学技术的发展，可以更换或撤销许可证。①

4. 废弃物装载核实规定

根据《海洋倾废管理条例》，进行倾倒作业的船舶、飞机和其他载运工具在装载废弃物时，应通知发证主管部门核实。利用船舶运载出港的，应在离港前通知就近的海事行政主管部门核实。如发现实际装载与倾倒许可证注明内容不符，港务监督不予放行，并通知发证主管部门处理。

5. 许可证执行

获准倾倒废弃物的单位，必须按照许可证注明的期限及条件，到指定的区域进行倾倒。②

6. 监视检查规定

根据《海洋环境保护法》第十九条，海洋、渔政主管部门应对海洋倾倒活动进行监视和监督。必要时，监察人员可登船或派员随航监督检查。实施倾倒作业的船舶和其他载运工具，应为监察人员执行公务提供方便。

7. 倾倒报告规定

根据《海洋倾废管理条例》，进行倾倒作业的船舶、飞机和其他载运工具，应将作业情况如实详细填写在倾倒情况记录表和航行日志上，并在返港后 15 日内将记录表报发证机关。

8. 禁止境外废弃物进域倾倒的规定

根据《海洋环境保护法》第五十五条，禁止我国境外的废弃物进入我国管辖海域倾倒。

三、法律责任

（1）对未取得海洋倾倒许可证向海洋倾倒废弃物的，不按照许可证规定的条件和区域进行倾倒的，不通知主管部门核实或实际装载与许可证注明的内容不相符的，伪造废弃物检验单的，不按照废弃物装载情况记录倾倒情况表的，不按照规定提交倾倒报告的，将境外废弃物进域倾倒的，给予警告或处以罚款。其中，持有倾倒许可证但情节严重的，可吊销许可证。③

（2）因倾倒造成海洋环境污染损害的，承担赔偿责任。④

（3）违反法律规定倾倒废弃物，造成海洋环境重大污染损害事故，导致公私财产重大损失或者致人伤亡的严重后果的，对直接责任人员追究刑事责任⑤。

我国已经加入了《防止倾倒废物及其他物质污染海洋的公约》1996 年议定书，加入议定书后，国家会对海洋倾废进行更加严格的管理。

---

① 《海洋环境保护法》第五十九条和《海洋倾废管理条例》。
② 《海洋环境保护法》第五十九条。
③ 《海洋环境保护法》第七十三条。
④ 《海洋环境保护法》第九十条。
⑤ 《海洋环境保护法》第九十一条。

课后思考

1. 我国防治倾倒废物污染海洋环境的主要法律？
2. 我国防治倾倒废物污染海洋环境的主要法律制度是什么？

第十三章　海洋环境监测管理

海洋环境监测是指应用化学、生物学、物理学、海洋毒理学和海洋环境流行病学等方法对环境中污染物的性质、浓度、影响范围进行的调查和测定。海洋环境监测是海洋环境管理的组成部分，是一项基础性工作，具有技术性和服务性的特点，是海洋环境监督管理和执法管理的技术支持系统，为实现我国海洋生态及环境良性循环目标服务，为政府及其行政主管部门制定海洋发展战略、方针政策和海洋规划、计划，并实施我国海洋工作的宏观管理、协调和调控提供科学依据。现在我国已经建立了由国家海洋行政主管部门组织领导、协调，各有关部门分工负责，有资质的机构积极参与的海洋环境监测管理体制。

第一节　《海洋环境保护法》对海洋环境监测的规定

1982 年《海洋环境保护法》赋予了国家海洋行政主管部门组织海洋环境监测的职能。1999 年修订后的《海洋环境保护法》进一步完善了海洋环境监测的基本制度，在总则里规定了国家海洋行政主管部门"组织海洋环境的调查、监测、监视、评价和科学研究"，并且在第二章第十四条中规定"国家海洋行政主管部门按照国家环境监测、监视规范和标准，管理国家海洋环境的调查、监测、监视，制定具体的实施办法，会同有关部门组织全国海洋环境监测、监视网络，定期评价海洋环境质量，发布海洋巡航监视通报。依照本法规定行使海洋环境监督管理权的部门分别负责所辖水域的监测、监视。其他有关部门根据全国环境监测网的分工，分别负责对入海河口、主要排污口的监测"。

以上规定不仅统一了海洋环境监测管理的体制，而且明确了各自的责任，具有很强的操作性，体现在以下几个方面。

第一，国家海洋行政主管部门对海洋环境监测的管理工作，应当严格按照国家环境监测规范和标准进行。按照我国的《环境保护法》规定，环境保护行政主管部门统一制定环境监测规范和标准，也包括海洋环境监测规范和标准。

第二，国家海洋行政主管部门管理海洋环境监测工作必须建立严格的工作规程，按章办事，因此，国家海洋行政主管部门应当按照国家海洋环境监测规范和标准制定具体实施办法①。

第三，国家海洋行政主管部门有权利也有义务会同环保、海事、渔业、军队等有关部门组织全国海洋环境监测网络。

第四，国家海洋行政主管部门有责任定期评价海洋环境质量，为行使海洋环境监督权的部门的执法管理工作和海洋产业部门的海洋环保工作提供依据。

---

① 国家海洋行政主管部门已经制定了一些列监测规程，包括《海洋生态环境监测技术规程》、《海水增养殖区监测技术规程》、《海洋大气监测技术规程》、《海洋倾倒区监测技术规程》、《海水浴场环境监测技术规程》、《海洋生物质量监测技术规程》。

第五，环境保护、海洋、渔业、海事以及海军环保部门依照《海洋环境保护法》行使各自的海洋环境监测职责。

第六，入海河口的监测工作主要由水利部门负责，主要陆源排污口的排污情况由环境保护行政主管部门负责监测，但是排污口周围海域的海水质量，国家海洋行政主管部门有权进行监测。

第二节　海洋环境监测的制度

海洋环境监测是国家环境监测的重要组成部分。1989年《环境保护法》规定国务院环境保护部门建立监测制度，这些制度同样适用于海洋环境监测。

（一）监测站的管理制度

《全国环境监测管理条例》规定各级环境监测站实行党委（支部）领导下的站长分工负责制。站长应由专业技术干部担任。监测技术人员（包括化验分析、研究、管理）的技术职称，按原国务院环境保护领导小组和国务院科技干部局关于"环境保护干部技术职称暂行办法"执行。监测技术人员待遇与环境科研单位的技术人员相同。

国家建立环境监察员制度。各级环境监测站设环境监察员，凡监测站工作人员经考试合格后授予国家各级环境监察员证书，环境监察员证书由国家环境与资源保护部统一制作颁发。环境监测工作人员，由国家统一设计制式服装。各级环境监站的工作人员在执行监测和监督任务时，应穿着国家统一设计的服装，环境监察员要佩戴监察标志。各级环境监测站的行政、后勤工作，必须保证为监测业务服务，有意刁难业务人员或给监测业务工作制造障碍者，站长有权给予严肃处理。接触有毒有害物质和从事污染源调查、分析、采用和管理的工作人员，按照规定享受劳动保护待遇和津贴。

（二）环境监测网的管理制度

《全国环境监测管理条例》规定，全国环境监测网分为国家网、省级网和市级网三级。各级环境保护主管部门的环境监测管理机构负责环境监测网的组织和领导工作。中国环境监测总站及地方的省级环境监测中心站、市级环境监测站分别为国家网、省级网和市级网的业务牵头单位。各大水系、海洋、农业分别成立水系、海洋和农业环境监测网，属于国家网内的二级网。国家环境监测网由省级环境监测中心站、国家各部门的专业环境监测站及各大水系、海域监测网的牵头单位等组成。省级网、市级网分别由相应的单位组成。环境监测网中的各成员单位互为协作关系，其业务、行政的隶属关系不变。环境监测网的任务是联合协作，开展各项环境监测活动，汇总资料、综合整理，为向各级政府全面报告环境质量状况提供基础数据和资料。

全国海洋环境监测网成立于1984年5月，是由国家海洋局负责组织沿海省、自治区、直辖市、国务院有关部门和海军等有关单位参加的全国性海洋环境监测的业务协作组织，是全国环境监测网的组成部分，是国家二级网。全国海洋环境监测网由国家海洋环境监测中心负责组织管理、技术管理和信息管理，承担办公室的工作。全国海洋环境监测网实行分工负责制，国家海洋局负责海上污染监测工作，提供海洋污染事故通报和信息，沿海省、自治区、直辖市环境保护部门负责沿岸海域、入海河口及直接入海排污口的污染监测工作，并负责统计排入海洋的陆源污染物种类和数量。水行政主管部门负责长江、黄河、珠江、海河等入海河口的污染监测。海事行政主管部门负责所属港区水域、船舶和港口排污的调查工作；渔业行政部门负责渔港水域的污染监测，渔船和渔港排污及污染水产资源影响的调查。军队负责军港水域的监测、军用船舶和军港排污的调查。

（三）环境监测报告制度

《全国环境监测管理条例》规定环境监测实行月报、年报和定期编报环境质量报告书的制度。监测月报日前由以一事一报为主，逐步形成一事一报与定期定式相结合的形式。建立自动连续监测站的地区，要逐渐建立监测日报制度，按照统一格式逐日报告监测数据和环境质量状况。环境监测月报、年报和环境质量报告书，均由各级环境保护主管部门向同级人民政府及上级环境保护主管部门报出。各级环境监测站，按环境保护主管部门的要求，定式提供各类报告的基础数据和资料，并一年一度编写监测年鉴。监测年鉴及有关数据在报主管部门的同时，抄送上一级监测站。

根据国家海洋局《关于做好海洋环境公报工作的意见》，海洋环境公报实行国家、省（自治区、直辖市）、市（计划单列市、地级市）三级发布制度。国家海洋行政主管部门负责全海域的海洋环境公报的编制与发布工作；沿海省、自治区、直辖市海洋行政主管部门负责本省（区、市）近岸海域的海洋环境质量公报编制与发布工作；计划单列市和地级市海洋行政主管部门负责本市（地）近岸海域的海洋环境质量公报的编制与发布工作。

（四）环境监测仪器设备管理制度

监测仪器设备是开展环境监测的必备手段，是国家的宝贵财产。《全国环境监测管理条例》规定各级监测站要加强对监测仪器设备的管理工作，建立健全各项仪器设备和药品试剂的使用和管理制度；重大事故要及时向主管部门报告。各级环境保护行政主管部门，应保证仪器设备折旧、更新和补充的经费，并纳入年度财务计划。各级环境保护行政主管部门应设专人管理监测仪器设备；市级以上（含市级）环境监测站应设仪器设备管理科室；县级站应有专人管理。该规定适用于全国各级环境保护行政主管部门和各级环境监测站。各部门、工矿企事业单位设置的各级环境监测站可参照执行。条例详尽规定了仪器使用和管理、仪器配置及折旧报废的具体细则。

随着我国环境保护工作的发展，迫切需要提高环境监测仪器的技术水平和环境监测的现代化水平。为了确保环境管理工作科学公正，有效提高环境监测数据的准确度和可靠性，国家环保总局2001年5月23日颁发了《关于加强自动环境监测仪器管理及认定工作的通知》。自动环境监测仪器必须符合环保总局制定的环境监测规范和环境监测仪器技术要求，经检测合格、通过认定并列入合格产品准入名录后，方可使用。海洋行政主管部门将依照标准制定、仪器检测、认定受理颁证和仪器日常运营监督四分开的原则，实施对自动环境监测仪器的认定和监督管理。

（五）监测数据、资料的管理制度

监测数据、资料的准确性、可靠性是提高环境监测质量的基础，直接决定着环境质量监测结果的正确性和可信性。《全国环境监测管理条例》规定，各级监测站应认真做好监测质量管理工作，确保监测站数据资料的准确、可靠。监测数据、资料、成果均为国家所有，任何个人无权独占。未经主管部门许可，任何个人和单位不得引用和发表尚未正式公布的监测数据和资料，属于机密性数据、资料，要严格按照保密制度管理。任何监测数据、资料、成果向外界提供，要履行审批手续。根据《环境保护法》第十五条和第十六条①规定，国家海洋行政主管部门应当建立海洋监测信息管理系统，为海洋环境保护监督管理提供服务。

（六）环境监测质量保证管理

质量保证是各级环境监测站的重要技术基础和管理工作。《全国环境监测管理条例》规定，各级监测站应认真做好监测质量管理工作，确保监测站数据资料的准确、可靠。为了加强环境监测质量管理，确保监测数据资料的准确可靠，根据《我国环境保护法》和《全国环境监测管理条例》的有关条款，1991年1月11日国家环境保护局颁布了《环境监测质量保证管理规定（暂行）》。质量保证应与其他监测工作同时计划、同时实施、同时检查，所需经费应有保证。环境监测人员实行合格证制度，经考核认证，持证上岗，无合格证者不得单独报出数据。质量保证工作实行分级管理。国家和省、自治区、直辖市环境保护行政主管部门分别负责组织国家和省质量保证管理小组，各地、市环境保护行政主管部门可根据情况组织质量保证管理小组。规定详尽说明了各级质量保证机构的职责、质量保证的量值传递、实验室和监测人员的基本要求、质量保证工作内容和质量保证报告制度。

为了在海洋环境监测中贯彻落实质量保证制度，国家海洋环境监测中心加大了质量保证工作的管理力度，2000年先后举办了"生物质量监测培训班"和"海洋环境监测管理与质量保证技术培训班"，对全国海洋环境监测的技术人员和管理人员进行了培训。同时，对参加2000年海洋环境监测的单位进行盲样测试，并对各监测业务单位进行了质量保证工作情况检查，取得了良好的效果。

（七）监测人员合格证制度

为提高环境监测人员的业务素质和工作质量，根据《环境监测质量保证管理规定》的有关条款，国家环境保护行政主管部门制定了《环境监测人员合格证制度（暂行)》，于1991年1月11日起正式施行。国家质量保证管理小组负责总站和各省、自治区、直辖市环境监测中心站监测人员的考核认证工作；省质量保证管理小组负责所辖地区监测人员的考核认证工作。对省质量保证管理小组直接考核有困难的地区，可考虑委托地市质量保证管理小组负责。凡承担例行监测、污染源监测、环境现状调查、污染纠纷仲裁、课题研究等任务并报出数据者，均应参加合格证考证，考核合格后方可从事环境监测工作。并规定合格证考核由基本理论、基本操作技能和实际样品分析三部分组成。由于海洋环境监测的特殊性，海洋环境监测人员的合格证的颁发应当由海洋行政主管部门决定。

课后思考

1. 我国海洋环境监测管理制度有哪些？
2. 我国海洋环境监测的职责分工如何？

---

① 《海洋环境保护法》第十五条规定，国务院有关部门应当向国务院环境保护行政主管部门提供编制全国环境质量公报所必需的海洋环境监测资料。环境保护行政主管部门应当向有关部门提供与海洋环境监督管理有关的材料。第十六条规定，国家海洋行政主管部门按照国家制定的环境监测、监视信息管理制度，负责管理海洋综合信息系统，为海洋环境保护监督管理提供服务。

第十四章　海洋预报和海洋灾害管理

我国是海洋大国，又是世界上海洋灾害最严重的国家之一。影响我国沿海的风暴潮、海浪、海冰、海雾、地震海啸、海岸侵蚀和赤潮及其他海洋生物灾害等海洋灾害，在全国各类自然灾害总经济损失中，仅次于洪涝灾害和农业气象灾害，约为全部损失的10%，一次灾害可能造成几百亿元的经济损失。

第一节　海洋预报和海洋灾害应对立法

根据国务院赋予的"发布海洋灾害预报警报和海洋环境预报的职能"，20 世纪80 年代中期以来，国家海洋行政主管部门通过"一个网络三个系统（海洋监测监视网络、海洋管理系统、海洋资料服务系统和海洋环境预报服务系统）"的建设，以及与沿海省（区、市）共建海洋环境预报台的工作，已经初步形成了一个从中央到地方，从近海到远洋，多部门联合的海洋灾害预报预警系统，并且把海洋灾害的预报警报纳入法制化管理。我国的海洋预报系统由海洋预报中心、预报区台、中心海洋台、海洋站、调查船、测报船和卫星地面接收站组成。现在的主要预报业务项目包括海浪、风暴潮、海啸、赤潮、海冰、海流、海水温度、厄尔尼诺、拉尼娜和海水浴场环境等。[①] 为加强海洋预报的管理，国家海洋行政主管部门制定了《海洋预报业务管理规定》、《海洋环境监测站和志愿船监测数据传输规程》、《专项海洋环境预报服务资格证书管理办法》、《海洋赤潮信息管理暂行规定》等，建立了海洋预报制度，进一步明确预报职责和发布范围，理顺了工作关系，使海洋灾害预报有章可循、责任到位。2006 年 1 月 8 日，国务院发布了《国家突发公共事件总体应急预案》，明确提出了应对各类突发公共事件的原则。2006 年 1 月 11 日，国务院发布 5 件自然灾害类突发事件应急预案，其中，《国家自然灾害救助应急预案》规定，国家自然灾害救助应急预案适用于凡在我国发生的水旱灾害，台风、冰雹、雪、沙尘暴等气象灾害，火山、地震灾害，山体崩塌、滑坡、泥石流等地质灾害，风暴潮、海啸等海洋灾害，森林草原火灾和重大生物灾害等自然灾害及其他达到启动条件的突发公共事件。据此，国家海洋行政主管部门制定了《赤潮灾害应急预案》以及《风暴潮、海浪、海啸和海冰灾害应急预案》。2007 年 8 月，国家通过了《突发事件应对法》，建立了包括海洋灾害在内的突发事件的应对制度。

---

① 参见国家海洋行政主管部门编：　《海洋大事记》。国家海洋行政主管部门官方网站：http：//www. soa. gov. cn/memo/index. html http：//www. soa. gov. cn/memo/index. html。

第二节　海洋预报和海洋灾害应对法律制度

一、海洋预报管理制度

依据《海洋预报业务管理暂行规定》，各级海洋预报台根据沿海经济建设、社会发展、防灾减灾和海上各类生产活动的需要，公开发布海洋短期预报、中期预报、长期预报等。通过广播、电视、传真、电话、公共信息网、报刊、信函等新闻媒介，以文字（预报单）、图像、图表、语音等形式公开发布海洋预报和诊断分析产品。各海洋预报台根据国家、当地政府，沿海经济建设、社会发展、防灾减灾和海上其他活动的需求，确定公共服务用户，并报上一级主管部门备案。国家海洋局组织全国海洋灾害年度预测会商并发布预测结果。区域和省（市）级海洋预报台对所辖海区的年度海洋灾害预测意见，应报上一级主管部门批准后发布。国家海洋预报台负责组织编制中国海洋灾害公报，由国家海洋局审批并发布。各级海洋预报台可根据需要及具体情况发布通报、速报。对重大海洋灾害警报、紧急警报的发布，应及时报国家海洋局审批后，报国家领导人和有关部门。区域和省（市）级海洋预报台对重大海洋灾害警报、紧急警报的发布，应及时报上一级主管部门审批后，发所辖海区的各级人民政府和有关部门。

国家海洋预报台发布的海洋灾害警报、紧急警报，需经中央办公厅机要局全国机要通讯网（简称明传电报），发国家领导人、国务院办公厅或受影响的沿海省、自治区、直辖市、计划单列市人民政府的，报国家海洋局审批后，通过局机要部门发送。各区域海洋预报台发布的海洋灾害预报、警报、紧急警报应传输到所辖海区的省（市）各级海洋预报台（站），如需向所在辖区内当地政府及有关部门发布，应商当地政府及有关部门确定。各省（市）级海洋预报台（站）发布的海洋灾害预报、警报、紧急警报应发布到当地各级政府及有关部门。

根据《海洋预报与海洋灾害预报警报发布管理规定》，国家对公开发布海洋预报与海洋灾害预报警报实行统一发布制度，由国家和地方各级海洋预报部门负责发布。国家海洋预报部门指国家海洋预报台；国家区域海洋预报部门指青岛海洋预报台、上海海洋预报台、广州海洋预报台；地方海洋预报部门指，各沿海省、自治区、直辖市、计划单列市海洋管理局（处、办）所属的海洋预报台、站。其他组织和个人均不得向社会公开发布各类海洋预报与海洋灾害预报警报。国家海洋局对从事为海上经济活动提供专项海洋预报服务的单位，实行资格审查制度，并负责颁发专项海洋预报服务资格证书。对违反规定，擅自发布海洋预报与海洋灾害预报警报，且造成比较大的不良影响和严重后果的组织或个人，国家海洋行政主管部门和沿海省、自治区、直辖市、计划单列市海洋局（处、办）有权予以追究。为了提高海洋预报服务质量，加强对专项海洋预报服务的管理，根据《海洋预报与灾害预报警报发布管理规定》，国家海洋行政主管部门颁布了《专项海洋预报服务资格证书管理办法》。凡从事专项海洋预报服务的单位，须按照规定申领《专项海洋预报服务资格证书》申请登记表，经海洋行政主管部门审查合格并取得《资格证书》后，方可承担专项海洋预报服务工作。

为了充分发挥赤潮信息在赤潮防治工作中的作用，实现信息的规范化、标准化管理，做到及时、准确地获取、汇集、处理和发布赤潮信息，有效预防和减轻赤潮灾害，国家海洋行政主管部门制定了《海洋赤潮信息管理暂行规定》。国家海洋行政主管部门负责全国赤潮信息的归口管理。国家海洋局北海、东海、南海分局，沿海省、自治区、直辖市及计划单列市海洋厅（局）分别负责本海区和本地区赤潮信息的管理。同时，鼓励单位和个人向国家海洋局、分局和省市海洋局提供赤潮信息。

二、海洋灾害应对法律制度

海洋灾害具有突发性，其管理应当适用国家的《突发事件应对法》。这部法律将灾害的预测、预防、预备、预警（"四预"）和灾后重建都纳入了整个应急过程。海洋灾害的的应对适用《突发事件应对法》所确立的法律制度。

第十五章　海洋环境标准

海洋环境标准是为了加强海洋环境管理、保护海洋资源、维护生态平衡、保障人体健康的技术规范，是具有法律效力的技术准则。

第一节　海洋环境标准的定义

环境标准是国家为了维护环境质量、控制污染，保护人体健康、社会财富和生态平衡，按照法定程序制定的各种技术规范的总称。环境标准是具有法律性质的技术准则，是我国环境与资源保护法律体系中一个独立的、特殊的、重要的组成部分。

环境标准具有规范性。《我国标准化管理条例》规定，标准一经发布，就是技术规范，有关部门必须贯彻执行，任何单位不得擅自更改或降低标准。对违反标准而造成不良后果以至重大事故者，要追究法律责任。法律的基本特征之一是具有规范性，它是调整人们行为的规则和尺度。环境标准同法律一样也是一种具有规范性的行为规范，它同一般法律不同之处在于：它不是通过法律条文规定人们的行为模式和法律后果，而是通过一些定量性的数据、指标、技术规范来表示行为规则的界限，从而调整人们的行为。环境标准具有法律的约束力。例如，环境质量标准是制定环境目标和环境规划的依据，也是判断环境是否受到污染和制定污染物排放标准的法定依据；污染物排放标准则是实施法律，监督、监测各种排污活动，判断排污活动是否违法的依据。《环境保护法》规定：各项有害物质的排放必须遵守国家规定的标准。《海洋环境保护法》规定：超过标准排放污染物的，由法律规定的行使海洋环境监督管理权的部门责令限期改正，并处以罚款。违反污染物排放标准排污就是违法，要承担相应的法律责任。环境标准的制定就像制定法规一样，要经授权由有关国家机关按照法定程序制定和颁发。

环境标准同环境与资源保护法相配合，在国家环境管理中起着重要的作用。从环境标准的发展历史来看，它是在和环境与资源保护法相结合的同时发展起来的。起初是在工业密集、人口集中、污染严重的地区，在制定污染控制的单行法规中，规定主要污染物的排放标准。20世纪50年代后，工业发达国家环境污染发展成为全国性公害，在加强环境资源保护立法的同时，开始制定全国性的环境标准，并且逐渐发展成为具有多层次、多形式、多用途的完整环境标准体系，成为环境与资源保护法体系中不可缺少的部分。

环境标准在国家环境管理中起着如下作用。

1. 环境标准是制定国家环境计划和规划的主要依据

国家在制定环境计划和规划时，必须有一个明确的环境目标和一系列环境指标。它需要在综合考虑国家的经济、技术水平的基础上，使环境质量控制在一个适宜的水平，也就是说要符合环境标准的要求。环境标准是制定环境计划与规划的主要依据。

2. 环境标准是环境与资源保护法制定与实施的重要基础与依据

在各种单行环境与资源保护法规中，通常只规定污染物的排放，必须符合排放标准，造成环境污染者应承担何种法律责任，等等。怎样才算造成污染，排放污染物的具体标准是什么，则需要通过制定环境标准来确定。环境与资源保护法的实施，尤其是确定合法与违法的界限，确定具体的法律责任，往往依据环境标准。因此，环境标准是环境与资源保护法制定与实施的重要依据。

3. 环境标准是国家环境管理的技术基础

国家的环境管理，包括环境规划与政策的制定、环境立法、环境监测与评价、日常的环境监督与管理都需要遵循和依据环境标准，环境标准的完善反映了一个国家科学环境管理的水平和效率。

第二节　环境标准体系及其制定

所谓环境标准体系，就是根据环境标准的特点和要求，将已经颁布的和计划制定的各种环境标准，进行全面规划、统一协调，按照它们的性质、功能和内在联系进行分级、分类，构成一个有机联系的统一整体。环境标准体系的构成，具有配套性和协调性。配套性是指各种环境标准之间是相互联系、相互依存、相互补充的关系。它们共同构成一个统一的整体。协调性是指各个环境标准之间相互一致、相互衔接、互为条件、协调发展。如果不具备这些特性，环境标准的功能就得不到充分的发挥，就不能达到提高环境质量的目的。环境标准体系不是一成不变的，它是与一定时期的科学技术和经济发展水平，以及环境污染和破坏的状况相适应的。同时也是随着时间的推移、科学技术的进步和经济的发展，以及环境保护的需要而不断发展变化的。

根据《环境保护标准管理办法》的规定，我国的环境标准由三类两级组成。三类是指环境质量标准、污染物排放标准以及环保基础标准和方法标准。两级是指国家级和地方级。地方级，实际上是省级（省、自治区、直辖市）。国家环境标准，是指由国家专门机关批准颁发，在全国范围内或者特定区域内使用的标准。根据《环境保护法》和《环境保护标准管理办法》的规定，国家级环境标准由国务院环境保护行政主管部门（国家环境保护总局）制定、审批、颁布和废止。地方级（省级）环境标准，是指由省、自治区、直辖市人民政府批准颁发的、在特定行政区域内适用的标准。为了规范海洋标准化活动，提高海洋标准的科学性、协调性和适用性，推动海洋标准化工作快速发展，促进海洋工作规范化、制度化，国家海洋局于 1997 年发布了《海洋标准化管理办法》，对海洋标准化管理的组织机构与职责分工、海洋标准的范围和类别、立项、制修订、审批、发布和出版、复审和实施与监督检查进行了规定。

一、环境质量标准

环境质量标准是指在一定的时间和空间范围内，对环境质量的要求所作的规定，规定了不同环境中各类有害物质的允许含量。环境标准反映了人群、动植物和生态系统对环境质量的综合要求，也标志着在一定时期国家为防治污染在技术上和经济上可能达到的水平。它是国家环境政策目标的具体体现，为评价环境是否受到污染和制定污染物排放标准的依据，也是对环境进行科学管理的重要手段。环境质量标准分为国家环境质量标准和地方环境质量标准。

国家环境质量标准，是指国家对各类环境中有害物质或因素，在一定条件下的容许浓度所作的规定。它明确规定了各类环境在一定条件下应达到的目标值，并约束有关部门在限期内应达到的环境质量要求，是各地对环境进行分级、分类管理和评价环境、制定污染物排放标准的依据。国家级标准一般按照环境要素分为大气、水质、噪声等环境质量标准。也有对特定环境、特定行业、特定地区提出特定要求而制定的标准。如《海水水质标准》、《渔业水质标准》、《农田灌溉水质标准》、《生活饮用水卫生标准》、《景观娱乐用水水质标准》、《海洋沉积物质量》标准、《海洋生物质量》标准等。

为了维护某一地区的环境质量，省级人民政府对国家环境质量标准未作规定的项目，可以按照规定的程序，结合地方的环境特点（例如环境状况、人口和经济密度）制定地方环境质量标准，报国家环境保护总局备案；地方环境质量标准是国家环境质量标准的补充和完善，是计算区域环境容量和制定地方污染物排放标准的依据之一。

环境质量标准是一项技术性很强的工作。它要回答这样一个问题：为了使人体健康、社会财产和生态系统不受损害，环境质量应维持在一个什么水平上？为此，首先应以科学实验和调查取得的科学数据，即"环境基准"作为确定环境质量标准的客观依据。环境基准是指在一定环境中，污染物对人体或生物没有不良影响的最小剂量（无作用剂量）或者说是对人体和生物产生不良影响的最小剂量（阈剂量）。例如，经过科学实验和调查研究得知，大气中二氧化硫含量，年平均浓度超过 $0.11\ mg/m^3$ 时，对人体健康就会产生有害影响，这个浓度就是大气中二氧化硫的环境基准。环境基准表明某一污染物的剂量和它所引起的客观效应之间的关系。即在一定条件和时间内污染物的含量达到一定数值时，受污染的对象所引起的客观反映。因此，它是制定环境质量标准的客观科学的依据。

制定环境质量标准除了以环境基准为主要科学依据外，还要考察国家在经济和技术上的可能性，即在经济上合理、技术上可行，在一定时期内可以实现，就是说它必须是一个既遵循自然规律又遵循社会经济规律的切实可行的环境质量标准。

二、污染物排放标准

为了实现环境质量标准目标，结合技术经济条件和环境特点，对排放到环境的污染物或有害因素的浓度或数量的限制性规定就是污染物排放标准。制定排放标准的直接目的就是控制污染物的排放量，达到环境质量的要求。排放标准相对来说更具有法律的约束力，超过排放标准就要承担相应的法律责任。制定排放标准是加强国家环境管理的重要手段。制定污染物排放标准主要是以实现环境质量标准为目标，从而保护人群的健康和生态的良性循环。同时也要根据我国的工艺设备和技术水平，在经济上合理的情况下，达到技术上的先进性。

污染物排放标准分为国家污染物排放标准和地方污染物排放标准。国家级污染物排放标准是国家制定的综合性和各行业通用的排放标准。一般情况下，各行业各地区都要执行国家标准。但是考虑到我国地域辽阔，各地区环境条件和经济状况差别很大，在重点城市、特定地区，为了保持一定环境质量，也可以制定严于国家排放标准的地方标准，并优先贯彻执行。地方污染物排放标准应向国家环境保护总局备案。地方污染物排放标准是对国家污染物排放标准的补充和完善。

为了有效控制污染，特别是对新污染源体现从严控制的原则，近年来在《全国环境保护工作纲要》中，提出了做好时限制污染物排放标准制定工作。时限制污染物排放标准一方面照顾老污染源工艺和设备的现状，另一方面又要体现对新污染源实行"超前"控制和从严控制的方针，以使新建企业采用先进的生产工艺和治理技术。为此，1992年国家环保局和国家技术监督局共同颁布了6项包括锅炉、纺织印染、造纸、钢铁、肉类加工、合成氨等的水污染物时限制排放标准。

目前，我国实施的环境标准主要是以浓度作为控制指标的，有些方面已经制定了污染物总量控制标准。以经济和技术可行性为根据的污染物排放标准，常以浓度标准来表示，一般称为"浓度"标准；以环境特点及环境容量决定的排放标准常以"总量"限额来表示或将总量限额转化为浓度来表示，一般称为"总量控制标准"。通常情况下，实现总量控制才能达到环境质量标准的要求。

三、环境基础标准和环境方法标准

环保基础标准和方法标准是一类特殊标准。因为环境保护工作十分复杂，环境质量标准和排放标准种类繁多，在环保工作和环保标准制定过程中需要遵循一些共同的原则、方法和程序。环保基础标准是指在环境保护工作范围内需要遵守的具有指导意义的符号、指南、导则。例如，1983年制定的《地方污染物排放标准的技术原则与方法》等。环保方法标准是指在环境保护工作范围内所需要遵守的抽样、分析、试验、监测的方法。如《海洋监测规范》（GB 17378.1—2007）、《海洋石油开发工业含油污水分析方法》（GB/T 17923—1999）、《海洋自然保护区管理技术规范》（GB/T 19571—2004）等都属于环保方法标准。

环保基础标准和环保方法标准，只有国家专门机关制定颁发。

第三节　在法律的实施过程中环境标准的作用

一、环境质量标准是确认环境是否已被污染的根据

环境污染是指某一地区环境中的污染物含量超过了适用的环境标准规定的数值。因此判断某地区是否已经被污染，只能以环境质量标准为根据。环境与资源保护法规定，造成环境污染危害者，有责任排除危害并对直接遭受损失的单位和个人赔偿损失。如果排污者排放的污染物在环境中含量超过了环境质量标准的规定，便应依法承担相应的民事责任。因此，环境质量标准也是判断排污者是否应承担民事责任的依据。但是应该注意若认定某一地区的污染物超过环境质量的规定，必定是指在该地区污染物的总含量即该地区众多污染源排放量之和超过标准，亦即往往不是某单一污染源。这样，在确定该地区各个排污者应承担的民事责任时，还要根据每个排污者排污量的多少及其是否超过了排放标准，方能确定各自相当的民事责任。

二、污染物排放标准是确认某排污行为是否合法的依据

污染物排放标准是为污染源规定的最高允许排污限额（浓度或者总量）。因此，从理论上来说排污者如以符合排污标准的方式排放污染物，则它的排污行为是合法的；反之，是违法的。很多国家在法律上都规定超标排污是违法甚至是犯罪行为，要承担相应的法律责任。合法排污者只有在其排污造成环境污染损害时，才依法承担民事责任。违法排污者的排污行为不受法律保护。超标排污者将承担一系列法律责任，包括民事责

任、行政责任；若超标排污造成重大污染事故，导致公私财产重大损失或者人身伤亡等严重后果的，还将依法承担刑事责任。

我国《海洋环境保护法》明确规定，超过标准排放污染物的由行使海洋环境监督管理权的部门限期治理，并处以罚款。

三、环保基础标准和环保方法标准是环境纠纷中确认各方所出示的证据是否是合法的依据

在环境纠纷中，争执双方为了证明自己的主张正确，都会出示各自的"证据"。这些证据旨在证明环境已经或者没有受到污染，或者证明其排污是合法或是违法的。确认这些"证据"是否是法定的证据，就成了解决环境纠纷的先决条件。

合法的证据必须与"环境质量标准"或"污染物排放标准"中所列限额数值具有可比性，而可比性只有当两者建立在同一基础上、采用统一方法时才成立。因为环境质量标准和污染物排放标准是以环保基础标准和环保方法标准为根据确定的，所以只有当争执双方出示的证据也是以环保基础标准和环保方法标准为根据确定时，两者才有可比性。因此，判断争执双方所出示的证据是否是合法证据的方法只能是：检定它们是否是按环保基础标准和环保方法标准规定的导则以及抽样、分析、试验的方法等计算出来的。如果是，则为合法证据；否则这些证据没有任何法律意义。值得注意的是《计量法》的规定，对于环境监测仪器等实行强制检定。因此，用未经强制检定或虽检定过但已逾期的仪器分析的数据，也是无效的。

第四节　海洋环境标准

海洋环境标准是指海洋环境保护法所涉及的在海洋环境保护工作中适用的环境标准。这些标准如下。

一、海水水质标准

为了防治和控制海水水质污染，保护海洋生物资源和生态平衡，保证海洋的合理开发利用，我国自 20 世纪 70 年代中期开始组织、研究和制定海水水质标准。通过对国内外有关水质环境质量标准及其科学依据的分析研究，结合我国海域及经济、技术发展水平的实际情况，1982 年 4 月 6 日，国务院环境保护领导小组批准发布了国家《海水水质标准》，该标准于 1982 年 8 月 1 日起实施。此标准在 1997 年又经重新修订。

《海水水质标准》（GB 3097—97）规定："沿海省、自治区、直辖市环境保护机构，按照海洋环境保护的需要，规定保护的水域范围及其水质类型。"按照海域的不同使用功能和保护目标，海水水质分为四类：第一类，适用于海洋渔业水域、海上自然保护区和珍稀濒危海洋生物保护区；第二类，适用于水产养殖区、海水浴场、人体直接接触海水的海上运动或娱乐区，以及与人类食用直接有关的工业用水区；第三类，适用于一般工业用水区、滨海风景旅游区；第四类，适用于海洋港口水域、海洋开发作业区。"

海水水质标准值的确定，主要依据有害物质对海洋生物的毒性、毒理效应，即以急性致死效应为主，结合慢性亚致死效应，计算出海洋生物的安全浓度，作为水质"基准值"。然后，根据这些有害物质的生物浓缩习俗、对食用价值的影响和对人体的毒

性、毒理资料，对这些基准值进行宽严处理，最后确定水质标准。

依照 1997 年《海水水质标准》和《近岸海域环境功能区管理办法》的规定，近岸海域环境功能区的分类是：

一类环境功能区：适用于海洋渔业水域、海洋自然保护区和珍稀濒危海洋生物保护区等，其水质执行国家一类海水水质标准。

二类环境功能区：适用于水产养殖区、海水浴场，人体直接接触海水的海上运动或娱乐区，以及与人类食用直接有关的工业用水区等，其水质执行不低于国家二类的海水水质标准。

三类环境功能区：适用于一般工业用水区、滨海风景旅游区等，其水质不低于国家三类的海水水质标准。

四类环境功能区：适用于海洋港口水域、海洋开发作业区等，其水质不低于国家四类的海水水质标准。

近岸海域中的混合区，包括入海河流河口处混合区，陆源直排口混合区，污水集中排放形成的混合区，海洋石油开采含油污水排放混合区等。混合区不属于任何类型的环境功能区，不执行国家《海水水质标准》，但在确定其范围、排入的水质和入海污染物总量时，应当执行有关规定，使混合区不影响邻近近岸海域环境功能区的水质和鱼类洄游通道。

二、渔业水质标准

为了防止渔业水体污染，保护水生植物正常生长、繁殖的环境条件和水产品的质量，自 20 世纪 70 年代初期开始组织、研究、制定渔业水质标准。通过开展主要有害物质对经济鱼、虾、贝类安全浓度值的实验研究，结合保护渔业水域的实践经验，参照有关环境质量标准，于 1979 年颁布了并且于 1989 年和 1990 年两次修改的《渔业水质标准》，共分 6 章。其内容包括主题内容与适用范围、引用标准、渔业水质要求、渔业水质保护、标准实施和水质监测 6 个部分。适用于鱼虾类的产卵场、索饵场、越冬场、洄游通道和水产增养殖区等海、淡水的渔业水域。渔业水域水质的一般要求包括颜色、臭味、漂浮物质、悬浮物质、pH 值、溶解氧、生化需氧量（5 天，20℃）、总大肠菌群 7 个项目，有害物质的最高容许浓度包括重金属、氰化物、石油类、苯胺等 25 个项目。渔业水质标准规定任何企、事业单位和个体经营者排放的工业废水、生活污水和有害废弃物，必须采取有效措施，保证最近渔业水域的水质符合该标准。未经处理的工业废水、生活污水和有害废弃物严禁直接排入鱼、虾类的产卵场、索饵场、越冬场和鱼、虾、贝、藻类的养殖场及珍贵水生动物保护区。严禁向渔业水域排放含病源体的污水；如需排放此类污水，必须经过处理和严格消毒；排污口所在水域形成的混合区不得影响鱼类洄游通道。

渔业水质标准由各级渔政监督管理部门负责监督与实施，监督实施情况，定期报告同级人民政府环境保护部门。由于其只规定了一般渔业水质的要求，在执行国家有关污染物排放标准中，若不能满足地方渔业水质要求时，省、自治区、直辖市人民政府可制定严于国家有关污染排放标准的地方污染物排放标准，以保证渔业水质的要求，并报国务院环境保护部门和渔业行政主管部门备案。渔业水质标准以外的项目，若对渔业构成明显危害时，省级渔政监督管理部门应组织有关单位制定地方补充渔业水质标准，报省级人民政府批准，并报国务院环境保护部门和渔业行政主管部门备案。渔业水域的水质监测工作，由各级渔政监督管理部门组织渔业环境监测站负责执行。

三、污水综合排放标准

工业废水排放，1988 年以前一直执行 1973 年颁布的《工业"三废"排放标准》（GB J4—73），1988 年以后到 1997 年年底实行 GB 8978—88——污水排放标准。从 1998 年 1 月起开始执行《污水综合排放标准》GB 8978—96。

（一）适用范围

GB 8978—96 适用于现有单位水污染物的排放管理，以及建设项目的环境影响评价、建设项目环境保护设施设计、竣工验收及其投产后的排放管理。按照国家综合排放标准与国家行业排放标准不交叉执行的原则，造纸、船舶工业、海洋石油开发工业、纺织染整工业、肉类加工工业、钢铁工业、合成氨工业、航天推进剂、兵器工业、磷肥工业、烧碱、聚氯乙烯工业等执行原标准，其他水污染物排放均执行《污水综合排放标准》。GB 8978—96 颁布后，新增加国家行业水污染物排放标准的行业，按其适用范围执行相应的国家行业标准，不再执行该标准。GB 8978—96 生效后，代替以下标准：医院污水、甜菜制糖、甘蔗制糖、合成脂肪酸（废水部分）、合成洗涤剂（废水部分）、制革、石油开发、石油炼制（废水部分）、电影洗片、铬盐（废水部分）、石油化工、硫酸（废水部分）、黄磷（废水部分）、轻金属（废水部分）、重有色金属（废水部分）、沥青工业污染物（废水部分）及铁路火车洗刷废水等排放标准。

（二）标准分级

（1）排入 GB 3838（地面水环境质量标准）Ⅲ类水域（划定的保护区和游泳区除外）和排入 GB 3097（海水水质标准）中三类海域的污水，执行一级标准。

（2）排入 GB 3838 中Ⅳ、Ⅴ类水域和排入 GB 3097 中四类海域的污水，执行二级标准。

（3）排入设置二级污水处理厂的城镇排水系统的污水，执行三级标准。

（4）排入未设置二级污水处理厂的城镇排水系统的污水，必须根据排水系统出水受纳水域的功能要求，分别执行（1）和（2）的规定。

（5）GB 3838 中Ⅰ、Ⅱ类水域和Ⅲ类水域中划定的保护区和游泳区，GB 3097 中一类、二类海域，禁止新建排污口，现有排污口应按水体功能要求，实行污染物总量控制，以保证受纳水体水质符合规定用途的水质标准。

（三）标准值

GB 8978—96 将排放的污染物按性质分为两类：第一类污染物，能在环境或动植物体内蓄积，对人体健康产生长远不良影响者，含有此类有害物的污水，一律在车间或车间处理设施排出口取样，其最高允许排放浓度必须符合 GB 8978—96 附录二中的规定；第二类污染物，指其长远影响小于第一类的污染物质，在排污单位排出口取样，其最高允许排放浓度和部分行业最高允许排水定额。

1997 年 12 月 31 日之前建设（包括改、扩建）的单位，水污染物的排放必须同时符合附录中表 1、表 2、表 3 的规定。1998 年 1 月 1 日起建设（包括改、扩建）的单位，水污染物的排放必须同时符合附录中表 1、表 4、表 5 的规定。

建设单位的建设时间，以环境影响评价报告书（表）批准日期为准划分。

（四）标准实施

各地环保部门会同有关部门根据流域整体规划和当地地面水使用要求，划定保护区和功能区类别，按相应值标准进行管理，由环保部门负责监督管理，其中，三级标准由市政部门协同环保部门进行管理。省、自治区、直辖市可以制定严于国家污染物排放标准的地方排放值，报国务院环保部门备案。

四、船舶污染物排放标准

船舶污染物排放标准 GB 3552—83，适用于中国籍船舶和进入水域的外国籍船舶。

（一）排放规定

船舶排放的含油污水（油轮压舱水，洗舱水及船舶舱底污水）的含油量，最高容许排放浓度应符合以下规定：内河不大于 15 毫克/升；距最近陆地 12 海里以内海域不大于 15 毫克/升；距最近陆地 12 海里以外海域不大于 100 毫克/升。

船舶排放的生活污水，最高容许排放浓度应符合以下规定。内河：生化需氧量不大于 50 毫克/升，悬浮物不大于 150 毫克/升，大肠菌群不大于 250 个/100 毫升；距最近陆地 4 海里以内：生化需氧量不大于 50 毫克/升，悬浮物不大于 150 毫克/升，大肠菌群不大于 250 个/100 毫升；其他海域：无明显悬浮物，大肠菌群不大于 1 000 个/100 毫升。

船舶垃圾排放应符合以下规定：塑料制品禁止投入内河和沿海；漂浮物禁止投入内河和距最近陆地 25 海里以内海域；未经粉碎的食品废弃物及其他垃圾禁止投入内河和距最近陆地 12 海里以内的海域，经过粉碎颗粒直径小于 25 毫米时，可允许在距最近陆地 3 海里之外投弃入海。

（二）其他规定

船舶：系指海上、内河各类船舶，包括水翼船、气垫船、潜水器、固定的或浮动的工作平台。

距最近陆地：系指按照领海基线作为起点计算的距离。

含油污水：系指含有原油和各种石油产品的污水。

生活污水：系指含有粪、尿及船舶医务室排出的污水。

漂浮物质：系指漂浮的垫舱物料、衬料及包装材料等。

其他垃圾：系指纸制品、破布、玻璃、金属、瓶子、陶瓷品及其类似废弃物。

当地方执行该标准不适于当地环境特点（如集中生活水源，经济渔业区等）时，可以按照国家有关规定制定地方污染物排放标准。

五、船舶工业污染物排放标准

于 1985 年 3 月 1 日实施的《船舶工业污染物排放标准》GB 4286—84，适用于全国船舶工业的船厂、造机厂、仪表厂、武备厂等。

（一）标准的分级、分类

船舶工业污染物排放标准分为二级：

第一级，是指新建、扩建、改建企业，自该标准实施之日起立即执行的标准；

第二级，是指现有企业，自该标准实施之日起立即执行的标准。

船舶工业污染物排放标准按污染源所在地分为二类：

第一类，是指大、中城市市区及文物、自然保护地区；

第二类，是指上述地区以外其他地区。

（二）标准值

适用电镀废水污染物排放标准。船舶工业电镀每平方米镀件的镀液带出量最高容许值和镀件每平方米的镀液污染物最高容许排出量、电镀镀件漂洗水最高容许耗水量以及工业电镀废水排放应符合该标准的规定。

六、海洋石油勘探开发含油污水排放标准

于 1985 年 8 月 1 日起实施的《海洋石油开发工业含油污水排放标准法规标准》GB 4914—85，适用于在管辖的一切海域从事海洋石油开发的一切企业事业单位、作业者（操作者）和个人。

（一）标准的分级

海洋石油开发工业的含油污水，系指采油平台上经过处理后从固定排污口排放的采油工艺污水。海洋石油开发工业含油污水排放标准分为两级。

一级：适用于辽东湾、渤海湾、莱州湾、北部湾，国家划定的海洋特别保护区，海滨风景游览区和其他距岸 10 海里以内的海域。

二级：适用于一级标准适用范围以外的海域。

（二）标准值

海洋石油开发工业含油污水的排放标准最高容许浓度应符合以下规定：一级：月平均值 30 毫克/升，一次容许值 45 毫克/升；二级：月平均值 50 毫克/升，一次容许值 75 毫克/升。

采油工艺污水应回注地层，减少污水排放量。位于潮间带的海洋石油开发工业含油污水，按 GB 3550—83《石油开发工业水污染物排放标准》执行。

（三）标准的实施与监测

自该标准实施之日起，开始建设的采油平台，立即执行该标准。现有的采油平台自该标准实施之日起，执行二级标准值，一年以后则按该标准规定执行。

对于采油平台应在工艺污水排放口设置监测采样点，由海洋石油企业环境监测机构负责日常监测。

七、污水海洋处置工程污染控制标准

为贯彻执行《环境保护法》和《海洋环境保护法》，规范污水海洋处置工程的规划设计、建设和运行管理，国家环保总局制定了《污水海洋处置工程污染控制标准》，该标准自 2002 年 1 月 1 日起实施。该标准规定了污水海洋处置工程主要水污染物排放浓度限值、初始稀释度、混合区范围及其他一般规定。该标准适用于利用放流管和水下扩散器向海域或向排放点含盐度大于 5 的年概率大于 10% 的河口水域排放污水（不包括温排水）的一切污水海洋处置工程。

（一）用语定义

污水扩散器：沿着管道轴线设置多个出水口，使污水从水下分散排出的设施称为污水扩散器，其形状有直线形、L 形和 Y 形等。

放流管：由陆上污水处理设施将污水送至扩散器的管道或隧道称为放流管。大型放

流管一般在岸边设有竖井。

污水海洋处置：放流管加污水扩散器合称为污水放流系统；将污水由陆上处理设施经放流系统从水下排入海洋称为污水海洋处置。

初始稀释度：污水由扩散器排出后，在出口动量和浮力作用下与环境水体混合并被稀释，在出口动量和浮力作用基本完结时污水被稀释的倍数称为初始稀释度。

混合区：污水自扩散器连续排出，各个瞬时造成附近水域污染物浓度超过该水域水质目标限值的平面范围的叠加（亦即包络）称为混合区。

污染物日允许排放量：指该标准涉及的每种污染物通过污水海洋处置工程的日允许排放总量。

（二）技术内容

该标准对进入放流管的水污染物浓度日均值：该标准规定了pH、悬浮物、总 α 放射性（贝可/升）、总 β 放射性（贝可/升）、大肠菌群（个/毫升）、重金属、氰化物、氮、磷等40个项目的标准值。同时规定，该标准未列出的项目可参照《污水综合排放标准》。

该标准还规定，污水海洋处置排放点的选取和放流系统的设计，应使其初始稀释度在一年90%的时间保证率下满足以下规定的初始稀释度要求。如果排入海域，三类：初始稀释度大于45；四类大于35。如果排入按地面水分类的河口水域，Ⅲ类，大于50；Ⅳ类大于40；Ⅴ类大于30。对经特批在第二类海域划出一定范围设污水海洋处置排放点的情形，按90%保证率下初始稀释度应大于55。

（三）混合区规定

污水海洋处置工程污染物的混合区规定如下。

若污水排往开敞海域或面积不小于600平方千米（以理论深度基准面为准）的海湾及广阔河口，允许混合区范围：A_a 不大于3.0平方千米；若污水排往面积小于600平方千米的海湾，混合区面积必须小于按以下两种方法计算所得允许值（A_a）中的小者：

（1）$A_a = 2\,400\ (L+200)$（平方米）

式中，L 为扩散器长度（米）。

（2）$A_a = A_0/200 \times 1\,000\,000$（平方米）

式中，A 为计算至湾口位置的海湾面积（平方米）。

对于重点海域和敏感海域，划定污水海洋处置工程污染物的混合区时还需要考虑排放点所在海域的水流交换条件、海洋水生生态等。

（四）一般规定

污水海洋处置的排放点必须选在有利于污染物向外海输移扩散的海域，并避开由岬角等特定地形引起的涡流及波浪破碎带。污水海洋处置排放点的选址不得影响鱼类洄游通道，不得影响混合区外邻近功能区的使用功能。在河口区，混合区范围横向宽度不得超过河口宽度的1/4。扩散器必须铺设在全年任何时候水深至少达7米的水底，其起点离低潮线至少200米。必须综合考虑排放点所在海域的水质状况、功能区的要求和周边的其他排放源，以及所附计算表中所列各类污染物的允许排放量。对实施污染物排放总量控制的重点海域，确定污水海洋处置工程污染物的允许排放量时，应考虑该海域的污染物排放总量控制指标。污水通过放流系统排放前须至少经过一级处理。污水海洋处置不得导致纳污水域混合区以外生物群落结构退化和改变。污水海洋处置不得导致有毒物质在纳污水域沉积物或生物体中富集到有害的程度。

（五）监测

污水监测采样：进入放流管的污水水质监测在陆上处理设施出水口或竖井中采样。实测的水污染物排放浓度按日均值计算，每次监测要 24 小时连续采样，每 4 小时采一个样。污水水样监测按《污水综合排放标准》规定的方法进行。

初始稀释度与混合区监测：初始稀释度，根据每个采样时刻的水流条件在出水口周围沿扩散器轴线适当布点采样监测，并取各点同一时刻监测值的平均计算该时刻的初始稀释度。每次监测时间必须覆盖至少一个潮周期，等时间间隔采样不少于 8 次。

混合区：根据排放点处的具体水文条件合理布点采样监测。每个点须采上、中、下混合样。每次监测采样时间必须覆盖至少一个潮周期，采样时刻应抓住高潮、低潮、涨急、落急等特定水流条件。

海水水样监测按《海水水质标准》规定的方法进行。

（六）标准实施监督

该标准由县级以上人民政府环境保护行政主管部门负责监督实施。沿海各省、自治区、直辖市人民政府可根据当地的实际情况需要，制定地方污水海洋处置工程污染控制标准，并报国家环境保护行政主管部门备案。

课后思考

1. 环境标准分为哪些种类？
2. 我国海洋环境质量标准和入海污染物排放标准有哪些？

第十六章　国际海洋环境保护法

作为海洋法中的宪章，1982 年的《联合国海洋法公约》确定了领海、毗连区、大陆架及专属经济区制度，从而使得全球 1/3 的海洋面积被划归沿海国管辖。由于沿海国对毗连区、大陆架及专属经济区并非享有同内水及领海相同的完全国家主权，而是部分权利，因此，从某种意义上说，除了内水及领海以外，其他部分的海洋可以被看做是人类共同的财富。如何对如此广阔的作为人类共同财富的海洋进行国际间的利益分配，并且达到海洋资源的可持续利用，维护海洋生态系统的平衡，保护海洋环境不受污染、破坏，愈加成为国际海洋环境保护法律需要解决的难题。

海洋的重要性决定了国家间博弈的产生，从而导致了国际海洋法立法和实施的艰难。《联合国海洋法公约》以及其他国际海洋法律文件的制定和实施都是国家间讨价还价、反复争论的产物，无不牵涉相关国家之间的利益争夺，在加入、执行过程中都存在不同程度的分歧。同时，海洋的特殊性又决定了国际间合作的必要性，从而决定了国际海洋立法的必要性、可能性。由于海洋生物资源的流动性、海洋开发的高难度性、海洋污染的全球性，使各个沿海国家海洋管理和利用活动都需要国际上的通力合作。自早期的《国际管制捕鲸公约》以来，有关海洋资源开发、海洋环境保护的国际公约、双边协定被大量协商、签订，成为国际法中甚为活跃的一支。毕竟，海洋是地球上最重要的生态系统，其开发利用、环境保护事关整个人类的生存。

第一节　国际海洋环境保护法概述

一、国际海洋环境保护法的概念及特点

国际海洋环境保护法是指调整国际法主体在利用、保护和改善海洋环境与资源中所形成的各种法律关系的法律规范的总称，是国家等国际法主体之间制定的以全球海洋环境保护为目的的国际法规范的统称。[①] 国际海洋环境保护法主要形成于国家之间，以条约、协定、国际惯例等规则的形式存在并得以适用和执行。

国际海洋环境保护法是国际环境法中的重要组成部分，也是国际环境法学中比较独立的一篇。尽管国际海洋环境保护法的内容及体系与国内海洋环境保护法大体一致，但国际海洋环境保护法在法律渊源和法的实际运用方面有自己的特点。同国内海洋环境保护法相比较，国际海洋环境保护法的范围更加宽泛，包括防止海洋污染（控制陆地来源的污染、控制来自船舶和海上事故的污染及其民事责任、控制国家管辖的海底活动造成的污染、控制向海洋倾倒废弃物造成的污染等）、海洋生物多样性保护和海洋资源可持续利用（维持海洋生物多样性、珍稀濒危海洋野生动植物保护、渔业资源保护）、典

---

① 参见蔡守秋、何卫东著：《当代海洋环境资源法》，煤炭工业出版社 2001 年版，第 164 页。

型海洋生态系统保护（滨海湿地保护、海洋自然保护区）。

国际海洋环境保护法是一个比较年轻的法律部门——国际环境法的分支，具有多学科结合的交叉学科特点。除了具有环境法一般的属性外，综观国际海洋环境保护条约或协定，可以发现国际海洋环境保护法还有以下特点。

首先，国际海洋环境保护法调整范围的广泛性。由于海洋环境问题在全球普遍存在并且具有整体性和流动性，因此，国际海洋环境保护法的调整范围就跨越了国界、国家领海等主权的范围，将保护对象扩大为全球海洋各个方面。

其次，国际海洋环境保护法主体的多元性。国家是国际海洋环境保护法最主要和最完全的主体。但除国家之外，国际组织、争取独立的民族和交战团体也成为一部分国际条约和协定的签署者。在某些情况下，非政府团体和个人也可以成为国际海洋环境保护法的主体。

再次，国际海洋环境保护法调整方法的综合性。由于国际海洋环境问题的出现和恶化，使得原来的多边或双边国际关系变得错综复杂，需要用一些新的原则来重新确立和调整这些发展、变化了的新的国际关系。目前，国际海洋环境保护法不仅涉及传统国际法、国内环境法的各个领域，而且还涉及国际私法、国际经济法和各国国内环境法，从而需要综合的调整方法和手段。

最后，国际海洋环境保护法法律规范的科学技术性。环境问题本质上是经济、社会问题，也属于科学技术问题。一方面，国际海洋环境保护法必须运用现代科学技术和自然科学原理作为立法的指导原则，反映生态规律；另一方面，国际海洋环境保护法的具体法律规则中有相当一部分属于技术性法律，这是其法律规范科学技术性的最好表现。

二、国际海洋环境保护法的渊源

当前国际海洋环境保护法的渊源主要有国际条约，反映国际习惯法的文件，反映有关国际海洋环境保护的一般法律原则的文件、司法判例和国际组织的决议等。

1. 国际海洋环境保护纲领性法律文件

这一类法律文件是以规定全球环境保护（海洋环境是全球环境的一部分）的指导思想、基本原则和行动计划为主要内容的国际法文件。这类法律文件的代表有《人类环境宣言》、《人类环境行动计划》等。

2. 国际条约

国际条约，包括多边条约和双边条约，在国际海洋环境法中占有重要的地位，是国际海洋环境保护法最主要的渊源。条约是指两个或者两个以上国际法主体，依据国际法确定其相互权利和义务的一致意思的表示。条约通常以书面的形式缔结。如《联合国海洋法公约》、《南极条约》、《国际防止海上油污公约》等。

海洋环境保护条约的特点主要表现在以下几个方面：第一，从其历史来看，最初的海洋环境保护条约的数量少，所涉及的范围也比较狭窄，主要是对有关国家就海洋生物资源（特别是渔业资源）的开发和利用作出一些规定。后来随着条约的增多，所涉及的范围有所扩大；第二，海洋环境保护条约组成了一个多层次的条约体系，包括全球性的多边条约、区域性多边条约和双边条约。全球性的多边条约经常采用"框架条约＋议定书＋附件"的模式。框架条约通常作一些原则性的规定，议定书则规定缔约方具体的权利和义务，而附件就会提出详细的清单。第三，国际海洋环境保护条约越来越注重履约问题。条约的谈判难，条约的履约更难。尤其对发展中国家来说，海洋环境保护条约的履行不仅取决于政治意愿，还取决于履约能力（例如资金、技术、人才、信息和机制等）。因此，目前有些环境条约明确规定了差别待遇，即在公平的基础上，不同的成员国承担共同但有差别的义务和责任，而且发达的缔约国有义务对发展中的缔约国提供财政援助和技术转让。之所以这样做，是因为国际范围内的协作是海洋环境保护成功的关键。

三、国际海洋环境保护法的主体和客体

1. 国际海洋保护法的主体

国际法主体是指能够独立参加国际关系，直接在国际法上享受权利和承担义务并具有独立进行国际求偿能力者。能够独立参加国际关系，特别是国际政治、法律关系是国际法主体的基本要件。缔结条约就是这种能力的证明，在国际法律关系中直接享受权利并承担义务是另一个重要要件，这些要件是相互联系的整体。根据这些要件，国家是国际法最基本的主体，政府间国际组织是派生和有限的主体。

在国际海洋环境保护法的领域中，国家是最基本的主体，但是值得注意的是，政府间国际组织和非政府行为者（特别是非政府组织）在国际海洋环境保护立法和执法中发挥越来越重要的作用。

在海洋环境保护领域的政府间组织有三类：一是联合国系统的全球性的国际组织和其他专门机构，如联合国环境规划署、国际海事组织、联合国国际海底管理局；二是联合国系统外的国际组织，如欧洲联盟；三是根据环境条约或其他条约建立的政府间的国际组织，如国际原子能机构、根据《气候变化框架公约》建立的缔约方大会等。这些国际组织在海洋环境保护领域的作用有五个方面：第一，为各国在海洋环境事务方面提供协商的场所；第二，收集和发布环境信息，为国家间的环境合作提供信息服务；第三，以召开国际会议或通过决议、宣言等方式推动和促进国际海洋环境保护法原则和规则的发展；第四，在保证实施和执行国际海洋环境保护法和海洋环境标准中起着重要的作用；第五，为解决海洋环境争端提供相对独立和中立的争端解决机制和场所。

非政府的行为者，主要是指非政府组织，包括科学界、非营利性的环保组织、私营工商界、法律社团、学术界和公众等。严格地讲，它们仍不是国际海洋环境保护法的主体，但是不可否认，它们在国际环境法的发展中一直起着重要的作用，如绿色和平组织。

2. 国际海洋环境保护法的客体

法律关系的客体是指权利和义务所指向的对象。主要有物、行为、精神财富、人身利益标的、环境、国家利益标的。国际海洋环境保护法的客体主要是海洋环境要素和针对这些要素所从事的各种行为。

（1）海洋环境要素。

海洋环境要素又分为国家管辖范围以内的海洋环境与资源和国家管辖外的海洋环境与资源。

国家管辖范围以内的海洋环境与资源是指内海、领海和国家管辖的一切其他海域内的环境和资源。内海是指位于领海基线与海岸之间的海域。领海是指领海基线向海洋一侧一定宽度的海域。一般来说，领海宽度为 12 海里。内海和领海是国家领土的一部分，

完全在国家主权管辖下。国家管辖的一切其他海域是指在内海和领海外，根据国际法由国家管辖的一定范围的海域。例如，《联合国海洋法公约》中所规定的 200 海里专属经济区和大陆架等。

国家管辖外的海洋环境与资源。国家管辖范围外的海洋环境包括公海、国际海底和南极；资源即是指在这些区域内的海洋自然资源。

（2）行为。

国际海洋环境保护法的客体还包括国际海洋环境保护法的主体在利用、保护和改善国际海洋环境与资源的行为。国家在本国管辖范围内所从事的行为虽然原则上属于该国主权范围内的事情，但是由于海洋的整体性和海水的流动性，污染物的扩散和危害并不受人为设置的界限的限制，在国家管辖海域之外的排污和倾废行为也可能会损害到国家管辖范围以内的海洋环境与资源。一国在其境内从事开发和利用资源的行为，有时也会影响相邻国家或更广泛的区域，因此，国家在其管辖海域以外从事的行为也应受到国际海洋环境保护法的约束。

四、国际海洋环境保护法的原则

国际环境法的基本原则，是指为各国公认的，在国际环境法领域里具有普遍指导意义的，体现国际环境法特点并构成国际环境法的基础的基本准则。由于国际环境法是国际法的一个分支，因此，国际环境法的基本原则必须同国际法的基本原则保持一致并服从其指导，但又反映了本部门法的特征和规律。① 国际法的基本原则适用于国际法的全部领域，而国际环境法的基本原则只适用于国际环境法的领域。国际海洋环境保护法遵循的原则主要包括以下几方面。

1. 国家自然资源开发主权权利和不损害国外环境责任原则

1972 年《人类环境宣言》和 1992 年《里约宣言》都提出了各国有按自己的环境与发展政策开发自己资源的主权，并且有责任保证在它们管辖或控制之内的活动不致损害其他国家的或在国家管辖范围以外地区的环境，在其他很多重要的国际法文件和司法判例也有相似的规定。一般认为，国家自然资源开发主权权利和不损害国外环境责任原则已经成为一项国际习惯法原则。

国际自然资源开发主权权利和不损害国外环境责任原则包含相互关联的两个方面：一方面是"各国拥有按照本国的环境与发展政策开发本国自然资源的主权权利"；另一方面是国家"负有确保在其管辖范围内或在其控制下的活动不致损害其他国家或在国家管辖范围以外地区的环境责任"。这项原则的前一方面承认了国家关于环境的主权权利，它的后一方面规定了国家关于环境的义务。这项原则是国家在环境方面的权利和义务的结合。

这一原则在海洋环境保护法中有着深刻的体现。《联合国海洋法公约》规定，各国有根据本国的环境政策开发自然资源的主权权利，同时承担保护和保全海洋环境的义务，应采取一切必要措施，确保在其管辖或控制范围内的事件，或活动所造成的污染不致扩大到本国管辖范围之外。公约要求各国在全球性和区域性的基础上进行合作，防止

① 参见汪劲著：《环境法学》，北京大学出版社 2006 年版，第 639 页。

将污染损害从一个区域转移到另一个区域，或将一种污染转变成另一种污染，并为应对污染事故而发展和促进各种应急计划；《湿地公约》则规定《湿地名录》中登记的国家湿地不损害该湿地所在缔约国的排他的主权权利。《控制危险废物越境转移及其处置巴塞尔公约》承认各国拥有禁止来自外国的危险废物和其他废物进入其领土或在其领土内处置的主权权利；《生物多样性公约》的规定则更加明确："确认各国对其自然资源拥有的主权权利，因而可否取得遗传资源的决定权属于国家政府，并依照国家法律行使。"该公约还规定提供遗传资源的缔约国有权与获得该遗传资源的缔约国按照共同商定的条件，公平分享研究和开发该遗传资源的成果和利用该资源所获之利益。《生物多样性公约》这两项规定，无疑是发展中国家在维护本国资源开发主权权利斗争中的一个胜利。

不损害国外环境的责任是相对于国家对自然资源永久主权的一种义务。除了《人类环境宣言》和《里约宣言》外，还有很多国家"软法"文件承认这一责任。与国家不损害国外环境的责任紧密联系的是有关国家环境赔偿责任和赔偿机制的问题，即如何通过国际法律程序得到执行的问题。但当前国际环境法在这一问题上还不是很发达。

2. 可持续发展的原则

人类文明发展至今，对人类的生存发展与自然生态的平衡之间的密切联系有着越来越深刻的认识。过去，人们简单地认为自然资源是取之不尽、用之不竭的，自然是为人类的需要所用的，人类也有权利和能力按照自己的需要来利用自然，即使着手环境保护也只是为了维护当代人类的生存与发展。现在，人类开始以理性和长远的观点重新审视人与自然，认识到当代人类不能肆意侵犯或剥夺后代人类的发展权利，而应使人类文明的薪火代代相传，即实现可持续发展。

可持续发展原则内容广泛，国际社会较为公认其包括代际公平、代内公平、可持续利用和环境与发展一体化四个基本要素。代际公平是指每一代人既应为后代人保存自然资源的多样性，也应享有拥有与他们前代人同等的多样性的权利；每一代人既应保持地球的生态环境质量，又享有前代所曾享有的地球生态环境质量的权利；每一代人应对其成员提供平等地取得和利用前代人的遗产的权利，并应为后代人保存这项权利；代内公平指的是，同一代人，无论其国籍、种族、性别，无论其属于发展中国家还是发达国家，对于利用自然资源和享受清洁、良好的环境享有平等的权利；可持续利用指的是，对于可再生资源，在保持可再生资源最佳再生前提下加以利用；对于不可再生资源，在保存和不以使不可再生资源耗尽的前提下加以利用；环境与发展一体化指的是，在制定经济社会发展计划时应切实考虑保护环境的需要，在追求环境目标时应充分考虑发展的需要，实现环境与发展的协调统一。

可持续发展原则在国际海洋环境保护公约中得到肯定。《国际捕鲸管制公约》明确规定其宗旨是"防止所有种类鲸鱼的过度捕猎"、"为未来世世代代子孙而保护鲸鱼类这一丰富的自然资源"和"建立国际捕鲸管制制度，以确保鲸鱼族类的适当养护和发展"。1992年的《生物多样性公约》在序言中重申"各国有责任保护它自己的生物多样性并以可持久的方式使用它自己的生物资源"。可持续发展原则在国际环境法领域具有普遍指导意义，适用于国际环境法的各个领域，可以说是国际环境法的一项根本原则。有人甚至主张将"国际环境法"更名为"可持续发展国际法"。

3. 国际海洋环境合作原则

海洋与其他自然资源相比，具有更强的国际性，世界上没有任何一片海洋真正属于某一个国家，这就决定了国际合作在海洋环境保护中的特别重要性。根据《海洋法公约》规定，每个国家如果知道有因污染造成损害的威胁或者实际上存在损害的事实，应及时向有面临同样危险可能性的国家发出通知，并向主管国际机构作出报告；各国在为保护海洋环境和制定国际规则、标准与办法时，应在全球性或区域性的基础上，直接或通过主管国际组织进行合作，并同时顾及区域的特点。在符合其他国家利益的条件下，各国应尽力直接或通过各主管国际组织，用公认的科学方法观察、测算、估计和分析海洋环境污染的危险或其影响；应发表其取得的研究成果的报告，或者每间隔一定期间向主管国际组织提出这种报告。应共同制定和发展各种应急计划，以应对海洋环境的污染事故；应向发展中国家提供所需要的技术援助，使发展中国家能有效参与防止、减少和控制海洋污染的活动；关于海洋环境保护，应考虑到发展中国家的财政困难。《生物多样性公约》规定了各国应当对生物多样性的情报进行交流。《控制危险废物越境转移及其处置巴塞尔公约》要求缔约国为控制危险废物的越境转移而在情报和资料交换、监测、无害技术等方面进行合作。

4. 共同但有区别的责任原则

共同但有区别的责任原则指的是由于地球生态系统的整体性和导致全球环境退化的各种不同因素，各国对保护全球环境负有共同的但是又有区别的责任。共同但有区别的责任原则初步确立于1992年的联合国环境与发展大会。大会通过的《里约环境与发展宣言》在其原则七中宣布："各国应当本着全球伙伴精神，为保存、保护和恢复地球生态系统的健康和完整进行合作。鉴于导致全球环境退化的各种不同因素，各国负有共同的但是又有区别的责任。发达国家承认，鉴于它们的社会给全球环境带来的压力，以及它们所掌握的技术和财力资源，它们在追求可持续发展的国际努力中负有责任。"共同但有区别的责任原则，包括两个互相关联的内容，即共同的责任和有区别的责任。共同责任指的是各国对保护全球环境负有共同的责任；有区别的责任是指就导致全球问题的原因而言，各国在环境保护义务的承担上应当是有所区别的，具体而言就是发达国家应当比发展中国家承担更多的或者是主要的责任。

共同但有区别的责任原则在一系列海洋国际环境法律文件中得到了体现。例如，《生物多样性公约》的序言确认生物多样性的保护是全人类共同关切的事项。并且在第十二条规定："考虑到发展中国家的特殊需要，缔约国应：（a）在查明、保护和持久使用生物多样性及其组成部分的措施方面建立和维持科技教育和培训方案，并为此种教育和培训提供资助以满足发展中国家的特殊需要；（b）特别在发展中国家，除其它外，按照缔约国会议根据科学、技术和工艺咨询事务附属机构的建议作出的决定，促进和鼓励有助于保护和持久使用生物多样性的研究；（c）按照第16、18和20条的规定，提倡利用生物多样性科研进展，制定生物资源的保护和持久使用方法，并在这方面进行合作。"《联合国海洋法公约》第六十一条规定："沿海国应决定其捕捞专属经济区内生物资源的能力。沿海国在没有能力捕捞全部可捕量的情形下，应通过协定或其它安排，并根据第4款所指的条款、条件、法律和规章，准许其它国家捕捞可捕量的剩余部分，特别顾及第六十九条和第七十条的规定，尤其是关于其中所提到的发展中国家的部分。"

《跨界鱼类种群和高度洄游鱼类种群的养护与管理协定》第24条规定："1. 各国应充分承认发展中国家在养护和管理跨界鱼类种群和高度洄游鱼类种群和发展这些种群的渔业方面的特殊需要。为此目的，各国应直接或通过联合国开发计划署、联合国粮食及农业组织和其他专门机构、全球环境融资、可持续发展国委员会及其他适当国际和区域组织与机构，向发展中国家提供援助。2. 各国在履行合作义务制定跨界鱼类种群和高度洄游鱼类种群的养护和管理措施时，应考虑到发展中国家的特殊需要，尤其是：（a）依赖开发海洋生物资源，包括以此满足其人口或部分人口的营养需要的发展中国家的脆弱性；（b）有必要避免给发展中国家，特别是小岛屿发展中国家的自、小规模和个体渔民及妇女渔工以及土著人民造成不利影响，并确保他们可从事捕鱼活动；和（c）有必要确保这些措施不会造成直接或间接地将养护行动的重担不合比例地转嫁到发展中国家身上。"第25条规定："1. 各国应直接地或通过分区域、区域或者全球组织合作以：（a）提高发展中国家，特别是其中的最不发达国家和小岛屿发展中国家的能力，以养护和管理跨界鱼类种群和高度洄鱼类种群和发展本国捕捞这些种群的渔业；（b）协助发展中国家特别是其中的最不发达国家和小岛屿发展中国家，使其能参加公海捕捞这些种群的渔业，包括提供从事这种捕鱼活动的机会，但以不违背第5和第11条为限；（c）便利发展中国家参加分区域和区域渔业管理组织和安排。2. 就本条规定的各项目标同发展中国家合作应包括提供财政援助、人力资源开发方面的援助、技术援助、包括通过合资安排进行的技术转让及咨询和顾问服务。3. 这些援助除其他外应特别着重于：（a）通过收集、汇报、核查、交换和分析渔业数据和有关资料的办法改进跨界鱼类种群和高度洄游鱼类种群的养护和管理；（b）种群评估和科学研究；（c）监测、管制、监督、遵守和执法工作，包括地方一级的培训和能力建设，拟订和资助国家和区域观察员方案，及取得技术和设备。"值得注意的是，这些条约要求发达国家率先行动的同时，并没有忽略发展中国家保护全球环境和资源的责任，因此发展中国家应当抓紧时间，积极调控。

第二节　国际海洋环境保护法的历史发展

作为国际环境法的一个组成部分，国际海洋环境保护法的发展速度非常迅速。从1954年国际社会签订第一个有关海洋环境保护的条约《国际防止海洋石油污染公约》开始，在过去的50多年里，国际海洋环境保护法全面而快速地发展起来。大量全球性、区域性的保护海洋环境的国际条约及有关国际环境保护的司法判例对海洋环境的保护起到了重要的作用。[①]

一、第一阶段：萌芽阶段（19世纪中叶—1954年）

国际海洋环境保护法的历史可以追溯到19世纪中期的一些捕鱼和保护渔业资源的条约和协定。例如，《英法渔业公约》（1867年）、《北海过量捕鱼公约》（1882年）等。从19世纪中期到1954年国际社会签订了第一个防止海洋污染的公约《国际防止海

---

① 参见许健著：《国际环境法学》，中国环境科学出版社2004年版。

上油污公约》为止，国际海洋环境保护法的发展是非常有限的，我们可以称此阶段为国际海洋环境保护法发展的萌芽期。

第一次世界大战以后，海洋石油污染引起了人们的注意。1926 年美国出面召集华盛顿会议，谋求在限制海洋油类的排放方面达成国际协议，但未获成功。1934 年，英国出面召集伦敦会议，由于德、日、意的缺席，也没有结果。第二次世界大战后，海上石油运量巨增，油污日益严重。1954 年英国再次发起，有关各国在伦敦签署了《国际防止海上油污公约》。此条约的签订实非易事，从 1926 年到 1954 年从动议到正式签约，一共经历了 28 年。在此阶段签订的条约还有《国际捕鲸管制公约》（1946 年签订于华盛顿，1948 年 11 月 10 日生效，1980 年 9 月 24 日对我国生效）。

《国际防止海上油污公约》的签订开始了海洋环境保护意义重大的一步。从那时到现在国际海洋环境保护法的发展逐步加快，大致上可以分为下列阶段。

二、第二阶段：起步阶段（1954—1972 年）

这个阶段签订的公约除了《油污公约》以外，主要有《保护北太平洋海豹临时公约》（华盛顿，1957）、《公海渔业及生物资源养护公约》（1958 年）、《南极条约》（1959 年）、《国际植物新品种保护公约》（1961 年）、《部分禁试条约》（1963 年）、《保护南极动植物议定措施》（1964 年）、《核动力船操作者民事责任公约》（1963 年）、《国际油污损害民事责任公约》（1969 年）、《国际遇有油污损害事故公海干预公约》（1969 年）、《关于北海对付油污合作协定》（1969 年）、《鸟类狩猎和保护比荷卢公约》（1970 年）；《国际建立油污损害国际基金公约》（1971 年）、《禁止在海床、洋底及其底土置放核武器及其他大规模毁灭武器条约》（1971 年）、《丹麦、芬兰、挪威、瑞典关于采取防止海洋石油污染合作措施协定》（1971 年）、《湿地公约》（1971 年）、《防止船舶和飞机倾废造成海洋污染公约》（1972 年）、《保护南极海豹公约》（1972 年）。

这一阶段所签订的条约所包含的某些规则，都还不能突破传统国际法的范围。例如，关于环境损害事故责任的确定，虽然也适用无过失责任原则，确定了"直接责任"或"绝对责任"，但未能触及国家责任。又如关于管辖权的问题，公约都坚持船旗国管辖权。

三、第三阶段：快速成长阶段（1972—1982 年）

1972 年斯德哥尔摩人类环境会议是人类环境保护的重大事件，会议公布了三项文件，即《人类环境宣言》、《行动计划》和《关于机构和资金安排的决议》。这些文件在同年秋季的第 27 届联合国大会上获得通过。由 26 条原则组成的《人类环境宣言》标示着人类对于人与自然的关系的认识发生了一次飞跃，为国际也为各国国内环境立法及制定环境政策提供了方针及原则。《行动计划》则为国际社会绘制了一幅采取环境保护具体行动的蓝图。根据这个行动计划，联合国环境规划署后来建立了全球环境检测系统（GEMS）和国际资料查询系统（INFOTERRA）。根据《关于机构和资金安排的决议》，联合国决定成立一个新的机构——联合国环境规划署（UNEP），被赋予全球环境保护的规划、设计、组织及协调的职能，为促进海洋环境保护的立法作出了重要的贡献。

从《人类环境宣言》的发表到《联合国海洋法公约》签订前夕，为国际海洋环保护法发展的第三个阶段。在这一阶段中签订了大量的国际海洋环境保护协定。主要有：《防止倾倒废物和其他物质污染海洋公约》（1972 年）、《国际防止船舶造成污染公约》（1973 年）、《遇有油以外的物质污染公海的干预议定书》（1973 年）、《濒危野生动植物种国际贸易公约》（CITES）（1973 年）、《保护北极熊协定》（1973 年）、《近海污染民事责任协定》（1974 年）、《防止陆源污染海洋公约》（1974 年）、《丹麦、芬兰、挪威、瑞典环境保护公约》（斯德哥尔摩，1974 年）、《波罗的海区域海洋环境保护公约》（1974 年）、《保护地中海免于污染公约》（1976 年）、《南太平洋自然保护公约》（1976 年）、《由海床矿物资源的勘探与开发而导致的污染损害民事责任公约》（1977 年）、《1973 年国际防止船舶污染公约的 1978 年议定书》（1978 年）、《科威特保护海洋环境防止污染的区域合作公约》（1978 年）、《养护欧洲野生生物和自然生境公约》（1979 年）、《保护野生动物迁徙公约》（1983 年）、《关于保护野鸟的指令》（1979 年）、《南极海洋生物资源保护公约》（1980 年）、《西非和中非地区海域及沿海环境保护与开发的合作公约》（1981 年）、《有关对付紧急污染事故的合作议定书》（1981 年）、《东南太平洋区域及海岸环境保护公约》（1981 年）、《有关对付东南太平洋及有害物质污染的紧急事故区域合作公约》（1981 年）、《有关对付油及有害物质污染的紧急事故区域合作议定书》（1982 年）、《北大西洋养护沙丁鱼公约》（1982 年），《关于自然养护和风景保护的比荷卢公约》（1982 年）等。

这一阶段时间所签订的条约中多包含一些较为严格的执行条款，不仅具有更大的约束力，也便于各国执行。对修订协定程序的规定，也比较灵活，以更能适应变化的形势。协定有从单一内容向综合内容发展的趋势，这种综合内容包含防止多种污染源及调整多种行为关系的协定，人们叫做"伞性条约"。从 20 世纪 70 年代中期起，这种"伞性条约"就开始出现了。

四、第四阶段：成熟发展阶段（1982 年至今）

从 1982 年《联合国海洋法公约》签署到现在，是国际海洋环境保护协定签订的第四阶段。《联合国海洋法公约》的签订，是国际社会管理海洋的划时代事件，也是国际社会保护海洋环境划时代意义的大事件。它促进了国际海洋环境保护法的迅速发展，使其进入成熟发展阶段。《联合国海洋法公约》标志着国际海洋环境保护的体制已初步建立。其意义有两点：其一，它为各国利用和保护海洋资源的行为确立了必须遵守的国际法原则和义务；其二，它对各国保护国际海洋环境规定了基本的法律要求和制度。

从《联合国海洋法公约》签订到现在经历了 20 多年的时间。在这一阶段国际海洋环境保护法进入了成熟期。在此期间签订和修改的条约如下。

《控制危险废物越境转移及其处置巴塞尔公约》（1989 年）、《〈控制危险废物越境转移及其处置巴塞尔公约〉修正案》（1995 年）、《生物多样性公约》（1992 年）、《国际遗传工程和生物技术中心章程》（1983 年）、《濒危野生动植物种国际贸易公约》第二十一条的修正案（1983 年）、《1983 年国际热带木材协定》（1983 年）、《1994 年国际热带木材协定》（1994 年）、《国际油污防备、反应和合作公约》（1990 年）、《关于逐步停止工业废弃物的海上处置问题的决议》（1993 年）、《关于海上焚烧问题的决议》（1993 年）、《关于海上处置放射性废物的决议》（1993 年）、《防止倾倒废物及其他物质污染海洋公约的 1996 年议定书》（1996 年）、《中白令海狭鳕养护与管理》（1994

年）、《执行 1982 年 12 月 10 日〈联合国海洋法公约〉有关养护与管理跨界鱼类种群和高度洄游鱼类种群的规定协定》（1995 年）、《亚洲—太平洋水产养殖中心网协议》（1988 年）、《及早通报核事故公约》（1986 年）、《核事故或辐射紧急援助公约》（1986 年）、《核安全公约》（1994 年）、《核材料实物保护公约》（1980 年）、《关于环境保护的南极条约议定书》（1991 年）、《控制危险废物越境转移及其处置巴塞尔公约》1995 年修正案（1995 年）、《关于持久性有机污染物的斯德哥尔摩公约》（2001 年）等。

到了 1982 年，国际社会已就防治海洋的污染源签订了不少协定，这些协定涉及了几乎所有的海洋污染源。《联合国海洋法公约》签订后，就单纯地防治海洋某一向单项污染源来说，本无多少协定还需签署，但还有不少漏洞，所以在这一时期对很多以前制定的条约进行了修订和补充，同时加强了对海洋生物资源保护的国际立法。

除了以上国际条约以外，为了保护海洋环境，国际社会还制定和签署了大量的有指导意义的文件。如《人类环境宣言》、《内罗毕宣言》、《关于环境保护和可持续发展的法律原则建议》、《里约环境与发展宣言》、《二十一世纪议程》、《国际清洁生产宣言》、《实施卫生和植物检疫措施的协议》、《关于服务贸易和环境的决定》、《关于贸易与环境的决定》等大量的非法律性文件，这些文件对各国的海洋环境保护起到了指导的作用。

第三节　中国与国际海洋环境保护法的实践

近年来，我国双边、区域性和多边的环境合作与国际公约履约工作成效显著，海洋环境保护国际合作项目进展顺利。

作为最大的发展中国家和环境大国，我国一直积极参与全球环境合作和履约工作。近年来，我国在参与和推动国际环境合作与交流方面日益活跃，扩大了影响，树立了负责任的环境大国形象；同时，在双边、多边和区域国际环境合作中，坚持"以外促内"原则，围绕我国的环境保护事业，维护国家权益，争取最大利益，极大地促进了我国的环境保护。

2003 年，中国国家环保总局完成和参与了 12 次国际环境公约的谈判任务，环境公约的履约工作取得新的进展；配合有关部门参与 WTO 贸易与环境谈判，为维护国家利益和参与国家宏观决策发挥了重要作用；解振华局长荣获 2003 年度联合国笹川环境奖和世行"绿色环境奖"。与主要大国和大国集团的双边环境合作得到进一步加强和改善，"加强双边"战略有了新的突破；先后与美国、加拿大、埃及、西班牙签署或续签了环保科技合作谅解备忘录；启动了中欧环境政策部长对话并签署了合作文件。中日韩三国环境合作进入成熟阶段；东盟—中日韩（10＋3）机制下的环境合作开始起步；亚欧环境政策对话深入推进，"稳定周边"战略初步实现。与联合国环境署合作有新的进展。中国环境与发展国际合作委员会提出的政策建议继续得到国家重视。设立和首次颁发了"环保国际合作奖"。

我国与世界上许多国家和国际机构开展的环保引资和项目合作有所突破，对我国的环保建设有极大的推动作用。其中，2003 年仅多边机制下就获得 7 700 万美元赠款。环保科技合作项目呈逐年上升趋势，大大提高了全国环保工作的管理和科技水平。通过借鉴发达国家有关环境保护的法律法规、标准和制度，如环境影响评价、污染者付费、排污许可证、总量控制等，建立了具有中国特色的环境政策、管理制度体系，加快了环境保护法制化建设。通过引进清洁生产、循环经济概念原则和方法，及国际环境标准 ISO 14000 等先进管理经验和手段，促进了工业污染防治由末端治理向全过程控制转变。

在履行国际环境公约和国际环境义务中，由国家环保总局负责组织实施的海洋环境保护国际合作事务包括联合国环境规划署倡导的全球区域海行动计划、防止陆上活动影响海洋全球行动计划和双边政府合作协议。

我国是区域海行动计划东亚海行动计划与西北太平洋行动计划的成员国之一，在东亚海行动计划框架之下，我国参加的"扭转南中国海项目及泰国湾环境退化趋势"项目（简称"南中国海项目"）进展顺利，红树林、海草、湿地和防治陆源污染四个专题在第一轮项目示范区挑选中各有一个获得批准；共同完成了"东亚海跨境诊断分析"报告，组织编写了"南中国海跨境诊断分析与战略行动计划框架"国别报告；参与制定了防止陆源污染东亚海区域行动计划；参加了东亚海区域珊瑚礁监测与数据收集活动。

在西北太平洋行动计划方面，我国参加的 6 个项目分别为：综合性数据库和管理信息系统项目，区域内国家环境政策、法规与战略项目，近海与沿岸及相关淡水环境监测和评价项目，海上油污染防备与应急反应项目，海洋环境保护公众宣传教育项目，保护海洋环境免受陆上活动污染项目准备。

防止陆上活动影响海洋全球行动计划是由联合国环境规划署倡导实施的全球沿海国家环境保护活动，于 1995 年正式启动，其首要任务是通过寻求新的、额外的财力资源来建立市政污水处理设施，以减轻陆源对海洋的污染。我国积极参加了这个计划，始于1998 年的《渤海碧海行动计划》是国内最大和最直接的活动。

始于 1997 年的中韩黄海环境联合调查项目是我国政府和韩国政府签约的环保合作项目。开展该项目可以大量获取黄海公海海域环境质量状况的科学监测资料，科学、公正地掌握黄海公海海域环境质量状况，为两国政府进行黄海海域环境质量控制与污染防治提供科学依据。

海洋环保国际合作项目对我国的海洋环境保护工作起到了积极的促进作用。据悉，南中国海项目的海草专题组采用国际标准规范在我国南海周边三省区进行了海草资源及其生境状况的普查和重点区域海草场的调查，确定了海草场总面积和主要分布地，建立了重点海草场的信息数据表，分析了海草场面临的威胁及其因果链，评估了海草场经济价值，确定了国家级海草场优先保护区，专题成果提高了政府部门和公众对海草及其生态功能与经济价值的认识。

中国是世界上最大的发展中国家，也是海洋大国，尽管在发展经济的过程中也对全球海洋环境问题作出了一定的贡献，但由于中国人均排放量和人均资源占有量相对较低、环境问题的出现具有长期的积累性等因素，尽管中国目前已经加入 20 多个国际环境公约，同 30 多个国家签署了双边环境保护合作协议或备忘录，在全球环境保护中发挥着日益重要的作用，但中国环境履约的能力却亟待提高。

为给履约的管理和国际合作提供一个可持续的固定场所和适于国际合作的良好环境，原国家环境保护总局提出了建设"环境保护国际公约履约中心"的建议，并得到了包括蒙特利尔多边基金在内的国际社会的广泛关注与支持。对于全球性海洋环境来说，由于没有一个超越所有主权国家之上的政府来指定并实施合理的环境政策和法律，所以这一问题的解决比国内环境问题要麻烦得多，它只能取决于主权国家在多大程度上能够取得相互信任并进行合作，特别是在发达国家和发展中国家之间。因此，从国际海洋环境条约实际履行的意义上讲，现在最根本的任务是建立一种有效的激励机制来鼓励国际社会在环境保护方面开展合作，因为只有国际合作才是解决全球性海洋环境问题的唯一出路。

参考文献

1. 许健．国际环境法学．北京：中国环境出版社，2004.
2. 那力．国际环境法．北京：清华大学出版社，2004.
3. ［法］亚历山大·基斯．国际环境法．张若思编译，北京：法律出版社，2000.
4. 王曦．国际环境法．北京：法律出版社，1998.
5. 国务院环境保护委员会秘书处编．中国关于全球环境问题的原则立场．北京：中国环境科学出版社，1992.

课后思考

1. 什么是国际海洋环境法？它的特征表现在哪些方面？
2. 国际海洋环境保护法的发展分为哪几个阶段？各自有哪些特点？
3. 国际海洋环境保护法的渊源有哪些？原则有哪些？它们对国际海洋环境保护法的作用是怎样的？
4. 目前全球国际海洋环境保护法实践中存在着哪些问题？为什么？
5. 中国政府对解决全球海洋环境问题的基本立场是什么？并为此作出过哪些贡献？

第十七章　重要的海洋环境保护公约

第一节　综合性海洋环境保护公约
——《联合国海洋法公约》

一、《联合国海洋法公约》制定的背景和意义

1982 年 12 月 10 日, 119 位代表在牙买加蒙特哥湾签署了《联合国海洋法公约》。此公约由联合国第三次海洋法会议所发起, 历经了 9 年多的讨论, 已于 1994 年 11 月 16 日正式生效。《联合国海洋法公约》共有 17 个部分, 含 320 个条款和 9 个附件, 其内容包括海洋法问题的各个方面。其既集国际社会关于海洋问题的国际习惯法规则之大成, 又针对第二次世界大战之后国际社会在国际海洋地缘政治、海洋科学、海洋资源开发、海洋环境保护方面的新的实践和研究作出了新规定, 是迄今有关海洋的国际法中最全面和最权威的编纂, 是现代国际海洋法发展史上最为重要的事件。《联合国海洋法公约》规定了一系列的海洋资源法律制度, 扩大了沿海国家对海洋及其资源的管辖权, 标志着现代国家海洋法律发展到了一个新阶段。

制定《联合国海洋法公约》的目标是多重的, 单就国际海洋环境保护方面来说, 该条约的意义在于三个方面: ①建立一种综合性法律程序, 以便于国际交流和促进对海洋的和平持续利用、海洋资源的可持续开发, 以及对海洋环境的研究保护; ②协调和平衡各国开发海洋资源的权利与管理和养护海洋资源及保护海洋环境的义务; ③建立海洋环境保护的综合性法律框架, 并且进一步用全球或区域一级的国际规则和国家措施加以补充和发展。

《联合国海洋法公约》的宗旨是 "在妥为顾及所有国家主权的情形下, 为海洋建立一种法律秩序, 以便利国际交通和促进海洋的和平用途, 海洋资源的公平而有效的利用, 海洋生物资源的养护以及研究、保护和保全海洋环境。"《联合国海洋法公约》明确了国家资源开发主权权利和不损害国外环境责任原则和国际合作原则, 规定了各国有责任履行其关于保护和保全海洋环境的国际义务并按照国际法承担责任。此外, 公约还对各国规定了防止和控制各种来源的海洋污染的基本要求和制度。

二、《联合国海洋法公约》的基本原则和主要内容

《联合国海洋法公约》明确规定了国际海洋环境保护的基本原则, 即 "各国有依据其环境政策和按照其保护和保全海洋环境的职责开发其自然资源的主权权利", 同时承担 "保护和保全海洋环境的义务"。据此,《联合国海洋法公约》规定: 各国应在适当情况下个别或联合地采用一切必要措施, 防止、减少和控制任何来源的海洋污染; 各国应采取一切必要措施, 确保在其管辖或控制下活动的进行不致使其他国家及其环境遭受

污染的损害，并确保在其管辖或控制范围内的时间或活动所造成的污染不致扩大到其按照公约行使主权权利的区域之外；各国在采取措施防止、减少和控制海洋环境的污染时采取的行动不应直接或间接将损害或危险从一个区域转移到另一个区域，或将一种污染转变成另一种污染；各国应采取一切必要措施以防止、减少和控制由于在其管辖或控制下使用技术而造成的海洋环境污染，或由于故意或偶然在海洋环境某一特定部分引进外来的或新的物种致使海洋环境可能发生重大和有害的变化。

另外，公约也对保护海洋环境的国际合作原则进行了规定。要求各国在全球性和区域性的基础上进行合作以制定符合有关国际海洋环境保护和保全的国际规则、标准、办法和程序；要求缔约国直接或通过主管国际组织促进研究、实施科学研究方案，鼓励交换所取得的关于海洋环境污染的情报和资料；要求各国应共同发展和促进各种应急计划，以应对海洋环境的污染事故。

关于海洋环境保护和保全的法律制度，在《联合国海洋法公约》中占有相当重要的地位。这类规定集中在公约的第十二部分"海洋环境保护和保全"中。该部分共 11 节、45 条，此部分成为全球性海洋环境保护的全面的法律规章。该部分包含了 11 项内容：一般规定，国际合作，对发展中国家的技术援助，监督及环境评价，控制污染的国际规则及国内立法，控制污染法规的强制执行，防止滥用控制权的安全措施，冰封区域，国际责任，豁免与特权及其他条约义务等。此外，在关于领海、海峡、专属经济区、国际海底区域规定，关于海洋污染、废物倾倒的规定、关于污染海洋行为不属于无害通过的规定、关于生物资源的保护应考虑海洋环境因素的规定等部分中也有一些涉及海洋环境保护和保全主题的条款。

《联合国海洋法公约》要求各国和有关的国际组织制定法律、规章、国际规则和标准以控制陆地来源的污染、国家管辖的海底活动造成的污染、来自"区域"①内活动的污染、倾倒造成的污染、来自船舶的污染和来自大气层或通过大气层的污染。《联合国海洋法公约》第十二部分的具体内容如下。

关于陆地来源的污染，公约要求各国以立法防止、减少和控制陆地来源，包括河流、河口湾、管道和排水口结构对海洋环境的污染。

关于国家管辖的海底活动造成污染，公约要求各国以立法防止、减少和控制来自受其管辖的海底活动或与此种活动有关的污染，以及在其管辖下的人工岛屿、设施和结构对海洋的污染。

关于来自"区域"内活动的污染，公约一方面要求国际海底管理局制定国际规则、规章和程序来防止、减少和控制"区域"内活动对海洋环境的污染；另一方面要求各国立法防止、减少和控制由悬挂其旗帜或在其国内登记或在其权利下经营的船只、设施、结构和其他装置所影响的"区域"内活动造成对海洋环境的污染。

关于倾倒造成的污染，公约要求各国的有关控制倾倒的法律和规章应规定倾倒许可证制度和非经沿海国事先明示核准，不得在其领海、专属经济区或大陆架上进行倾倒。

---

① 区域，是指国家管辖范围以外的海床和洋底及其底土。"区域"造成的污染是指国家管辖以外的底土开发活动造成的污染。

关于船只造成的污染，公约要求各国通过主管国际组织或外交会议制定国际规则、标准和促进划定航线制度的采用，以防止、减少和控制海洋污染；各国应立法以控制悬挂其旗帜或在其国内登记的船只对海洋环境的污染；各国可制定关于防止、减少和控制海洋污染的特别规定作为外国船只进入其港口和内水或在其岸外设施停靠的条件，但应将此规定妥为公布，并且该规定不得损害船只行驶其无害通过权和驶往内水或停靠内水外的港口设备的权利；沿海国可对其专属经济区制定法律和规章以防止、减少和控制来自船只的污染。

关于来自大气层或通过大气层的污染，公约要求各国制定适用于在其主权下的上空和悬挂其旗帜的船只或在其国内登记的船只或飞机的法律和规章，以防止、减少和控制来自大气层或通过大气层的污染。

对上述各类污染，《联合国海洋法公约》要求各国通过主管国际组织或一般外交会议制定国际规则和标准。以上各类国内法律和规章的效力一般不得低于同类国际规则和标准的效力。公约对于上述各类法律、规章和国际规则、标准的执行规定了一个由多种执行主体相结合的执行体制。

第二节　防治陆源污染和船舶污染的公约

一、防止陆源污染物的公约

《联合国海洋法公约》第二百零七条对控制陆源污染作了专门规定，此外，控制陆源污染的法律文件还有1974年《防止陆源物质污染海洋公约》、1992年《保护东北大西洋海洋环境公约》，它们对陆源污染的控制更为严格。要求缔约国控制陆源污染的计划和措施要对点源要求应用最佳可得技术，对点源和散源要求应用最佳环境惯例。所有的污染物质的排放必须事先得到许可。

联合国环境规划署主持签订的区域海洋环境保护的公约中有三项有关陆源污染的议定书，即1976年《保护地中海免受污染公约》中1980年《保护地中海免受陆源污染议定书》、1981年《保护东南太平洋海洋环境和沿海区域公约》中1983年《保护东南太平洋免受陆源污染议定书》和1978年《关于合作防止海洋环境污染的科威特区域公约》中1990年《科威特陆源污染议定书》。

根据《联合国海洋法公约》，陆源污染主要是指：①经由入海河流排污管道；②经沿海工矿企业；③经沿海农田、生活设施和海港；④陆上排放的有害废气经大气层降水进入海洋。

由于陆源污染是属于有关沿海国主权管辖下的事情，《联合国海洋法公约》和其他多边公约很难作出具体规定。《联合国海洋法公约》只是要求各国制定法律和规章以防止、减少和控制陆地来源的污染，并防止、减少和控制通过大气层对海洋环境的污染（第二百零七、第二百一十三条）。

1974年《防止陆源物质污染海洋公约》是国际社会第一部关于防止陆源海洋污染的公约。该公约规定了缔约国的义务、各缔约国应共同或单独实施各种方案和措施，以及设立一个由缔约国代表组成的委员会，监督公约的实施。

二、防治船舶污染的公约——《国际防止船舶污染公约》

20 世纪中后期，国际上连续发生了多起油轮污染事件，给人们敲响了警钟，保护海洋环境，防止船舶污染问题，更加引起了海运界的重视。1973 年 11 月 2 日各国代表在伦敦签订了《1973 年国际防止船舶造成污染公约》，该公约由包括 20 个正文和"关于涉及有毒物质事故报告的规定"等 2 个议定书和 5 个附则组成。该公约的缔约国于 1978 年签订了一项议定书，对该公约予以修订。公约及议定书于 1983 年 10 月 2 日生效，同日对我国生效。1978 年 2 月 17 日各缔约国再次聚集伦敦，签署了《关于 1973 年国际防止船舶造成污染公约的 1978 年议定书》，该议定书包括 9 条正文和一个附则。经 1978 年议定书修订的《1973 年国际防止船舶造成污染公约》简写为《MARPOL73/78 公约》。公约和议定书是一个整体关系，《MARPOL73/78 公约》这一简称已被广为接受，并在国际上通用。

《MARPOL73/78 公约》的目的是彻底消除有意排放油类和其他有毒物质而污染海洋环境并将这些物质的意外排放减至最低限度。该公约规定了对于违章排放有害物质的船舶的执行权和港口国缔约国对停靠该港或近海装卸站的船舶的检查权。该公约适用于有权悬挂一缔约国国旗的船舶和无权悬挂一缔约国国旗但在一缔约国的管辖下进行营运的船舶，不适用于任何军舰、海洋辅助船舶或其他国有或国营并暂时只用于政府非商业性服务的船舶。公约要求缔约国向国际海事组织尽快报告船舶向海洋排放或可能排放有害物质的事件，国际海事组织在收到报告后应尽快通知有关方面，如船旗国和可能受影响的国家。

关于对违章排放有害物质的船舶的执行权，涉及船旗国和沿海国。公约规定："一、任何违反本公约要求的事件，不论其发生在何处，根据有关防止船舶主管机关的法律，应予禁止，并有相应的制裁措施。如果该主管机关获悉该项违章事件，并确信有充分证据对被声称的违章事件提出诉讼，则应按照法律使这种诉讼尽速进行。"这属于船旗国的执行；"二、在任一缔约国管辖区域以内的任何违反本公约要求的事件，根据该缔约国的法律，应予禁止，并有相应的制裁措施……该缔约国应：（一）使有关部门按其法律提出诉讼；（二）将其可能掌握的关于已发生违章事件的情况和证据，提交该船的主管机关。"即沿海国的执行。公约还规定了港口缔约国对停靠该港或近海装卸站的船舶的检查权，包括检查船舶的证书和检查船舶是否违章排放有害物质。该公约要求缔约国向国际海事组织尽快报告船舶向海洋排放或可能排放有害物质的事件（即公约所称事故）。国际海事组织在收到报告后应尽快通知有关方面，如船旗国和可能受影响的国家。

《MARPOL73/78 公约》有 5 个附则，分别对防止石油污染、控制散装有害液体污染、预防包装中的有害物质污染、预防无水污染和预防船舶垃圾污染作了具体规定。在这 5 个附则中，附则一、附则二为缔约国在签署、批准、接受认可或加入公约时必须接受的附则。附则三、附则四、附则五为任选附则，缔约国可声明不予接受。另外，该公约附有两个议定书，其中一个是关于涉及有害物质事故报告的规定，另一个是关于仲裁的规定。

第三节　防止倾倒废物及海洋污染事故的公约

一、《防止因倾倒废物及其他物质污染海洋公约》

《防止因倾倒废物及其他物质污染海洋公约》又称《伦敦倾倒公约》，是迄今为止唯一一部关于海洋倾倒问题的全球性条约，适用于除国家内水以外的所有海域。该公约是1972年10月30日至11月13日在伦敦召开的关于海上倾倒废弃物公约的政府间会议上通过的，也是第一个控制多种污染海洋的废物的倾倒问题的较为全面的全球性公约，1975年8月30日开始生效，于1985年11月21日对我国生效。《防止倾倒废物及其他物质污染海洋公约》规定了禁止向海洋倾倒的有毒物质，严格控制向海洋倾倒的有害物质和允许向海洋倾倒的一般物质，并通过缔约国采取颁发特别许可证和普通许可证制度，对向海洋倾倒废物和其他物质进行管理。

《伦敦倾倒公约》首先规定了对倾倒废弃物进行限制的目的，即采取切实可行的步骤来防止对人类健康造成危险，或对生物资源和海洋生命造成危害的废物的倾倒，或其他物质的倾倒，要求各缔约国应对海洋的所有污染源进行有效控制，并尽其所能地采取措施，防止因倾倒造成的海洋污染。

《伦敦倾倒公约》将"倾倒"界定为"任何从船舶、航空器、平台或者其他海上人工构造物上有意地在海上倾弃废物及其他物质的行为"和"任何有意地在海上弃置船舶、航空器、平台及其他海上人工构造物的行为"。[①]

公约将倾弃物质分为三类：附件一所列黑色名单包含的物质为禁止倾弃的物质；附件二包含的灰色名单所列物质的倾弃须事先获得特别许可证；附件三所列物质的倾弃须事先获得一般许可证。缔约国应当设立主管当局来审批许可证、保存记录、监督倾倒活动和监测海洋情况。缔约国的执行权适用于在其领土上登记的或悬挂其国旗的所有船舶和飞机、在其领土上或领海装载行将倾弃物质的所有船舶和飞机、在其管辖下的被认为是从事倾倒活动的所有船舶和飞机，以及固定或浮动平台。

该公约的缔约国于1996年签订了一份议定书。议定书采取的是与公约附件相反的反列方式，即将可以倾倒的废物或其他物质名单代替禁止名单作为议定书的附件Ⅰ。凡是不在议定书附件Ⅰ名单上的物质均不可倾倒，严格地限制了倾倒范围。

二、《1954年国际防止海洋油污染公约》

1954年4月26日至5月12日在伦敦举行了防止船舶污染海洋的国际会议，会议起草并通过了《1954年国际防止海洋油污染公约》。该公约于1958年7月26日生效。在联合国政府间海事协商组织（以下简称"海协"，IMCO）未正式成立前，公约一直由英国政府保管，直至1959年才移交给海协。1962年和1969年作了两次修正，两个修正案分别于1967年6月28日和1978年1月20日生效。

该公约由21项条款和1个附则组成。公约规定了500总吨以上的船舶排放石油类或含石油混合物的要求：①禁止在离岸50海里（某些地区为70~100海里或150海里）

---

① 参见《伦敦倾倒公约》第三条第一款。

内排放石油或含石油的混合物（下称含油混合物）；②允许排放含石油混合物的油分浓度应小于100×10^{-6}；③船舶必须备有油类记录簿。

为了便于海运国家接受1954年防污公约，1962年3月26日至4月13日召开了国际会议，对该公约作了修正。1962年修正案对排放规定修正如下：①扩大原公约规定的适用范围，即适用于150总吨及以上的油船和500总吨及以上的其他船舶；②禁止在离岸100海里或150海里以内排放油类或含油混合物；③禁止2万总吨以上的油船在海上任何地区排放石油类或含石油混合物；④要求缔约国港口和装卸站提供接收设施，并成立监督机构。

1969年10月21日海协A.175（Ⅳ）决议对《1954年国际防止海洋油污染公约》作了进一步的修正：①对150总吨及以上的油船必须符合下列条件才能允许排放油类或含油混合物：在航行途中；油量瞬间排放率为每海里不超过60升；距最近陆地50海里以上；一次压载航程中的总排油量不得超过载油总量的1/15 000；②对500总吨及以上的各类船舶机舱舱底污水应符合下列条件才能排放：在航行途中；油量瞬间排放率每海里不得超过60升；排放物的含油量应小于100×10^{-6}排放时尽可能远离陆地。③允许从货油舱排放压载水，但必须符合在晴朗天气，从静止的油船向清洁静水排放时，在水面上不留明显油迹的要求。

1971年海协第七届大会通过了两项对1954年防污公约修正的决议：①对大堡礁进行特殊保护；②限制油舱容积和油舱布置。

三、《1969年对公海上发生油污事故进行干涉的国际公约》

《1969年对公海上发生油污事故进行干涉的国际公约》（简称《公海油污干涉公约》）于1969年11月29日签订于布鲁塞尔，1975年5月6日生效，1980年1月7日对我国生效。该公约规定缔约国可以在公海上采取必要的措施，防止、减轻或消除由于海上事故或同事故有关的行动所产生的海上油污或油污威胁对它们的海岸线或有关利益的严重和紧迫的危险。[①] 沿岸国在采取上述措施之前，应同受海上事故影响的其他国家，特别是船旗国进行协商，并将拟采取的措施通知它所知道的将会受该措施影响的自然人或法人并考虑他们提出的意见。[②] 沿岸国所采取的干涉措施应同实际损害或有损害危险的情况相适应[③]；否则该缔约国有义务对超过为达到防止、减轻和消除海上油污或油污威胁而采取的合理必要措施所造成的损害以外的损害给予赔偿。[④]

1973年，国际海事组织组织各缔约国主持签订了《关于油类以外物质造成污染时在公海上进行干涉的议定书》。该议定书规定缔约国可在公海上采取必要措施，以防止、减轻或消除因发生海难事故而发生除油类以外物质对海岸线或有关利益造成的严重和紧急危险。该议定书以附件形式对这类物质予以列举。

四、《国际油污损害民事责任公约》

1967年3月18日在英吉利海峡发生了载重12万吨原油的 "TORREY CANYON"

---

① 参见《公海油污干涉公约》第一条。但是，不得根据本公约对军舰或政府所有或经营的以及仅为政府非商业性服务而临时使用的其他船舶采取措施。

② 参见《公海油污干涉公约》第三条。

③ 参见《公海油污干涉公约》第五条第一款。

④ 参见《公海油污干涉公约》第六条。

号泄漏事故，使英国南部和法国北部沿岸遭到严重油污损害。政府间海事协商组织为了研究解决海上油污损害的赔偿责任，使受害人得到充分的赔偿，在 1968 年的特别会议上作出召开法律会议的决定，并于 1969 年 11 月 10 日至 29 日在布鲁塞尔召开的海上污染损害法律会议上制定了《国际油污损害民事责任公约》。公约自 1975 年 6 月 19 日起生效。上文所述的《公海油污干涉公约》寻求的是减少海洋环境污染损害的行动，而《国际油污损害民事责任公约》解决的是因海上石油污染事故引起损害赔偿的法律责任问题。

《国际油污损害民事责任公约》签订的目的是确保那些由于船舶排出或溢出油类遭受污染损失的受害者获得足够的赔偿，并使在此领域决定民事责任关于赔偿问题的国际法规则及程序标准化。该公约基本内容涉及到适用范围、责任性质和责任限制等方面。

公约适用于实际装运散装持久性油类的船舶在缔约国领海内发生的油污损害。公约规定对于油污损害实行严格责任制；但如船舶所有人能证明，所发生的油污损害是由于战争等人力不可抗拒的原因，或者完全是由于负责灯塔或其他助航设备的主管当局的过失，或者完全是由于第三者的故意行为所造成的，船舶所有人对油污损害可免除责任。关于油污损害赔偿限额，船舶所有人有权将其对油污损害的赔偿责任限定为：按船舶吨位计算每吨 2 000 金法郎或总额不超过 2.1 亿金法郎。但油污损害是由于船舶所有人的实际过失或参与所造成时，船舶所有人即无权享受公约所规定的责任限制。公约规定对油轮实行强制保险。凡装运 2 000 吨以上散装货油的船舶，必须具备保险证书或财务担保。对损害的索赔，可向船舶所有人提出，也可直接向保险人提出。所有要求赔偿的诉讼，必须在油污损害发生之日起 3 年内提出，但无论如何不得在引起损害的事件发生之日起 6 年后提出诉讼。

五、1971 年《设立国际油污损害赔偿基金公约》

1971 年《设立国际油污损害赔偿基金公约》（简称《基金公约》），于 1971 年 11 月 29 日至 12 月 18 日由原政府间海事协商组织在布鲁塞尔召开的关于设立国际油污损害赔偿基金的会议上通过，并于 1978 年 10 月 16 日生效。该公约是为了保证海上油污损害的受害人得到更充分的赔偿而制定的。因为 1969 年责任公约对船舶所有人规定了较高的赔偿责任限额，且公约实行严格责任原则和强制保险制给船舶所有人增加了沉重的经济负担。因此事实上，在发生重大油污损害时，受害人并不能保证得到充分的赔偿。而在海洋石油运输中，受益人除了船舶所有人外，还有石油公司。但是根据公约规定，在发生油污损害事故时，石油公司却丝毫不需要承担责任。如果有石油公司设立的国际基金，用以补充 1969 年责任公约，则受害者就能保证得到充分的赔偿，同时也不会过分增加船舶所有人的经济负担。《基金公约》构建了一个船东和货主共同负担的体系。

公约规定了设立国际油污损害赔偿基金的目的是在《国际油污损害民事责任公约》所在地不宜提供保护的范围内提供油污损害赔偿；解除按《国际油污损害民事责任公约》加于船舶所有人的额外经济负担。国际油污赔偿基金由缔约国国内的每年进口石油超过 15 万吨的石油公司缴纳的摊款组成。

1976 年 11 月 11 日至 19 日国际海事组织在伦敦召开会议，通过了《1971 年基金公约的 1976 年议定书》。该议定书对原基金公约的修改主要在于：将基金公约规定的最高赔偿限额 4.5 亿金法郎和 9 亿金法郎分别改为 3 000 万特别提款权和 6 000 万特别提款权。此后，此公约还经历了 1984 年、1992 年和 2002 年几稿议定书。其中，1992 年议定书建立了《1992 石油污染赔偿基金》，被称作 1992 基金，由设在伦敦的秘书处管理。在实践中，1992 基金只是为了使油污的受害者得到更多的赔偿，不管受到污染损害的当事人是自然人、法人还是国家。

六、《对公海上发生油污事故进行干预的国际公约》

1967 年 3 月的"托利峡谷"号油轮石油污染事故引起了国际社会对海洋石油运输过程中发生的石油污染事故及其危害的极大警觉。1969 年政府间海事协商组织主持签订了《对公海上发生油污事故进行干预的国际公约》。该公约规定缔约国可以在公海上采取必要措施，防止、减少、减轻或消除由于海上事故或同事故有关的行动所产生的海上油污或油污威胁对它们的海岸线或有关利益的严重和紧迫的危险。沿岸国在采取上述措施前，应同受海上事故影响的其他国家，特别是船旗国进行协商，并将拟采取的措施通知它所知道的将会受该措施影响的自然人或法人，并考虑他们提出的意见。沿岸国所采取的措施应同时实际损害或有损害危险的情况相适应，否则该缔约国有义务对超过为达到防止、减轻和消除海上油污或油污威胁而采取的必要措施所造成的损害以外的损害给予赔偿。

1973 年《对公海上发生油污事故进行干预的国际公约》的缔约国在国际海事组织的主持下签订了一项《关于油类以外物质造成污染时在公海上进行干预的议定书》。在该议定书中，各方将原来的公约规则扩展到其他危险物质。议定书列出了此类物质的清单，同时也允许采取行动以控制"那些其他有可能对人类健康、生物资源、海洋生物有危害的，破坏舒适的，或对以其他合法方式利用海洋"的事故。该议定书还规定缔约国可在公海上采取必要措施，以防止、减轻或消除因发生海难事故而发生除油类以外物质对海岸线或有关利益造成严重和紧急危险，并以附件的形式对这类物质予以列举。考虑到未列入清单的物质类似，引起"重大而紧急的危险"。1991 年、1993 年、1973 年议定书包含了新修订过的此类物质清单。

七、《国际油污防备、反应和合作公约》

由于船舶、近海装置、海港和油装卸设施的油污事故对海洋环境构成严重的威胁，预防措施和防止工作对于最初避免油污非常重要，发生油污事故时，迅速有效的行动对于减少损害具有重要的作用。为加强对油污的防备、反应和国际合作，国际海事组织于 1990 年制定并通过了《国际油污防备、反应和合作公约》。公约已于 1995 年生效。

该公约旨在为与造成海洋污染的重大事件和威胁作斗争的国际合作提供一项全球性的框架协议。协议各方被要求制定策略以处理污染事件，要求船只携有紧急计划证书，以应对有害、有毒物质污染事件。公约还规定当事国应要求有权悬挂其国旗的船舶、其管辖的近海装置的经营人备有油污应急计划；视情形要求由其管辖的海港和油的装卸设施的当局或经营人备有油污应急计划或类似安排。公约规定了油污的报告程序和收到油污报告时的行动，要求每一个当事国建立对油污事故采取迅速和有效地反应行动的国家系统，在油污事故的严重性达到一定的程度的时候或者正在受到或者可能受到油污事故影响的任何当事国提出请求时，各当事国应当根据其能力和具备的有关资源，开展油污反应工作的国际合作。

公约经一步规定了油污防备和反应的研究和开发，要求各当事国在此方面进行技术合作。

八、《关于持久性有机污染物的斯德哥尔摩公约》

人类生活的各种污染物、垃圾和化学物质，尤其是持久性有机污染物已经把人类最大的环境——海洋深深地污染了，使得海水在一定程度上变成了"毒水"。与常规污染物不同，持久性有机污染物在自然环境中滞留时间长，很难降解，毒性极强，能导致全球性的传播。这类污染物通过直接或间接的途径进入人体，会导致生殖系统、呼吸系统、神经系统等人体器官中毒、癌变或畸形，最后造成死亡。

在联合国环境规划署的主持下，从 1998 年以来，世界各国政府举行了一系列的官方谈判和协商，并于 2001 年 5 月达成共识，在瑞典首都斯德哥尔摩召开全球外交全权代表大会，通过了《关于持久性有机污染物的斯德哥尔摩公约》，至今已有 156 个国家签署了该公约。公约肯定了风险预防原则的重要性，力图保护人类健康和环境免受永久性有机污染物的危害。

公约致力于通过消除现存的永久性有机污染物、避免永久性有机污染物的进一步生产和使用以及使不可消除的永久性有机污染物的排放量最小化达到其目的。该公约要求各成员方消除附件 A 所列的化学品，除非该成员已得到豁免。然而，即使有豁免理由，该成员方必须防止其对人类造成的危害，防止其进入环境，必须使其释放最小化，各成员国必须在公约生效两年内提交实施计划。

这个公约决定在全世界范围内禁用或严格限用 12 种对人类、生物及自然环境危害最大的持久性有机污染物。它们分别是：艾氏剂、狄氏剂、异狄氏剂、滴滴涕、七氯、氯丹、灭蚁灵、毒杀芬、六氯化苯、二恶英、呋喃以及多氯联苯。《斯德哥尔摩公约》于 2004 年 5 月 17 日正式生效。

第四节　保护海洋物种公约

一、《生物多样性公约》

几十年来，随着人类活动对生物资源的危害日益加重，国际社会要求保护生物资源的呼声越来越高，关于生物多样性保护的国际条约、国际组织决议呈不断增多之势。所有关于保护生物资源的国际法律文件中，最重要的是 1992 年 6 月 5 日联合国环境与发展会议大会缔结的《生物多样性公约》。

《生物多样性公约》是一个有法律约束力的国际环境条约，是唯一一个囊括了各方面生物多样性——既包括海洋生物多样性也包括陆地生物多样性的全球性条约。公约指出，生物多样性，是指所有来源的形形色色生物体，这些来源除其他外，包括陆地、海洋和其他水生生态系统及其所构成的生态综合体；这包括物种内部、物种之间和生态系统的多样性。同时，它第一个提出保护生物多样性是人类共同关心的问题，是可持续发展整体中的一个组成部分。公约所追求的目标是：保护生物多样性，持续利用生物多样性组成部分，公平分享利用遗传资源产生的效益。

公约规定了缔约各国保护生物多样性的主要义务：各国应根据其特定条件和能力，制定适当的战略、计划和方案；各国应对保护和持久利用生物多样性至关重要的情况进行调查、监测；各国应尽可能地对生物进行就地保护，包括设立保护区进行保护和管理；各国要增进对生态系统和栖息地的保护，加强对在自然环境中具有生命力的生物物种的管理；各国还要制定必要的法律和规章，以保护受威胁的物种，并应向发展中国家提供财政和其他资助；作为就地保护的补充手段，各缔约国采取移地保护等其他必要措施。

《生物多样性公约》推动着国际海洋环境保护法律在海洋生物资源保护方面向深度和广度发展。2000 年 5 月，在肯尼亚内罗毕的联合国环境规划署总部，《生物多样性公约》缔约方大会第五次会议公布了海洋和沿海生物多样性工作方案执行情况的进度报告（第Ⅳ/5 号决定的执行情况），为海洋生物多样性提供咨询意见和确定有关珊瑚白化问题的有限行动领域。2004 年 2 月，《生物多样性公约》缔约方第七次部长级会议在吉隆坡举行，会议就海洋和沿海生物多样性问题通过了《生物多样性公约秘书处的报告》（UNEP/CBD/COP/Ⅶ/5 号决定），其中各节内容包括审查了关于海洋和沿海生物多样性的工作计划，海洋和沿海保护区，海产养殖，超出国家管辖权以外的深海海底遗传资源，以及超出国家管辖权以外的海洋地区生物多样性的养护和可持续利用。决定包括了若干关于拟定工作计划的附件，各国海洋和沿海生物多样性管理框架的知道准则，以及为实现全球目标，如何改善现有数据等内容。

二、《濒危野生动植物物种国际贸易公约》

1973 年 3 月 3 日，由 21 个国家的全权代表受命在华盛顿签署了《濒危野生动植物种国际贸易公约》，该公约是通过各国管理机构的许可证对其所列的濒危物种的国际贸易进行管理。这些贸易包括进口、出口、再出口和从海上引进活的和死的野生动植物及其部分、产品。目前濒危物种公约管理的野生动物有 4 000 多种，野生植物近 29 000 种，其根据野生动植物物种的濒危程度及其与贸易所产生的连带关系，把物种分为三个附录。

公约规定附录一所列物种为"所有受到和可能受到贸易的影响而有灭绝危险的物种"；附录二所列物种为"目前虽未濒临灭绝，但如对其贸易不严加管理以防止不利其生存的利用，就可能变成有灭绝危险的物种"和"为了使附录一所列某些物种标本的贸易能得到有效地控制，而必须加以管理的其他物种"；附录三所列物种为"任一成员国认为属其管辖范围内，应进行管理以防止或限制开发利用，而需要其他成员国合作控制贸易的物种"。公约对以上三个附录所列物种的国际贸易分别规定了管制措施，并禁止违反这些措施而进行三个附录所列物种的国际贸易。

为了使濒危物种贸易公约更容易被接受，公约第七条包括了一系列的弹性条款，允许对某些物种的标本在某些情况下不适用公约的上述规定，如用于个人或家庭财产的标本、为商业目的人工饲养繁殖或配置的动物或植物物种标本、科学家或科学机构之间进行非商业性的出借、馈赠或交换的植物标本，以及用作巡回动物园、马戏团、展览的标本的运送。但即使是在这些情况下，也必须符合一定的条件，主要是使活的标本得到妥善运输和照管。另外，公约第十四条又允许成员国通过国内立法或国际公约采取更严格的措施。第八条还要求成员国采取措施处罚违反公约规定的标本贸易，将此类标本没收或退还出口国，并对活标本予以特殊保护。

三、《保护野生动物迁徙物种公约》

野生动物迁徙物种是指某个野生动物物种的全部或地理上分开的一部分，其中相当数量的动物周期性地、可以预见地越过一个或几个国家的管辖范围。野生动物迁徙物种包括海龟、大马哈鱼、金枪鱼、鲸、野鸭、野鹅、大猩猩和大象等。相关国家为了保护这些动物物种，于1979年在德国的波恩签订了《保护野生动物迁徙物种公约》（以下简称《波恩公约》）。

公约的宗旨是保护通过国家边界或国家边界外的野生动物迁徙物种。公约以两个附件分别列举两类受保护的野生动物迁徙物种。附件一列举濒危迁徙动物。公约要求成员国对附件一所列动物及其生境予以严格保护并防止、消除或减少严重影响迁徙动物生存的各种活动或障碍。除公约规定的以科学研究等为目的例外情况外，禁止猎取附件一所列动物。附件二列举了处于不利生存状态下的、需由成员国另立协议加以专门保护的迁徙动物。成员国中的有关国家已签订关于保护蝙蝠、华敦海海豹、西伯利亚鹤、细嘴杓鹬、非欧迁徙水禽和波罗的海、北海小鲸等的协议或备忘录。公约对保护附件二所列迁徙动物的协议的内容作了具体的规定。每个协议应适用于某个迁徙物种的整个分部地区，应对分部地区的所有有关国家都开放，即使是公约的非缔约国。协议规定对有关物种的生存状态进行定期检查，制定协调保护和管理的计划，对有关物种进行研究和交换情报，保护以及必要时恢复或替换有关物种的生境，维持沿物种迁徙路线适当分布的生境网，防止对物种生境的污染，协调对非法猎捕的镇压行动。

《保护野生动物迁徙物种公约》经过了一个缓慢的开始期后，在国际合作保护迁徙物种方面取得了长足的进展。到2001年，已有81个国家加入了该公约，多数成员方为欧洲国家。该公约是动物保护领域最重要的文件之一，随着一系列附加协定和谅解备忘录的签订，《波恩公约》在过去的5年中得到了极大的改善。与《濒危野生动植物物种国际贸易公约》一样，它需要国家之间的通力合作。公约与CBD、《拉姆萨公约》和CITES建立了强有力的伙伴关系，随着成员方的增加，特别是美洲和亚洲国家的加入，《波恩公约》的作用会继续加强。

四、《执行〈联合国海洋法公约〉有关养护和管理跨界鱼类种群和高度洄游鱼类种群的规定的协定》

近20年来，在公海海域出现过度捕捞的现象，使得许多具有商业价值的鱼种几乎被捕尽捞绝，因公海捕捞活动而引发的暴力事件日益增多。种种令人忧虑的情况促使参加地球问题首脑会议的各国政府发出呼吁，要求采取措施对那些在开阔的海域洄游或在多于一个国家的专属经济区之间洄游的鱼类进行保护和管理。1995年，大约60个国家的政府签署了《执行1982年12月10日〈联合国海洋法公约〉有关养护和管理跨界鱼类种群和高度洄游鱼类种群的规定的协定》（简称《跨界和高度洄游鱼群协定》），并于2001年11月正式实施。协议的目标是通过有效执行《联合国海洋法公约》，以确保跨界鱼类种群和高度洄游鱼类种群的长期养护与可持续利用。

《跨界和高度洄游鱼群协定》要求进行捕捞的沿海国和其他国家应该协议采取"为养护这种鱼群所必需的"措施，沿海国和船旗国必须合作以采取一致的养护和治理措施，例如，对于某些特定种类只进行有限的捕捞。① 次区域或者区域渔业组织的缔约国可以"为了保障遵守该组织规定的养护和治理措施的目的"，登临船旗国船只并进行调查。

在保护高度洄游鱼群方面，该协定要求沿海国及其他捕鱼国必须直接进行合作，或者是通过"以保障对海洋资源的养护和促进在整个区域内的物种最优化利用为目标"的组织进行合作。此外，国家必须建立现在尚未存在的适当的合作组织而作出积极的努力。

总之，该协定规定了跨界鱼类种群②和高度洄游鱼类种群养护管理的一般原则和措施、国际合作机制、非成员国和非参与方的义务、船旗国的义务和争端的解决方式。同时提出承认发展中国家的特殊需要，通过分区域、区域或全球组织合作为发展中国家提供帮助。

五、《国际捕鲸管制公约》

由于捕鲸国的肆意滥捕，使鲸类资源遭到严重破坏。为了保护鲸类资源，1946 年12 月，阿根廷、美国、英国、苏联等 15 个国家的代表在华盛顿签订了《国际捕鲸管制公约》，并成立了国际捕鲸委员会。《国际捕鲸管制公约》是保护鲸类的一个最有影响的协定，世界主要捕鲸国家都是缔约国，包括阿根廷、澳大利亚、巴西、加拿大、丹麦、法国、冰岛、日本、墨西哥、挪威、巴拿马、南非、前苏联、英国 14 国。协定在华盛顿签字，由美国保管。共有 11 个条文、1 个附件。附件叫"Schedule"（管理程序），随时间而不断修改。该公约谋求建立适当地保护鲸类并能使捕鲸渔业有秩序地发展的国际捕鲸管理制度，以保证鲸类得到适当的、有效的保护和发展。我国于 1980 年9 月正式加入。

根据《国际管制捕鲸公约》规定，1949 年成立了国际捕鲸委员会，最初的宗旨是对各国的捕鲸数量作出限制，而在发展后期，德国、英国、美国等国致力于把捕鲸委员会变成鲸鱼保护委员会。但是该委员会并没有能力强制执行各项决定，只能提出各项建议或是提议。国际捕鲸委员会的主要职责是修订附件（管理程序）中的有关规定，此附件构成公约总体的一部分。通过"管理程序"，委员会管理整个鲸类的捕获分配。各签约国若不同意某项保护措施或建议事项，可提出不适用声明，甚或退出国际捕鲸委员会。自 1946 年以来，已有多次"异议"提出，也发生过多次退出委员会的事件。参加国际捕鲸委员会的各捕鲸国代表，往往都是捕鲸公司的主要股东。由于条约缺乏约束力，渔业国竞争激烈，分配额困难，统计数字不可靠，有些国家不遵守条约，捕鲸强度仍然很大，使有些鲸类种群已经降到难以恢复的程度。1982 年国际捕鲸委员会同意对所有被商业性捕杀的鲸鱼存量设置零配额。此后又设立一个暂时禁捕期，该禁捕期现在仍然有效，并且开始综合评估鲸类的存量和制定管理程序。

出于生存目的，目前格陵兰、贝基亚、西伯利亚和阿拉斯加的当地居民仍然在进行土著捕鲸，而委员会和科学委员会正在制定特别针对此类非商业性运作的管理程序。日

---

① 《跨界和高度洄游鱼群协定》第七条。
② 跨界鱼群，是指既有一部分位于沿海国的专属经济区内，又有一部分位于与该专属经济区邻接的公海区域的鱼群。

本、挪威等国也在进行科学研究性捕鲸。国际社会对捕鲸问题的关注由来已久，持续到今日，热情不减。但是收效却甚微，每次的会议都要进行激烈的针锋相对的辩论；一些国家仍然不顾国际社会的谴责，一意孤行地继续以各种名义捕鲸；捕鲸委员会作出的许多决议不具有强制执行力，使它们流于形式。因此，《国际管制捕鲸公约》近年来的发展说明，国际海洋资源仅仅依靠道德和舆论上的约束是远远不够的，必须加强国际海洋法律保护的权威性。

六、《养护大西洋金枪鱼国际公约》

《养护大西洋金枪鱼国际公约》于 1966 年 5 月在里约热内卢签订，1969 年生效，我国于 1996 年 10 月交存批准书。公约的宗旨是保持供食用和其他用途的大西洋金枪鱼和类似鱼群的最大持久的捕获量，适用于大西洋毗连海域的所有水域。公约规定设立一个养护大西洋金枪鱼国际委员会；委员会负责研究金枪鱼的藏量、生态、寿命预计及其环境方面的海洋学问题，并研究人类与自然因素对金枪鱼藏量的影响；委员会以科学证据为依据，提出关于维持金枪鱼和类似鱼群数目的建议。

目前管理金枪鱼的政府间区域组织中，除管理大西洋金枪鱼渔业的"养护大西洋金枪鱼国际委员会（ICCAT）"外，还有管理印度洋金枪鱼渔业的"印度金枪鱼委员会（IOTC）"，管理东太平洋金枪鱼渔业的"美洲间热带金枪鱼委员会（IATTC）"等。各区域金枪鱼渔业管理组织，根据所管辖种类的资源状况，已经制定了许多养护和管理措施。但由于不同金枪鱼渔业管理组织的成员不同，成立时间长短不一等原因，有关的养护和管理措施往往不同。近年来，由于金枪鱼捕捞强度增加和非法、不报告和不受管制（IUU）渔业的泛滥，各区域渔业组织采取了相似的措施。养护大西洋金枪鱼国际委员会（ICCAT）是所有金枪鱼区域渔业管理组织中养护和管理措施最多的组织，其采用的措施对其他组织有借鉴作用。IATTC 则是所有金枪鱼管理组织中第一个对围网渔船实行捕捞能力管理的组织，如该组织通过实行强制性数据统计制度和产地证书制度来保证对成员国金枪鱼捕捞业的管理和控制。

七、《保护北太平洋海豹临时公约》

由于对北极海豹的开发，资源开始变得稀少，从 19 世纪末就不断有冲突发生。1883 年，美国与加拿大之间的白令海海豹仲裁案的仲裁裁决为保护海豹提出了一系列的猎捕规则。1911 年，日本、美国、英国与俄罗斯之间签订了一个条约，虽然这是一个纯商业性的条约，目的并不在保护海豹本身，然而由于禁止了深海猎捕海豹，对海豹也起到了有效的保护作用。此条约 1941 年到期，代替它的是 1957 年的《保护北太平洋海豹临时公约》。公约的签字国有美国、加拿大、日本，加入范围限于签字国，没有关于遵守或加入的规定。公约在华盛顿签字，公约的目的是商业性的，即实现北太平洋海豹资源的最大持久产量，并为此目的，进行适当的科学研究。公约规定缔约国应协调彼此的科学研究方案以断定采取那些必要措施来尽量扩大海豹资源的持久捕猎量，并确定海豹与其他海洋生物资源之间的关系。设立北太平洋海豹委员会以制定和协调研究方案，分析这种研究的结果，并以研究成果为基础，向缔约国提供建议，以采取实现本公约宗旨的措施。规定了对于违反本公约的船只的登船和逮捕等强制措施。公约规定了一个例外情况：土著居民传统捕猎海豹的做法不受本公约规定的限制。

八、《养护南极海豹公约》

《养护南极海豹公约》1972 年 6 月 1 日签订于伦敦，1978 年 3 月生效，是《南极条约》签字国于 1972 年在伦敦会议时所作的补充条款。由于自 1964 年以来，就没有再出现商业性捕猎海豹活动，这一公约目前只用来核对用于科研的海豹年捕杀量或捕获量。

《养护南极海豹公约》适用于南纬 60°以南地区的下列物种：象海豹、豹海豹，威得尔海海豹、食蟹海豹，罗斯海豹、南极海狗。应该说它的适用范围比南极的范围要大。

公约规定未经许可，不得捕杀受保护的海豹和海狗。公约要求缔约国为其国民和悬挂其国旗的船舶制定有关捕猎上述海豹和海狗的许可证制度。公约以一个附件详细规定了保护措施，其中主要有关于许可捕获量，受保护和未受保护的物种，禁猎区，禁止骚扰海豹特别区域，对各物种的性别、大小和年龄的限制，对捕猎时间、方法和器具的限制，捕获记录，便利科学情报审查和评估的程序等规定。此外，公约还有关于特别许可证规定；关于缔约国之间协商的规定；关于公约的修订、签署、批准、生效等方面的规定。

九、国际责任渔业会议组织《坎昆宣言》和联合国粮农组织《负责任渔业行为准则》

在联合国粮农组织（FAO）牵头组织下，国际责任渔业会议组织于 1992 年 5 月通过了《坎昆宣言》，宣布未来 10 年为"负责任渔业行为 10 年"，要求国际社会讨论建立国际合作机制，进行渔业的养护和管理，强调各国应该以负责任的态度进行渔业生产活动。其中与公海渔业关系较为密切的内容主要有：改善管理系统，增进对管辖区域和公海区域渔业资源知识的了解，收集促进和加强渔业资源的养护和持续利用所必需的数据，在设计和采用新的渔具、渔法时应注意持续性的影响，采取适当措施保证生物资源的养护和合理管理，进行负责任捕捞。

根据《坎昆宣言》中所规定的原则，联合国粮农组织组织了多次专家会议，具体制定了《负责任渔业行为准则》（简称《准则》），并于 1995 年 11 月在 FAO 第 28 届大会上获得通过，由各国在自愿的基础上采用。《准则》具体涉及渔船、渔具的标识；捕鱼作业的行为规范，渔业监测，控制，监督方针和操作步骤；对跨界、高度洄游鱼类的管理；防止渔船更换船旗以逃避责任以及争端的解决等。《准则》要求各渔业国家采用负责任的捕捞方式和捕捞努力量，提倡采用选择性好的渔具和捕捞方法，保护渔业资源，确保生态平衡。对公海渔业来说，《准则》所包含的内容由专门的公约或协定来规定，其中不少条款是远洋公海渔业国必须遵守的。《准则》将给公海捕鱼作业带来更高的要求和更多的义务与限制。

第五节　保护海洋生态系统公约

一、《关于特别是作为水禽栖息地的国际重要湿地公约》

湿地具有调节水分循环和维持湿地特有的植物特别是水禽栖息地的基本生态功能，

由于季节性迁徙中的水禽可能超越国界，因此应被视为国际性资源；为了保护水禽赖以生存的栖息地，1971 年在伊朗拉姆萨签订了《关于特别是作为水禽栖息地的国际重要湿地公约》，又称《拉姆萨公约》。

《拉姆萨公约》是为保护生态系统而签署的最早的国际公约。公约对湿地进行保护，强调保护"国际重要水禽"栖息地。《拉姆萨公约》建立了国际重要湿地名录，名录共列出 1 268 处湿地。缔约方大会也建立了一份拉姆萨湿地记录，列出的是最需要保护的湿地。

拟定国际重要湿地名录需要成员国指定湿地，然后由缔约方大会投票决定。为了成为公约的完全成员国，每个缔约国必须指定至少一处湿地列入名录。这一要求事实上阻止了发展中国家的加入，它们通常没有能力满足建立保护区的要求。为了援助发展中国家建立保护区，1990 年公约设立了拉姆萨湿地保护基金。这一举措吸收了许多发展中国家成员，使公约成员总数超过了 80 个。

湿地公约主要强调了国家保护湿地的责任：缔约国应至少指定一个国立湿地列入国际重要湿地的名单中。缔约国应考虑它们在养护、管理和明智利用移栖野禽原种方面的国际责任。将一处湿地列入名册并不损害湿地所在的缔约国的主权，但缔约国同时承担责任，包括养护、管理和合理利用迁徙水禽群，制定和实施促进对列入名册的湿地进行保护的计划。缔约国应设立湿地自然保护区，合作进行交换材料，训练湿地管理人员。

缔约国应就公约义务的履行进行协商，尤其是当一个湿地位于一个以上的缔约国领土或者几个缔约国共享水系时，缔约国应当努力协调并积极支持彼此关于保护湿地和动植物的政策与规章。显然，这一条规定已超过了仅仅对水禽的保护，但在实践中却很重要。公约还有一条值得特别注意的规定，它要求缔约国的会议代表团应包括湿地或水禽方面的专家，因为这些专家在科学、行政或其他相应工作中有着丰富的知识与经验。这样就可以吸收独立的专家和非政府组织参加会议。由自然保护协会组成的非政府组织国际自然保护同盟作为公约的执行局负责召集和组织缔约国会议。

二、1972 年保护世界文化和自然遗产公约（《世界遗产公约》）

《世界遗产公约》在生物多样性保护方面有重要地位。公约承认和保护"文化"和"自然"遗产，至 2003 年已将 144 处"自然"文化遗址和 23 处"混合"文化遗产列为自然遗产。能够被当做"世界遗产"列入世界遗产名单的"自然遗产"必须满足以下的条件[①]：从审美或科学的角度看，具有突出的普遍价值的由物质和生物结构或这类结构群组成的自然面貌；从科学或保护角度看，具有突出的普遍价值的地质和自然地理结构以及明确划为受威胁的动物和植物生境区；从科学保护和自然美角度看，具有突出的普遍价值的自然名胜或明确划分的自然区域。

"自然遗产"包括濒危物种栖息地，大部分被列为世界遗产名录的都是国家公园。名录的拟定由各国提名，然后由世界遗产委员会在世界自然保护同盟专家的帮助下审查所提要求。公约还设立了一个世界遗产基金，以帮助发展中国家建立和保护名录中所列

---

① 《世界遗产公约》第二条。

遗产。

公约在国内和国际层面均创设了义务。从国内来说，公约确认了每一个成员国的义务："本国领土内的文化和自然遗产的确定、保护、保存、展出和遗传后代，主要是有关国家的责任。"据此条款，一成员国必须对自然遗产承担责任，而不需考虑该遗产是否实际被列入世界遗产名录。此外，成员国要"为保护、保存和展出本国领土内的文化和自然遗产采取积极有效的措施，如法律和行政改革。成员国还必须提交有关它们为实行本公约而采取措施的报告。"

在国际层面，公约在重申尊重国家主权的同时，承认"这类遗产是世界遗产的一部分，因此，整个国际社会有责任合作予以保护。"这是"共同遗产"概念比较早的一个实例，该概念后来被 CBD 的"人类共同关切事项"所取代。此外，世界遗产公约设定了成员国应帮助发展中国家的义务，规定"应发展中国家的要求，帮助实现公约实质义务"。

尽管由于"世界遗产"定义过窄，实践中限制建立和保护国家公园的申请，使得世界遗产公约的效力有限，但它仍是全球保护生物多样性包括海洋生物多样性的有力工具。为了扩大其影响，公约的管理活动应严格遵循 CBD，《世界遗产公约》与 CBD 存在伙伴关系。

第六节　区域海洋环境保护公约

在国际海洋环境保护方面，区域法律制度最先进。分别适用于特殊地理区域的条约体系具有某些共同特点：它们都以统一的生态系统为考虑目标，对之实施法律保护；它们都基于同样的规定一般原则的法律模式，而根据具体情况采取具体的措施；它们都考虑到沿海国的发展水平和实施法律规则的能力；它们采用了较新的"结构"，即框架协定——附加应定数，综合了科学、技术和法律最新的发展。

联合国环境规划署在区域海洋条约体系的发展中起到主导作用。这些区域条约可以分为两大类：一类旨在保护海洋环境防止污染；另一类旨在组织有关国家在紧急情况下进行合作。

波罗的海沿海国最早开始寻求环境保护的方法以防止波罗的海进一步恶化。联合国环境规划署认识到波罗的海制度的意义，使之成为世界的典范。

一、《保护波罗的海海洋环境的赫尔辛基公约》

波罗的海沿岸国包括丹麦、瑞典、芬兰、德国、爱沙尼亚、拉脱维亚、立陶宛、俄国、波兰等国。面对波罗的海海洋环境的恶化，1974 年 3 月 22 日，波罗的海的六个沿岸国通过了《保护波罗的海海洋环境的赫尔辛基公约》，公约于 1980 年 5 月 3 日生效。该公约旨在通过区域合作，减少、防止和消除各种形式的污染，保护和提高波罗的海区域的海洋环境，并设立一个实施公约的机构，即波罗的海委员会。该公约的主要内容是：缔约国控制并限制有害和有毒物质引入该地区，包括陆地来源的污染；缔约国防止来自船舶、倾弃和开发海底造成的污染；缔约国合作应对海洋污染；波罗的海委员会经常审查公约和附件的执行情况，协调各成员国有关保护波罗的海海洋环境的行动。①

公约禁止将附件一所列危险物质通过任何途径进入海洋，倾倒少量附件二所列危险物质则需要获得特别许可证。公约海禁止船舶向波罗的海排放油类物质和废水，石油类物质和废水必须被排放在符合附件四的陆地上处理设施中。公约禁止向波罗的海倾倒任何废物，除了附件无明确规定的例外，主要是疏浚的杂物，而且其中不含规定的危险或有害物质并事先获得国家主管机关的特别许可证。

公约在 1992 年经过修改，强调恢复区域生态系统，并引进了预防原则和污染者负担原则。公约的七个附件一起对缔约国在防止各种污染源方面的义务作出了明确规定，涉及禁止排放的物质、陆源污染、垃圾焚烧和倾倒、来自船舶的污染、海底勘探活动、事故、缔约国之间和在委员会中通报和合作的义务。在违反公约规定的情况下，缔约国应合作进行调查，但提供的帮助限于检查船舶文件和抽取样品。②

二、联合国环境规划署区域海洋项目及其区域海洋环境保护公约

联合国环境规划署区域海洋项目是一项通过区域活动来实施的全球项目，始于 1974 年。该项目的实施作为管理海洋资源以及控制海洋污染的一种区域性手段曾多次受到环境规划署理事会的肯定。

区域海洋项目目前由 14 个地区构成，按照地理区域划分为：地中海、西非和中非、东部非洲、东亚海、南亚海、西北太平洋、波斯湾和阿拉伯湾、红海和亚丁湾、南太平洋、东南太平洋、泛加勒比海、黑海、东北大西洋、波罗的海。已有 140 多个沿海国家和地区参加了该项目。③

区域海洋项目是一项面向行动的项目，它不仅关注地球退化的结果，同时也注重其原因，并且围绕一个综合途径通过对沿海区域和海洋区域的全面管理来解决环境问题。

每个区域项目的核心是行动计划。所有行动计划都由一个相似的模式构成，与海洋环境质量评价及造成环境退化的原因相关联，并注重短期恢复和改善环境活动及长时期可持续发展的综合保护和管理活动，行动计划包括以下几个部分。

（1）环境评价。包含基础研究、调查与海洋环境质量的监测相关以及可能影响海洋环境质量的因素。

（2）环境管理。包含对评价方法、生态系统的管理及对工业、农业、民用资源、废物控制，以及意外污染事故的应急计划对策等方面的共同培训。

（3）寻求基于区域公约和协议等形式立法上的承诺以及在国家一级的批准和实施。

（4）机构安排。包括确定召开会议的频率、设立目标、评估进展和批准活动计划及经营预算，以及提供一个秘书处来协调活动。

（5）财政安排。联合国环境规划署通常在各参加国政府能够履行满足预算需求的所有职责之前，向参加国提供"种子基金"。在这一阶段内由联合国环境规划署对所建立的信托基金进行管理。

联合国环境规划署的区域海洋项目极大地促进了区域海洋环境保护法的发展和各区

---

① 联合国环境规划署：《环境方面的国际条约和其他协定登记簿》，1991 年版，第 190 页。

② 《赫尔辛基公约》第九条。

③ 参见联合国环境规划署官方网站。

域内海洋沿岸国在海洋环境保护方面的合作。

三、《保护地中海免受污染的公约》

《保护地中海免受污染的公约》又称《巴塞罗那公约》，是为保护地中海海洋环境而订立的区域性国际公约。1976 年 2 月 16 日在巴塞罗那通过，1978 年 2 月 12 日生效，有 17 个国家及欧洲经济共同体参加缔约。公约的目标是在以协调和综合的方式保护和改善地中海地区海洋和沿海地区环境方面实现国际合作。该公约规定：缔约国应采取一切措施，以防止和消除该国领土内因船舶和飞机倾废，或因船舶排出物，或因勘探和开发海床及底土，或来自河流及沿岸设施的流出物，或因其他陆地来源造成的污染；应合作采取措施应对任何原因引起的污染，建立区域污染监测方案，进行有关海洋污染的科技研究；联合制定关于因违反公约和议定书发生损害的责任与赔偿的判决程序。

公约的新颖之处在于它包括框架公约和附加议定书两个层次。框架公约规定了沿海国必须履行的基本义务，国家成为公约的缔约国就必须签署框架公约；议定书规定的是针对具体污染形式的技术条款或是关于海洋环境保护的特殊规则，国家可以在签署框架公约的同时签署议定书，也可以以后再签署议定书。同时，联合国环境规划署可以资助发展中国家采取必要的措施最终参加议定书。这个"巴塞罗那制度"产生了良好的效果，成为联合国环境规划署推广的典范，为 10 个区域海洋所效仿。《巴塞罗那公约》包括 6 个议定书，分别是关于废弃物倾倒的议定书，关于紧急情况下进行合作的议定书，关于陆源污染的议定书，关于特别保护区的议定书，关于地中海特别保护区和生物多样性的议定书，关于开发大陆架，海床或底土的议定书，关于危险废物越境运输的议定书。每个议定书都明确规定了目标、方法手段和缔约国的任务。《巴塞罗那公约》及其附加议定书是运转时间最长的地区性海洋项目，也是在环境署主持下制定的区域海洋环境保护公约的范例。

四、《东北大西洋海洋环境保护公约》

1992 年 9 月 22 日的《东北大西洋海洋环境保护公约》与 1998 年开始生效，它将防治陆源污染和倾倒控制作为一个整体来监测。公约第二条规定参加国必须遵循风险预防原则和污染者负担原则这两个基本原则的一般义务。风险预防原则在公约中是指"对于存在合理依据认定的，被直接或间接地倾倒进海洋环境中，可能危害人类健康、生物资源、海洋生态系统、损害生活便利和干扰海洋其他合法利用的物质或能源所采取的预防措施，即使对于倾倒和影响之间的因果关系没有结论性的证据。"专家们认为，这个原则很清楚，并不是模糊的。根据公约的规定，污染者应支付其引起的污染的防止、控制、减轻措施的成本费用。

公约第三条要求，为了实现公约的目标，消除污染、保护和恢复海洋生态系统，在执行中尽量使用最佳可得技术和清洁技术，进行最佳实践。为确定在具体环境中的最佳可得技术和最佳实践，东北大西洋环境保护委员会首先根据附件一的规定，将最佳可得技术定义为是一种优秀技术状态，将最佳实践定义为将环境、社会和经济措施和战略结合起来，综合考虑。附件二在具体防治某一种污染物质的计划和事件方面定出了一系列标准，包括该物质的持续性、毒性和在生物体内的蓄积。公约通过这种方式放弃了划分"黑名单—灰名单"的方法，只提供了一个单一的、简要的物质名单。这种方法在针对某一具体物质时似乎具有更大的灵活性，使公约更易于被接受。尽管如此，委员会根据附件作出的决定并不具有约束力，更不必说根据附件所作的修改了。但是，毫无疑问，该公约比 1974 年《巴黎公约》的控制更为有效。

世界其他区域业指定了与联合国环境规划署的地区性海洋环境保护公约相关的议定书。包括①：

在波斯湾，1978 年 4 月 24 日通过《为保护海洋环境进行合作的科威特公约》，以及《紧急情况下针对油类和其他有害物质的区域合作议定书》。1988 年 12 月 12 日又分别通过关于污染和开发大陆架的两个议定书。

在西非和中非，1981 年 3 月 23 日通过《关于保护和发展西非和中非海洋和沿岸环境进行合作的阿比让公约》，以及《紧急情况下针对污染的区域合作议定书》。

在东南太平洋，1981 年 11 月 20 日通过《保护东南太平洋海洋环境和沿岸区域的利马公约》；1981 年 11 月 12 日通过《东南太平洋在紧急情况下针对油类和其他有害物质的区域合作协定》；1983 年 7 月 22 日通过《关于防止陆源污染南太平洋的基多议定书》，以及《东南太平洋在紧急情况下针对油类和其他有害物质的区域合作协定的议定书》；1989 年 9 月 21 日又分别通过关于放射性污染和海洋保护区的两个协议书。

在红海和亚丁湾，1982 年 2 月 14 日通过《保护红海和亚丁湾环境的吉达公约》，以及《紧急情况下针对油类和其他有害物质的区域合作议定书》。

在加勒比地区，1983 年 3 月 24 日通过《保护加勒比地区海洋环境的卡塔赫纳公约》，以及《关于防止加勒比地区油类泄漏进行合作的议定书》；1990 年 1 月 18 日和 1991 年 6 月 11 日分别通过关于特别保护区和野生生物的议定书。

在南太平洋，1986 年 11 月 24 日通过《保护南太平洋地区自然资源和环境的努美阿公约》和关于紧急干预的议定书。

在南亚，1989 年 9 月 21 日通过《南亚海洋环境保护公约》和关于放射性污染和海洋保护区的议定书。

在黑海，1992 年 4 月 25 日通过《黑海海洋环境保护的布加勒斯特公约》和关于陆源污染、紧急情况进行合作、废物倾倒的三个议定书。

通过分析区域性海洋环境保护公约，我们可以看出，联合国海洋法公约的环境保护条款是通过区域性条约实现的。

参考文献

1. ［美］伊迪丝·布朗·韦斯，等. 国际环境法律与政策. 北京：中信出版社，2003.

2. 高家伟. 欧洲环境法. 北京：北京工商出版社，2000.

3. 王曦编. 国际环境法. 北京：法律出版社，1998.

4. 杨国华、胡雪. 国际环境保护公约概述. 北京：法律出版社，1998.

① ［法］亚历山大·基斯著，《国际环境法》，张若思编译，法律出版社，2001 年 7 月第一版，第 183 页。

课后思考

1. 综述海洋环境保护的国际立法状况，阐述其主要的控制对象。

2. 国际贸易对海洋环境的影响主要表现在哪些方面？如何通过国际立法应对由贸易所引发的海洋环境问题？

3. 简述控制陆源污染海洋环境的主要国际立法及其法律机制。

4. 简述保护海洋生物资源的主要国际立法及其法律机制。

5. 试述区域海洋环境保护立法发展的状况及其典型代表。

第十八章 我国海洋环境利益相关者及环保组织

第一节 海洋环境相关利益者

海洋利益相关者是指受海洋生态环境的变化或者因其他群体利用海洋的行为，自身利益受到影响的人群。根据所得利益形式的不同，我们将海洋利益相关者划分为五类：

（1）政府管理部门：海洋的管理者、政策的制定者、利益的协调者；

（2）沿岸企业：海洋经济的主体、海洋的主要利用者、海洋保护的责任者；

（3）沿岸居民：海洋保护的主要参与者；

（4）渔民：海洋的利用者，包括养殖和捕捞从业人员；

（5）非政府组织：海洋保护的参与者、政策制定的咨询者。

一、海洋利益相关者的识别

（一）政府管理部门

政府管理部门通过法律、法规、规章、制度、人员都对海洋开发与保护产生影响，而海洋开发与保护的状况也必将涉及这些政府部门的权责分配和利益格局。不同职能、不同层级的政府部门凭借不同的权力，按照不同方式对海洋的开发与保护施加影响。目前我国的涉海管理部门比较多，我们将分两种情况对政府管理部门进行分析，因为第二种分类方法更具有意义，故在此以后者分类介绍为主。

第一，根据主要的职能和管理权限划分，分为中央级涉海管理部门、省级涉海管理部门和市级涉海管理部门，各级涉海管理部门主要包括海洋局、环境保护局、渔业厅（局）和海事局等。

第二，根据涉海政府管理部门的不同职责，我们将其细化为海洋行政主管部门、海上交通安全行政部门、渔业行政部门、环境保护部门、地质矿产行政部门等。

1. 海洋行政主管部门

国务院授权国家海洋行政主管部门，即国家海洋局以及地方各级海洋局为我国海洋综合管理的职能机构。按照海洋法律法规的规定，国家海洋局和沿海各级政府海洋局的职责包括审批管辖范围内海域使用、管辖范围内的海底电缆、管道铺设、管理海洋倾废区、监管海上石油开采环境保护、海洋科研、监管海洋自然保护区和特别保护区等。

2. 海上交通安全行政部门

海上交通安全管理行政部门是国家港务监督及其沿海派出机构，主管海上运输和其他海上船舶的安全与秩序，以及防治船舶污染海域的行政执法。其具体职责包括管理船舶技术维护、维持海上交通安全、查处海上碰撞和海难事故、查处船舶污染等。

3. 渔业行政部门

国务院渔业行政主管部门主管全国的渔业工作，实行统一领导、分级管理。海洋渔业，除国务院划定的有国务院渔业行政主管部门及其所属的渔政监督管理机构监督管理的海域和特定渔业资源渔场外，其他由毗邻海域的省、自治区、直辖市人民政府渔业行政主管部门监督管理。其渔政职责主要有监督海水养殖法律的执行、审批管理海洋捕捞许可证、主管渔港水域的船舶排污的监督和渔业港区水域的监视、主管海洋珍稀濒危野生动植物保护。

4. 环境保护部门

国家环境保护行政管理部门和沿海省、自治区、直辖市政府的环境保护部门是海洋环境保护法实施的监督管理机构，并负责防治海岸工程和陆源污染物损害海洋环境的监督管理。其行政职责是监督海岸工程建设项目环境影响评价制度执行、防治海岸工程、陆源污染物和拆船对海洋环境的污染损害等。

5. 地质矿产行政部门

国务院地质矿产行政部门主管全国矿产资源勘查、开采的监督管理工作。凡在我国领域及管辖海域勘探、开采矿产资源，都必须遵守《矿产资源法》。据此，海底矿产资源勘查、开采的监督管理部门同样是国务院地质矿产主管部门。其在海洋行政法中的职责主要包括海底矿产资源勘查登记和执行工作、颁发海洋采矿许可证、调解开采矿区范围内争议等。

6. 文物行政管理部门

国家文物行政管理部门根据《水下文物保护管理条例》，负责遗存于中国内水、领海内的一切起源于中国的和起源于外国不明的及起源于外国的文物、遗存于中国领海以外中国管辖海域内的起源于中国的及起源于中国的文物的有关法律制度实施的监督管理工作。具体职责包括审批在管辖海域内的文物考察、颁发海底文物勘探发掘许可证等。

7. 土地管理部门

国务院土地管理部门主管全国土地的统一管理。《土地管理法》的使用范围包括海岸带滩涂地区（确切的表达应该是平均高潮线以上的滩涂，以下的滩涂应为海洋法律法规调整范围）。从而决定了国家土地管理部门与海洋行政执法之关系。主要职责包括对海岸滩涂实行权属管理、审核颁发国有滩涂使用证等。

8. 测绘管理部门

国务院测绘行政管理部门主管全国测绘工作。《测绘法》规定在我国领域和管辖的其他海域从事测绘活动，都是该法的适用范围。由此决定了国家测绘管理部门是海洋测绘的主管机关，具有对海洋测绘活动依法监督管理的职责。其具体职责是负责我国管辖海域区位、深度、面积、长度等重要地理信息数据的测绘、审核、申报等法律制度的监督管理和审查海洋测绘力量的资格审查管理。

9. 石油行政管理部门

我国的内水、领海、大陆架以及其他属于我国海洋管辖海域的石油、天然气资源，都属于国家所有。在我国管辖海域为开采油气而设置建筑物、构筑物、作业船舶，以及相应的陆岸油气集输终端和其他，均受我国管辖。在我国管辖海域的中外合作开采海底油气资源活动，都必须遵守《对外合作开采海洋石油资源条例》的规定。该条例的政府主管部门是国务院主管石油的行政管理部门。其在海洋石油合作开发活动中的职责主要有以下几个方面：

（1）对在中国管辖海域内的中外合作海洋油气勘探开发进行全面监督管理；

（2）审批海上油气田的总体方案，并监督作业者贯彻执行已批准的总体方案；

（3）对合作开发生产的石油输出国外进行审批，并监督该项制度的执行；

（4）对违反法律法规者，依法进行查处等。

10. 军队部门

领海是国家行使完全主权的区域，在专属经济区、大陆架范围内国家也享有主权性权利，以上海域国家实行有效管理控制，国家海洋利益的保护和实现必须依靠军事力量的保证。我国军队部门根据相关法律规定，享有的职责包括管理军用船舶向海洋排污的监督和军港水域环境保护、管理海洋军事禁区和军事管理区，对外依法行使海上执法权等。

我国涉海政府管理部门除上述 10 个部门以外，还有水利、林业、海关、气象、公安等国家行政管理机关，它们分别负责《水法》、《森林法》、《海关法》和气象预报法律法规的实施监督。由于这些法律制度的调整对象都包括海洋领域部分的有关内容，因此，这些部门也属于政府涉海管理部门。

（二）沿岸企业

沿岸企业是海洋经济发展的主体，也是开发利用海洋的主体，它们通过利用海洋不同类型的资源，提供不同的产品，来实现各自或各行业不同的利益。由于沿岸企业的不适当开发利用，甚至是破坏，因此它们也是海洋保护的最主要责任者。

根据 2005 年《中国海洋统计年鉴》对主要海洋产业的分类，结合实际情况，我们将海洋沿岸企业划分为海洋盐业、海洋化工业、海洋生物医药、海洋船舶工业、海洋电力、海水综合利用、海洋工程建筑、海洋交通运输、滨海旅游业 9 大类。据初步核算，2005 年主要海洋产业总产值 16 987 亿元，增加值 7 202 亿元，按可比价格计算，比上年增长 12.2%，相当于同期国内生产总值的 4.0%。

（三）渔民

海洋渔业是指利用海洋（包括海滩、浅海、海港和海洋）进行水生动植物养殖与捕捞的生产部门。渔民是最早对海洋进行开发利用的群体之一，养殖户通过养殖直接从海洋获益，而且养殖也是沿岸渔民最主要的谋生手段。我国海洋沿岸滩涂、浅海广阔，海岸线长，在渤海、黄海、东海和南海四大海区中有着丰富的海洋野生动植物资源，仅渔场面积就有 81.8 万多平方千米（约 42 亿亩），浅海滩涂 2 550 多万亩（其中可供养殖的面积就近 750 万亩），仅海洋经济鱼类就有 1 500 多种，拥有发展海洋渔业的良好条件。另外，我国沿海气候适宜，海水水质良好，浮游、底栖生物丰富，极适宜虾蟹贝类养殖，因此养殖面积大、产值高、从业人员众多。据统计，全国共有 429 个渔业乡，4 280 个渔业村，555.47 万渔业人口。

（四）沿岸居民

在中国沿海 11 省市区居住着 52 647 万人口，约占全国总人口的 80%。他们离海最近，最能体会到海洋开发利用与保护所带来的利与弊。因此，他们作为受益和受损的最大多数，应该成为海洋保护的主要参与者。首先，在我国，土地和海洋的所有权都属于国家，属于全社会的所有成员，从理论上讲，海洋开发利用与保护所带来的各种影响实际上是对公众财产的影响。其次，从实际生活来讲，海洋开发利用与保护的成果是惠及沿岸居民的，包括饮食、旅游、出行、健康、生活必需品等，而其负面影响也对沿岸居民的正常生活带来消极作用。另外，有关海洋生态保护的宣传、报道、实际发展也会影响公众对于环境保护、文化保护、可持续发展和生态建设的认识。

（五）非政府组织

非政府组织（NGO）是一种在组织和经费方面相对独立于政府、由致力于某一共同的公益性目标的人们建立的群体组织。在当今海洋环境问题日益严重的背景下，关注海洋环境保护的非政府组织已经成为海洋环境资源利益群体中不可缺少的一支队伍，发挥着越来越大的作用。在我国，影响比较大的非政府组织有中国海洋学会、中国海洋湖沼学会、中国环境科学学会、中国动物学会、中国法学会环境资源法学研究会和一些志愿者组织。

二、海洋利益相关者之间的关系

（一）政府管理部门之间的关系（如图所示）

1. 海洋渔业系统内的关系

海洋管理与渔业管理在上层由国家海洋局、农业部渔业局两个部门分头管理，各司其职，各负其责，同时对省级海洋与渔业厅进行指导、协调和监督，省级海洋与渔业厅又对市级海洋渔业局进行指导、协调和监督。

2. 环保系统内的关系

在环保系统内实行国家环保总局对省级环保局进行指导、协调和监督，省级环保局对市级环保局进行指导、协调和监督。

3. 海事系统内的关系

在海事系统内部实行垂直管理体制，各驻省海事局为国家海事局的直属局，直接接受国家海事局的领导、监督，各驻市海事局作为驻省海事局的派出机构接受驻省海事局的领导、监督。

4. 三个部门系统之间的关系

分析以上三个部门系统之间的关系，实质上是分析我国海洋环境资源的管理体制问题。总的来说，我国海洋管理体制的特点是环境保护行政主管部门统一指导、协调和监督与各有关部门分工负责相结合，中央级监管与地方监管相结合。法律和行政法规对各部门系统的具体职责有较明确的规定，作为涉海管理部门，海洋与渔业系统、环保系统、海事系统各司其职、分工协作，但是在实践中三个部门的分工协作情况并不理想。"国家所有，分级管理"事实上变成"分级所有制"，各个部门条块分割、职能交叉、利益错综复杂，在涉海管理部门之间容易出现意见不统一、对海洋管理工作认识不一致、多头管理、各自为政、互相扯皮、职责交叉、重复建设等问题，而海洋执法队伍也存在缺乏统一协调，中央涉海部门和地方涉海机构权利与责任上的脱钩现象，使一些问题无人管理而一些问题又出现多头管理。

以海洋环境保护为例，环境保护行政主管部门对海洋环境保护工作实施指导、协调和监督，并负责防治陆源污染物和海岸工程建设项目对海洋污染损害的环境保护工作；海洋行政主管部门负责具体的海洋环境监督管理工作，包括组织海洋环境调查、监测、评价和科学研究，海上巡航监视及对海洋环境污染事故的调查处理，防治海洋工程建设项目和海洋倾倒废弃物对海洋环境的污染损害等；国家海事行政部门负责管辖水域内船舶污染海洋环境的监督管理、调查处理，对船舶造成的渔业污染事故，海事行政主管部门在调查处理时要吸收渔业行政主管部门参与；国家渔业行政主管部门渔业船舶污染海洋环境的监督管理、保护渔业水域生态环境工作、渔业污染事故调查处理。

从以上的分析可以看出海洋环境保护的执法队伍分属在不同部门而各成体系，各自为战，力量分散，形不成合力，信息不通、机构重叠、盲点众多，一旦遇到事故发生，往往推诿扯皮，谁也不管。部门联动没有形成长效机制，在日常执法中，还没有完全解决"单打独斗"的问题。

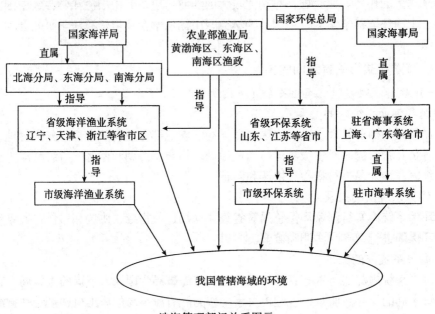

涉海管理部门关系图示

（二）政府管理部门与沿岸企业之间的关系

政府管理部门根据国家法律法规、政策、部门规章、科技标准以及各自职责对沿岸企业的用海行为进行规范、指导、监督、服务，对违反法律法规、政策、部门规章、科技标准的企业用海行为进行查处。但目前存在的地方保护主义、违法成本低、执法能力较弱等问题使得政府管理部门对沿岸企业的用海行为很难实现监督、规范。而且企业的社会责任心太少，只想着自己企业的发展，而忽略了自己对环境、资源带来的压力。

仍以海洋环境保护为例。按照《海洋环境保护法》的规定，地方政府应对本辖区内的海洋环境质量负责，但在一些地方，政府包庇、纵容污染的现象却屡屡发生。GDP是硬指标，环保是软指标、没指标，往往名为保护发展，实为保护污染，这是地方保护主义的突出表现。

（三）政府管理部门与养殖户之间的关系

政府管理部门与养殖户之间的关系主要体现在前者对后者的管理上。管理事项包括养殖用海的权属管理、养殖技术的推广。政府管理部门按照功能区划和养殖规划，实行定区域、定面积、定容量的规范化养殖和科学化的健康养殖管理。

由于养殖用海管理难度大、成本高，成为目前各项海域管理工作中最薄弱的环节，大量养殖用海项目尚未纳入海域管理范畴。有些相关部门没有充分认识到海水养殖业对于发展海洋经济、实现农业产业结构调整、确保农民增收的重要性，少指导、轻管理、重收费、服务意识淡薄，有的地方渔业主管部门也缺乏推广渔业技术的力度，人才匮乏，机制不完善。部分地区海域管理不善，海域开发利用活动无序，大多数渔民用不上海、用不起海，用海矛盾较为尖锐。

（四）沿岸企业与养殖户之间的关系

随着海洋经济的快速发展，城市化进程的速度加快和沿海工业的不断发展，沿岸企业与养殖户的关系更多的是折射出工业污染与环境的冲突，是企业经济利益与养殖户经济利益的直接冲突。对于靠海吃海、以养殖为生的沿海渔民，近海工业污染使他们成为这一冲突最直接的受害者。沿岸企业的未达标排放、超标排放，甚至偷排污水是主要问题，而且有的排污口设置不够科学、合理，港湾自净能力有限，超出港湾的环境容量，也造成浅海渔业水域环境污染。

船舶污染对于养殖来说也是一个不可忽视的问题。沿海有许多中小港口尚未全部建立船舶含油污水和垃圾处理设施，船舶含油污水和垃圾直接排放到海水中，成为港口海域的主要污染源之一。有些油码头缺乏必要的防范设施，使船舶在装卸原油和加油时，存在跑、冒、滴、漏现象，污染海洋环境，海岸带资源的浪费和生态的破坏。这些都对养殖产生直接影响，损害养殖户的利益。

（五）非政府组织与其他海洋利益相关者之间的关系

在我国对海洋实施开发和保护的过程中，非政府组织中更多的是学术性组织在发挥主要作用，它们通过组织海洋科技工作者参与国家海洋政策、海洋发展战略、发展规划和海洋法规的制定，提供决策咨询，参与对海洋科技和社会经济重大项目进行科学论证，提出对策建议。但是，总体而言，我国的非政府组织很不发达，在一定程度上影响了在海洋开发与保护中作用的充分发挥。

第二节　国内民间海洋环境保护组织

民间组织，在国际上称为 NGO（Non – Governmental Organization），其定义为"志愿性的以非营利为目的的非政府组织"。我国环保民间组织的定义是以环境保护为主旨，不以营利为目的，不具有行政权力并为社会提供环境公益性服务的民间组织。

我国环保民间组织的起步晚、发育慢。1978 年 5 月，由政府部门发起成立的环保民间组织即中国环境科学学会第一家成立。直到 1991 年、1994 年，民间自发组成的环保民间组织辽宁省盘锦市黑嘴鸥保护协会和"自然之友"才先后成立。截至 2005 年年底，在 27 年中我国的环保民间组织共 2 768 家，总人数 22.4 万人。这与全国 31.5 万家民间组织，总人数 300 多万人相比，处在中下等发展水平。

中国环保组织分成四种类型：①以环保及相关活动为主要业务范围的正式注册的社会团体。②注册为公司或非营利机构，以环保及相关活动为主要业务范围组织。③各级学校内的环保团体。④未注册，但有长期稳定活动的网络通联型组织。正式注册，其主要业务范围并非环保及相关活动的社会团体，但其环保项目产生重大环境影响和意义时，该项目的主管办公室或相关部门。例如，青基会"保护母亲河"的环保项目影响很大，其项目办公室也可列入受访范围。

近10年来，我国环保民间组织在环境保护工作中，发挥了积极作用，已经成为推动中国和世界环境事业发展不可缺少、不可替代和不可忽视的重要力量。它的重要作用主要是起到了政府职能所不易做、不便做的拾遗补缺的补充作用；起到政府与社会之间的沟通、交流和融合作用；起到监督政府、保护百姓环境权益的作用；起到宣传群众、引导群众、组织群众参与各种环境活动以及咨询和服务等作用。

随着广大民众对环境问题重视程度的加强以及法律意识、参与社会管理意识的提高，我国国内非政府环境保护组织在国家环境保护事务中的作用越来越重要。从近几年我国环境保护组织实践来看，它们在海洋环境保护领域的作用主要表现在以下几个方面。

第一，提出有关海洋环境保护的重大事项并呼吁全社会民众及相关政府部门采取行动；第二，以专家、科研机构的身份列席重要的海洋环境保护工作会议，参与国家重要海洋环境保护法律法规的起草和修改；第三，从事海洋环境保护法律法规及国家环境保护政策的宣传教育工作；第四，监督海洋环境保护法律法规的实施。

同时，我们也必须看到，我国环保民间组织面临的问题。环保民间组织在推动环境事业发展中发挥了积极作用、作出了突出贡献，但也面临很多问题，制约了环保民间组织的健康有序发展。具体表现在几个方面：第一，对环保民间组织的认识不到位，一些政府部门对环保民间组织的积极作用缺乏正确认识，公众对环保民间组织了解得还不够深，环保志愿服务的意识还很淡薄。因此，导致了我国环保民间组织开展活动、吸引人才、筹集资金、招募志愿者带来了困难和阻力。第二，环保民间组织的经费严重不足，环保民间组织提供有偿服务获取生存资金的能力较弱，这些因素导致了我国环保民间组织经费严重不足，生存困难。第三，参与政策制定和社会监督的渠道不畅，一些政府部门和企业对环保民间组织实施环境监督，心存戒备和疑虑，持消极态度，导致环保民间组织不能正常参与一些环境政策的研究、法规建设、污染防治、公众参与等重要活动；再加上环境听证制度、公开制度、公众参与制度不健全，不能实行及时和有效的监督。第四，环保民间组织的专业性不强，公众参与环保民间组织的活动还不普遍，参与国际民间环境交流与合作的能力有待提高。[1]

下面对国内比较重要的环保民间组织进行介绍。

1. 中华环境保护基金会

中华环境保护基金会[2]成立于1993年4月，是中国第一个专门从事环境保护事业的基金会，是具有独立法人资格、非营利性的社团组织。

为表彰中国首任国家环境保护局局长、后任全国人大环境与资源保护委员会主任委员的曲格平教授在参与和领导中国的环境保护事业中作出的卓越贡献，1992年6月在巴西里约热内卢召开的联合国环境与发展大会上，曲格平教授获得了联合国环境大奖和10万美元奖金。获奖后，曲格平教授建议，以这笔奖金为基础成立中华环境保护基金会，促进中国环境保护事业的发展。他的这一建议得到了社会各界广泛的赞誉和支持。

---

① 《中国环保民间组织现状调查报告》，http：//stl. swpu. edu. cn/home/NewPost. asp？id=90。
② 参见中华环境基金会官方网站：http：//www.cepf.org.cn。

在党和国家有关领导与部门的支持下，中华环境保护基金会成立了。曲格平教授成为第一位捐款者并出任理事长，原全国人大常委会委员长万里先生、原国务院副总理兼外交部长黄华先生、全国人大副委员长成思危先生、蒋正华先生出任基金会的名誉理事长，国内外一些专家、学者和知名人士担任基金会的特别顾问。根据《中华环境保护基金会章程》规定中华环境保护基金会的最高权力机构为理事会。理事会由国内外著名人士、社会各界热衷环境保护事业的代表和主要捐赠者组成。中华环境保护基金会建立了严格的资金筹集、管理和使用制度并接受政府有关部门、捐赠者和公众的监督。

中华环境保护基金会本着"取之于民，用之于民，造福人类"的原则广泛筹集资金。并将之用于奖励在环境保护工作中作出突出贡献的单位和个人，资助与环境保护有关的活动和项目，促进中外环境保护领域的交流与合作，推动中国环境保护事业的发展。

基金会成立以后，开展了一系列活动：1993年，该会出资表彰和奖励了120名为环境保护事业作出显著成绩的先进工作者；1994年该会组织举办了青年环境论坛并表彰100名优秀环保企业家；1995年，该会组织举办了首次在中国召开的太平洋环境会议（第五届）；1995—1996年，该会在全国范围内进行"公民环境意识调查"；1996—1997年，该会组织了长江源区环境与生态考察；1998年该会组织召开的"长江源环境与生态保护国际研讨会"、"全国防治汽车排气污染研讨会"和"国外垃圾处理新技术报告会"等会议和与全国妇联等单位共同发出了提倡绿色消费人人参与"减卡救树环保行动"的倡议书等活动；1999—2000年，该会举行了"消除白色污染，提倡绿色消费"系列宣传活动、"99中国环保大学生自行车万里行"活动、"99公民参与环保"宣传活动、组织召开了我国环保非政府组织与挪威环境大臣弗耶兰格女士和美国国家环保局局长卡罗布兰娜女士的座谈会、举办了"中美水处理技术研讨会"和中英"企业与中国环境"高级研讨班等国际会议。2001—2002年，该会组织了首届中华环境奖的评选和全球500佳的推荐工作，组织开展了"绿色版图工程"、"绿色使者"等环保公益活动，取得了良好的社会效益。

2. 中华环保联合会①

中华环保联合会成立于2005年4月。该会是经国务院批准、民政部注册、国家环境保护总局主管，有企事业单和其他社会组织自愿结成的非营利的全国性的社会团体组织。该会的宗旨是，围绕可持续发展战略，围绕国家实施的环境与发展目标，维护公共的环境权益，充分体现中华环境保护联合会的大中华、大环境、大联合的组织优势，充分发挥政府与社会之间的桥梁纽带作用，团结和凝聚社会和各社团组织各方的力量，促进环境保护事业的发展，推动全人类环境事业的进步。中华环保联合会的主要工作是：第一，为政府提供环境决策建议，围绕国家环境发展目标和任务，组织和协调社会各方面力量，参与、支持环境环保，提出建议，加强监督，协助和配合政府实现国家环境目标和任务；第二，为公共和社会提供环境保护法律援助，推动维护环境权益的立法，建议维护环境权益的保障体系，在环境权益受到侵害的公民、法人、其他组织，尤其是弱势群体实行法律援助和法律救助，维护其合法的环境权益；第三，为社会提供公共的环

① 参见中华环保联合会官方网站：http：//www.acef.com.cn。

境信息，开展环境与宣传教育，建立公众环境信息网站，提供法律法规、政策和技术支持服务，构建公众参与环境、监督环境的平台，提高和增强公众的环境意识、环境责任和环境义务；第四，协助政府设立环境社团组织运营的国际地位，维护我国良好的环境形象。组织参加国际民间的环境会议交流与合作，为发展我国的环境事业争取更多的国际支持和实际利益；第五，承办政府及有关组织委托的其他公告。

3. 绿色江河环境保护促进会①

"绿色江河"是四川省绿色江河环境保护促进会的简称，是经四川省环保局批准，在四川省民政厅正式注册的民间团体。"绿色江河"以推动和组织江河上游地区自然生态环境保护活动，促进中国民间自然生态环境保护工作的开展，提高全社会的环保意识与环境道德，争取实现该流域社会经济的可持续发展为宗旨。"绿色江河"的主要任务是：组织科学工作者、新闻工作者、国内外环保团体等对长江上游地区进行系列环境科学考察；建立长江源头自然生态环境保护站；出版宣传生态环境保护的出版物及美术、音像制品；开展群众性环境保护活动及国际间生态环境保护的学术交流。

"绿色江河"目前正在推进的活动是"保护长江源，爱我大自然"计划。

4. 自然之友②

中国文化书院。绿色文化分院（习称"自然之友"，Friends of Nature）于 1994 年 3 月经政府批准成立的我国第一个群众性民间环保团体。

"自然之友"以开展群众性环境教育、倡导绿色文明、建立和传播具有中国特色的绿色文化、促进中国的环保事业为宗旨。

过去，我国的环保工作主要限于政府主管部门和环境专业工作者，公众的参与程度和意识都比较低。而"自然之友"认为，只有极大地提高全民族的环境意识，使环境保护成为全体社会成员共同的责任和使命，在公众中树立人与自然和谐共处的新型文化观念和生活方式，社会经济和可持续发展才能在我国实现，我国的环境才能得到真正有效的保护，神州大地才有可能青山常在、绿水常流。

"自然之友"面向广大公众。所有真诚关注并决心身体力行地参与我国环保事业的朋友，都可以参加到它所举办的活动，或申请成为其成员。"自然之友"主要通过各种专题活动、出版物、大众传媒向社会，特别是广大青少年进行环境教育，传播绿色意识。我们深信绿色事业归根到底是我们大家共同的事业。

5. 环境与发展研究所③

环境与发展研究所创建于 1994 年，是非营利民间组织，致力于可持续发展领域里的研究、公众教育和环境信息的开发与服务。并于当年开始执行国际环境与发展学院中国项目。环境与发展研究所的宗旨是："平等、对话、参与——探索可持续发展的道路"，目标是赋权于公众，特别是弱势群体。通过教育和能力建设、调查研究和信息技术开发，建立平等、对话、参与的平台，探索可持续发展的道路。在国家理事会领导下工作。理事会由国内环境与发展领域里的著名专家、学者和民间机构领导人组成，原全

---

① 参见绿色江河官方网站：http：//www. green - river. org/02/。

② 参见自然之友网站：http：//old. fon. org. cn/。

③ 参见环境与发展研究所网站：http：//www. ied. org. cn/。

国人大环资委主任曲格平任理事会主席。核心教授是活跃在全球环境与发展领域前沿的专家，他们亲自指导并参与教学、研究和国际交流。

第三节 重要的国际海洋环境保护组织

由于海洋环境日益遭到破坏，为了保护海洋，全世界许多沿海国家或地区相继成立了一些具有特殊职能的海洋环境保护组织，于是海洋环境保护组织就应运而生。国际海洋环境保护组织是主要从事海洋环境保护活动的国际组织，它们在当今的世界中发挥着越来越大的作用。

国际海洋环境保护组织是在特定的历史条件下，为了完成某一特定使命或保护某一特定生物而成立的。它们期望通过自己不懈的努力唤醒人们的环保意识，保护海洋环境，使人类可以从容地面对未来，迎接可持续发展的新世纪。

中国作为一个发展中的沿海大国，非常重视海洋环境保护的国际合作，积极参与国际海洋环境保护组织的海洋事务，不断推进国家间和地区性海洋领域的合作；国际海洋环境保护组织也意识到中国作为世界大国的重要地位，绝大多数组织均在中国设立工作站或者办事处等，并在中国支持一系列项目，为我国海洋生态环境保护工作提供重要的技术支撑，取得明显成效。中国作为世界大国，将与国际社会一道共同承担起保护海洋环境的责任。

1. 世界自然基金会[①]

世界自然基金会 WWF（World Wide Fund For Nature）于 1961 年 9 月 11 日设立在瑞士日内瓦湖北岸莫尔日。它是目前世界最大的、经验最丰富的独立性非政府环境保护机构。从 1961 年成立以来，世界自然基金会在六大洲的 153 个国家发起或完成了 12 000 个环保项目。目前世界自然基金会通过一个由 27 个国家级会员、21 个项目办公室及 5 个附属会员组织组成的全球性的网络在北美洲、欧洲、亚太地区及非洲开展工作。

创始人认为，组织最有效的工作方式是在各个国家设立分支机构。于是该组织展开了国家计划项目，将在各国筹集的基金的 2/3 转交给瑞士莫尔日的世界自然基金会，以此来开展国际间的项目活动，其余的则归各国分支机构支配。

目前，这个组织在我国设立了北京、上海、天津、武汉、重庆、新疆等 10 多个志愿者分站，由此可见世界自然基金会在我国深入的程度、影响的广度。世界自然基金会的足迹已经遍布世界六大洲，在 40 多个国家设立了办公室和建立了友好的合作伙伴关系。

2. 保护国际（CI）

保护国际（Conservation International）于 1987 年设在美国的华盛顿特区，并在南美洲、非洲、亚洲及太平洋地区等 30 多个国家设立了项目。是从事保护全球生物多样性的非营利性国际组织。CI 的近 1 000 名工作人员来自 40 多个国家，有 2/3 的人在生物多样性受威胁最严重的国家做实地工作，其中，90% 的工作人员是这些国家的公民。

保护国际 2002 年在中国设立办公室。中国是世界上生物多样性最为丰富的国家之

---

① 参见世界自然基金会官方网站：http://www.panda.org/。

一，中国西南山地是保护国际中国项目工作的重点区域，也是全球 25 个生物多样性热点地区之一。保护国际本着"基于科学、倡导合作、造福人类"的原则，在中国目前开展的具体项目有：协调关键生态系统合作基金（CEPF）、建立支持保护和发展决策的科学体系、自然保护区的能力建设和政策支持、在藏区推广神山圣湖等以传统文化为基础的社区保护项目、开展森林多重效益项目以及和当地政府、当地社区和自然保护区一起共同推动对环境友好的旅游开发标准，建立生态旅游的示范。通过调动本土和国际非政府组织的合力，促进对环境友好的企业的发展。

3. 关键生态合作基金（CEPF）

CEPF 是关键生态系统合作基金的简称，是由保护国际（Conservation International，CI）、全球环境基金（The Global Environment Facility，GEF）、日本政府、麦克阿瑟基金会（The John D. And Catherine T. MacArthur Foundation）和世界银行（World Bank）共同发起的。这个合作基金旨在促进对全球生物多样性最丰富且所受威胁最大的地区的保护工作。

关键生态系统合作基金在世界很多地区都设有工作部，比如，巴西大西洋森林地区、南非海角开普（Cape）植物区、高加索地区、坦桑尼亚、肯尼亚的东弧山和海岸森林、西非几内亚森林地区（科特迪瓦、加纳、几内亚、塞拉利昂和多哥）、中国西南部山地区等。

4. 全球环境基金（GEF）

全球环境基金（简称 GEF）于 1991 年 5 月成立于美国，向符合条件的联合国开发计划署和世界银行成员国提供赠款和优惠贷款，共同资助以保护全球环境和促进可持续经济发展为目标的项目和计划。全球环境基金是一个独立的国际机构，创建于 1991 年，最初是作为一个示范项目，1994 年正式成立。全球环境基金的目的是根据协议向有利于全球环境的活动提供净增加资金部分，资助的项目集中在六个领域，即气候变化、生物多样性、国际水域、有机污染物、土地退化和臭氧层保护。气候变化框架公约、生物多样性公约和有机污染物公约指定全球环境基金作为其资助渠道，只有批准了相关公约的国家才有资格申请全球环境基金的资助。

全球环境基金的资金是通过三个执行机构提供给各国的，这三个执行机构分别为联合国开发计划署（简称 UNDP）、联合国环境规划署（简称 UNEP）和世界银行。全球环境基金秘书处在职能上独立于这三个执行机构，直接对全球环境基金理事会和大会负责并为其提供服务，财政部负责协调全球环境基金中国的项目。

5. 世界自然保护联盟（IUCN）

世界自然保护联盟（International Union for Conservation of Natural and Natural Resources）的前身为国际自然保护联盟（IUPN），1948 年 10 月 5 日成立于瑞士格兰德市。1956 年更名为世界自然及自然资源保护联盟（IUCN），1990 年改为 IUCN—世界保护联盟（IUCN – the World Conservation Union）。

国际自然及自然资源保护联盟（IUCN）是一个非常特殊的组织，其成员来自 140 多个国家，其中包括 70 多个政府，100 多个政府机构，750 多个非政府组织。来自 180 多个国家的 1 000 多名国际知名的科学家和专家为其下属的 6 个全球性的委员会工作。它在世界 62 个国家设有办事处，共有 1 000 多名员工，服务于 500 多个项目。其总部位于瑞士的格兰德市。

IUCN 是全球最大的环境知识网络，到目前为止已协助 75 个国家制定和实施了国家保护和生物多样性战略。1999 年，联合国会员国授予国际自然保护联盟联合国大会观察员的身份。

6. 全球绿色资助基金会（GGF）

全球绿色资助基金会（Global Green grants Fund）于 1993 年在美国旧金山成立，之后总部设在美国科罗拉多州，旨在通过对发展中国家基层环境运动进行小额资助，以期帮助保护全球环境。全球绿色资助基金在最未受关注而又面临诸多环境威胁的地区广泛支持以社区为基础的环境活动。

全球绿色资助基金在许多国家和地区设有顾问委员会，它由那些在当地了解如何最有效利用有限资源的环境领袖们组成。顾问委员会负责推选可以获助的组织。这种参与式的，以群体为基础的工作方式有利于环境领域内建立民主机制。

全球绿色资助基金资助那些以社区为基础，可以最有效地赞助小额资助的环境活动团体。资助额从 200 美元至 5 000 美元不等。

2005 年全球绿色资助基金会在中国支持了系列项目，比如，支持编辑出版《社区参与行动》通信，发展绿色社区；资助建立安徽青年环境资料中心，推动绿满江淮办公室建设和组织化发展；支持绿色汉江出版组织通讯、环境教育出版物，以及保护汉江的工作；开展海口地区海龟贸易状况调查，推动禁止海龟贸易的执法行动；推动南京地区大学生的环境行动；建立环境教育网站，为西北地区大中学校、民间团体提供环境教育信息和培训机会；以及推动新疆伊犁州森林草原的保护等。

7. 太平洋环境组织

太平洋环境组织于 1987 年在美国旧金山成立，它的成立保护了数百万英亩的野生环境，它最先进行了对西伯利亚虎和西太平洋灰鲸的保护活动，并阻止了石油输油管道、大坝的建设及矿山开采。

太平洋环境希望利用网络这个通信工具将那些地域上遥远的草根组织密切结合起来。同时，这也是太平洋环境的工作目标，即以更有效的方法使各草根组织的环境保护者与广大市民密切结合起来。因此，为了保护中国珍贵的海洋资源，科学家、学生、非政府组织及媒体工作者联合组成了拯救中国海洋网，通过创建一个以互联网为基础的媒体来促进参与者们的交流。它将以信息交流和开展运动的形式来展开中国海洋保护的行动。

拯救中国海洋网的工作重点，首先是打击日益猖獗的野生海洋生物非法交易，并努力提高民众的保护意识。其次，拯救中国海洋网将着眼于在中国临海非可持续发展的渔业。在保护生物多样性的同时，拯救中国海洋网将试图帮助中国的消费者们认识到他们的饮食习惯也会影响海洋的生态，为此将进行一些富有创意的活动来提高消费者的意识。最后，拯救中国海洋网将会利用使用基数日益增长的网络作为主要工具。拯救中国海洋网希望推广直接参与，自发组织，信息交换和社团活动这些在中国社会并不多见的活动参与形式。

8. 联合国环境规划署（united nations environment programme）

联合国环境规划署（简称"环境署"）总部设在肯尼亚首都内罗毕，是全球仅有的两个将总部设在发展中国家的联合国机构之一。1972 年 6 月在瑞典首都斯德哥尔摩召开了第一次人类环境与发展会议，发表了人类环境宣言。这是国际社会第一次共同召开的环境会议，标志着人类对于全球环境问题及其对于人类发展所带来影响的认识与关注。会议作出决议，在联合国框架下成立一个负责全球环境事务的组织，统一协调和规划有关环境方面的全球事务，环境署由此诞生成立。

环境署的最高行政首长——执行主任由联合国一位副秘书长担任。现任执行主任是德国人克劳斯·特普费尔。环境署设有 8 个业务司局，在全球设有 7 个地区办事处、3个国家办公室，并且领导着十几个全球环境公约秘书处的工作。由于形势发展，联合国于 20 世纪 90 年代中期决定在内罗毕设立其全球第 4 个总部级办事处，即联合国内罗毕办事处，联合国环境署总部、联合国人居署总部以及其他联合国机构的非洲办事处均设在此，由此使内罗毕成为与纽约、日内瓦和维也纳齐名的联合国四大总部所在地之一。理事会是环境署的最高决策机构。理事会每两年召开一届会议，就重大问题作出决策。理事会由 58 个成员国组成，每届轮换 1/3。中国自理事会成立以来一直担任理事国。

作为联合国系统中唯一负责环境事务的机构，环境署被赋予的职能和任务包括：负责提出和制定全球环境保护规划和方案；协调联合国系统各机构在环境领域的行动；对全球重大环境问题进行科学研究、监测并提出解决方案；推动国际社会加强环境立法，制定环境政策，开发环境技术，普及和传播环境知识与信息；公众环境意识的教育与提高等。环境署在国际环境领域发挥着十分重要和不可替代的作用，责任重大。

9. 国际中国环境基金会（IFCE）

国际中国环境基金会（IFCE）是一批关注中国环境问题的科技及专业人士于 1996年在美国创立的国际环境组织，基金会的宗旨是通过帮助中国解决环境问题来保护人类的环境和资源，促进可持续发展。其目标在于支持和帮助中国民间环境组织的发展，促进新环境技术在中国的应用和推广，促进政府、民间组织及企业间在解决环境问题上的双边及多边合作，开展公共环境教育和培训项目，向中国政府有关部门提供环境管理与资源保护的战略性建议以及加强公众理解环境问题与人类生存的关系。

基金会成立以来，在民间环保组织支持，政策建议和咨询，技术交流与合作，以及公共环境教育等领域开展了一系列有影响的活动和项目。基金会在 2002 年被联合国评定为主要环境组织之一，基金会设立顾问委员会、董事会、执行机构及会员网。基金会总部在美国首都华盛顿，在北京、上海、武汉、深圳设有代表处。

10. 美国自然资源保护委员会（NRDC）

自然资源保护委员会（NRDC）总部设在美国，是一个拥有 275 位科学家、律师、环保专家和 100 多万名会员、致力于保护公众健康和解决全球环境问题的非营利性组织。

自然资源保护委员会是美国最有效的环境行动组织，它们利用法律、科学知识以及100 多万名成员和网上活动家的支持来保护野生生物，以确保它们拥有一个安全和健康的生活和生存环境。此委员会的目标在于保护地球、人类、动植物以及它们生存所需要的生态环境；致力于恢复维持生命所需要的元素——空气、土地和水——并且保卫那些已经陷入危险的自然环境。委员会积极寻求建立一套可持续且完善的地球管理规则作为人类社会的重要道德规则，通过保护自然资源来保障当代人及今后世代人的幸福和利益，促进所有人民有基本的权利在影响到他们的环境时作出决定。委员会力求打破由于肤色或者面对社会或经济不公平引起的环境负担不均衡的格局。最终，委员会将帮助人类建立一种可持续并且不会耗尽地球上自然资源的生活方式。

11. 全球环境研究所（GEI）

全球环境研究所（GEI）是建立在中国的一家非政府非营利性机构，于 2004 年 3 月在北京成立。此机构的宗旨是以市场为导向解决环境问题，力求社会、环境和经济效益多赢，实现可持续发展。目标是通过引入市场机制的理念和方法，研究和解决中国环境问题；推广对环境有利的技术和商业运作模式；推广将环境保护和经济发展、短期和长期规划、地方与全球利益相结合的决策机制，即对经济、环境和社会因素的综合评估解决环境问题。

全球环境研究所的项目主要侧重在生物多样性保护、农村可持续发展、中国政府及民间的能力建设、能源能效与全球气候变暖、与国际机构合作的自身能力建设等方面。

作为一个非政府组织，GEI 希望在中国建立一个开放式的研究环境问题的平台，与政府、企业和农民一起，尝试最先进的可持续发展的想法、模式和政策。它以中立的立场，鼓励组织间以及国际性的合作，尤其是南—南合作；定位于提供一整套的解决方案——从市场调研、技术支持、融资机制、商务计划到试点项目的实施。它们成功的项目都随之以政策建议和媒体宣传以教育公众。

全球环境研究所认识到传统的环保和扶贫项目之所以缺乏持续性往往是由于没有引入市场机制和长期的盈利效益。因此，它们发展了一种模式，主要把非营利性环境保护和社区发展与以营利为目的的企业管理方式、进入市场的渠道联系起来，建立功能性、可自我持续的企业，使其功能延续到项目期之外。

12. 世界资源协会（WRI）

世界资源协会是一个超出研究范围创造实用方式保护地球和改进人们生活的环境保护智囊团。协会的使命是推动人类社会以适合当前及未来的生活方式生存。活动项目主要有：其一，恢复生态系统。"我们保护生态系统容量以维持我们的生活和发展"。其二，扩展参与环境决定。"我们与世界范围内的伙伴合作增强人们获知信息的途径，影响自然资源的决策。"其三，避免危险气候变化。"我们推动公共和私有行为确保气候安全和全球经济完美发展"。其四，改善环境与经济繁荣并进，通过改善环境和增加社区福利来迎接挑战。

总之，协会的政策研究和各项工作，都是尝试在理想和现实之间架起桥梁，捕捉科学研究、经济分析的精髓，满足对外开放和参加政策制定的需要。

世界资源协会创立的 erthtrends 是一个全面的网络数据库，由世界资源协会维护，集中于环境、社会和经济趋势来塑造我们的社会。研究题目主要有：沿海和海洋生态系、水源和淡水生态系、气候和大气、人口健康和福利、经济和环境、能源和资源、生物多样性和保护区、农业和食物、森林草原和沙漠、环境管理机构等题目。

13. 岛屿资源基金——东加勒比海生物多样性保护计划

岛屿资源基金始于 1972 年，是一个专门对政府和小热带海岛的私有非营利环境组织提供发展和环境计划的援助组织。基金的总部设在圣托马斯，美属维尔京群岛，在华盛顿设有分部。在安提瓜岛的圣约翰，基金的东加勒比海生物多样性保护计划协助岛屿资源基金的工作。

作为一个非被资助的运行基金，岛屿资源基金的资金来源主要是会员会费、政府的津贴以及捐助者个人的捐助，依此来支持小热带海岛的环境保护工作，这尤其体现在宽广的加勒比海地区。捐助组织主要包括美国政府、美属维尔京群岛，国际机构、加勒比地方机构和私有基础组织及其他非政府组织。基金已经为许多政府和国际代办处完成了150多个项目。

作为一个独立的、国际性的非政府组织，岛屿资源基金在加勒比海地区有30年的经验。它为那些正在参与塑造海岛生态系全国战略和开发制度体系的海岛政府和其他非政府性组织提供技术协助和专业计划服务。自1990年以来，基金支持了在安提瓜岛、巴布达、圣基茨、多米尼克和美属维尔京群岛的生物多样性保护计划。

14. 联合国教科文组织政府间海洋学委员会

政府间海洋学委员会（IOC）（Intergovernmental Oceanographic Commission，简称海委会）建于1960年。根据教科文组织第11届大会2.31号决议和政府间海洋研究大会建议成立。其建立基于下述认识："海洋覆盖着地球表面的70%，对人类及地球上的各种生物有着深远的影响，为了充分认识海洋对人类的价值，必须从多方面研究海洋。然而，目前的研究处于分散状态，对一个或几个国家而言，许多海洋调查工作还难以展开。"

海委会的宗旨是促进和协调国际海洋科学、海洋服务、海洋资源开发利用和海洋环境保护，以及加强各国的海洋科研能力，促进国际交流与合作。

政府间海洋学委员会成立40多年来，工作的重点一直是促进海洋科学调查和相关的海洋服务，目的在于更深刻地认识海洋性质和海洋资源。这就为IOC迎接新的挑战，扩大其作用奠定了基础。在迎接新挑战时，IOC当前的工作重点放在以下四个方面。

（1）制定并促进国际海洋学研究计划，增进对全球和地区重大海洋过程及其与海洋资源可持续开发和管理的关系的认识；

（2）确保沿海国家有效的规划，成立和相互协调业务化全球海洋观测系统，为海洋与大气预报、海洋及海岸带管理、为全球环境变化研究提供必要的资料；

（3）为全球海洋及海岸带系统观测和相关研究提供必不可少的国际教育和培训计划及技术援助提供指导；

（4）确保使通过研究、观测和监测获得的海洋数据和资料得到有效的处理。

1971年我国正式恢复在联合国教科文组织中的合法席位，1979年正式加入政府间海洋学委员会，并积极参与了海委会发起的各项重大活动，作出了我国的贡献。我国已成立了海委会国内工作网络，负责协调和组织实施有关海委会的国内外活动。

15. 北太平洋海洋科学组织（PICES）

北太平洋海洋科学组织 North Pacific Marine Science Organization（PICES）于1992年成立于渥太华。由加拿大、中国、日本、苏联和美国共同参与其成立。

组织活动有关的区域是北纬30°以北的太平洋温带和北极圈附近的区域以及毗邻海区。为了科学的需要，组织的活动可以进一步延伸到北太平洋以南的区域。

组织的宗旨为：第一，促进和协调海洋科学研究，包括但不仅限于海洋环境以及海陆、海—气间的相互作用及其他在全球天气与气候变化中的作用，海洋所有动、植物及其生态系统，海洋的利用及其资源，以及人类活动对海洋的影响，以提高对"有关区域"及其生物资源的科学认识。第二，促进对于"有关区域"内海洋科学研究的情报、资料的收集与交流。北太平洋海洋科学组织由管理理事会（简称"理事会"）、理事会有时需要建立的常设或特设小组、委员会和秘书处组成。理事会的工作和正式语言为英语。

16. 国际油轮船东协会

国际油轮船东协会（或译为国际独立油轮船东协会）（INTERTANKO）成立于1970年，是一个业界聚集、讨论政策和公开明申立场的船东组织，旨在代表和保护全球油轮船东的利益，保障石油运输的安全。它同时也向协会会员提供技术、营运、法律、信息及指南、各种提单文件及特定合同条款，以及与港口使用费、进出港、参考运费运价等相关的支持业务。

在致力于并推动"安全运输、更清洁的海洋和自由竞争"活动中，近年来，INTERTANKO非常重视发展与政府及航运立法者的关系，借其在联合国下属的国际海事组织（IMO）中享有的非政府组织（NGO）成员地位及在联合国贸易和发展大会中的咨询地位，通过积极地参与IMO国际海上安全及环保规则和国际油污赔偿基金规则的讨论和制定过程，施加影响以保护业界利益，与它们共同努力，确保油轮运输链中各方责任与义务的合理分配。同时它在国际航运业制定和执行业界标准等方面也起着主导作用。

INTERTANKO现有250多个船东正式会员，其拥有的船队占全球油轮船队的80%、化学品船船队的85%以上。除正式会员外，INTERTANKO还有约300个为油轮和化学品船船东服务的公司作为副会员。会员在管理、船舶状况及性能等方面都遵循了严格的会员标准。INTERTANKO在中国大陆有8个会员：中国远洋运输总公司COSCO大连，中海集团，河北远洋，大连海昌，南京油运，中外运航运，中化船务和中国船级社。

17. 石油公司国际论坛

石油公司国际论坛（Oil Companies International Marine Forum，即OCIMF）是一个致力于装运和处理原油和石油产品的石油公司的自愿者协会。该论坛首要任务就是要保证权利运行的安全与对环境负责的油轮和码头，促进持续改善的标准设计和运行。

石油公司国际论坛在1970年4月8日成立于伦敦。在1966年的"托利峡谷"事件后，石油工业开始对如何提高公众对海洋污染，尤其是石油造成的海洋污染的关注给予重视。在与各国政府讨论如何发展国际公约和国家立法方面，石油公司国际论坛发挥了自己的专业知识，把自己的意见提供政府和政府间的国际组织。

石油公司国际论坛于1977年在百慕大注册成立了分公司，并在伦敦设立了分支机构，主要联系国际海事组织（海事组织）。目前石油公司国际论坛在世界范围内共有56所公司。

18. 国际捕鲸委员会（IWC）

国际捕鲸委员会（IWC）1946年12月2日根据《国际捕鲸公约》（1931年）在华盛顿成立，是一个负责管理捕鲸和鲸类保护的国际性组织。其宗旨和任务包括：调查鲸的蕴藏情况，搜集鲸的统计资料；制定捕捞和保护太平洋鲸藏量的措施，如确定鲸的保护品种和非保护品种、开放期和禁捕期、开放水域和禁捕水域、捕捞时间和工具等；对捕鲸业进行严格的国际监督。

所有认同 1946 年签订的《国际管制捕鲸公约》（ICRW）的国家都可以成为 IWC 的会员国。每个成员国选派一名代表，接受专家和顾问的指导。委员会的主席和副主席由委员选举产生，任期 3 年。每年出席 IWC 年会的除各国著名的科学家、缔约国的正式代表外，尚有 100 多个国际组织派观察员参加。广泛利用现代的生物学研究方法研究鲸类的年龄、生长速度、繁殖周期等，并采用数理统计方法，研究鲸类的种群状况、数量及其在捕捞影响下的数量变动。科学委员会根据现有的科学资料和统计资料，向国际捕鲸委员会推荐每个种群的可捕量，并制定鲸类生物学研究和合理捕捞的科学计划。国际捕鲸委员会按这些材料作出决议和建议。国际捕鲸委员会还附设技术委员会，主要研究调整捕鲸业的法律措施，调查违反捕鲸法的情况，并确定捕鲸期和可使用的捕猎方法。通过以上措施，研究出分布规律、生态环境、种群特征以及引起濒危的原因等。在此基础上划出濒危的类别和濒危状况，制定出相应的保护和管理措施。

现在 IWC 共有大约 60 个成员，中国也是会员之一。每个成员国（需要每年交付会员费）不论其人口、经济实力或是或参与捕鲸活动只有一个投票权。关于鲸类和捕鲸问题的非约束性决议采用简单的投票方式半数通过。而约束性决议（如关于商业捕鲸当前备忘录的更改）则要求 2/3 多数票通过。

在商业捕鲸导致鲸数量锐减后，IWC 决定采取行动保护鲸类。1986 年国际捕鲸委员会颁布了禁止商业捕鲸令，对保护这种珍稀动物发挥了巨大作用。其中包括从 1986 年开始暂时性禁止商业捕鲸，分别于 1979 年和 1994 年建立了印度洋鲸类保护区和南大洋鲸类保护区。自颁布商业捕鲸禁令 20 年来，中国与美国、英国、法国、德国、澳大利亚等大多数国家始终反对捕鲸。但由于《国际捕鲸公约》的第八条规定，任何国家可以根据科学目的击杀或者捕捞鲸，并应充分利用鲸的身体各部分，这给日本等国提供了捕鲸的合法理由，凭借"科学捕鲸"的旗号已经捕杀了超过 25 000 头鲸。

19. 美洲间热带金枪鱼委员会（IATTC）

美洲间热带金枪鱼委员会（IATTC），于 1950 年由《1949 年美利坚合众国与哥斯达黎加共和国之间公约》（即《安提瓜公约》）建立。负责养护和管理船旗国在金枪鱼资源国捕捞金枪鱼和类金枪鱼的渔业，是所有金枪鱼管理组织中第一个对围网渔船实行捕捞能力管理的组织。

IATTC 成员国为哥斯达黎加、法国、巴拿马、厄瓜多尔、危地马拉、秘鲁、萨尔瓦多、日本、瓦努阿图、西班牙、墨西哥、委内瑞拉、美国和尼加拉瓜。

2003 年 6 月 27 日，在美洲间热带金枪鱼委员会于安提瓜（危地马拉）召开的第 70 届会议上，通过了《加强美洲间热带金枪鱼委员会公约》；该委员会为五年的谈判带来成功的结局。这些谈判自其开始便不仅对《1949 年公约》的缔约方开放，而且也对在现有公约或修订公约下可能的缔约方或成员开放，也欢迎政府间组织和非政府组织作为观察员参与并作出贡献。

20. 大西洋金枪鱼保护委员会（ICCAT）

大西洋金枪鱼保护委员会（ICCAT），成立于 1969 年，有 33 个国家加盟，我国于 1996 年 10 月加盟，本部设于西班牙的马德里。主要协定有《保护大西洋金枪鱼国际公约》（1996 年和 1984 年及 1992 年议定书）。它负责在大西洋和毗邻海内的金枪鱼和类金枪鱼物种的保护。委员会的官方语言是英语、法语和西班牙语。ICCAT 关注大约有 30 个物种，如长鳍金枪鱼、箭鱼、尖嘴鱼类、鲭鱼、旗鱼、大西洋东方狐鲣等，它是唯一可以承担大西洋金枪鱼和类金枪鱼物种的研究和管理工作的组织，研究领域包括对生物测定学、生态学和海洋学。委员会的工作要求对涉及当前情况渔业资源的分布状况和趋势的信息进行收集和分析。

21. 中西太平洋金枪鱼管理委员会

《中西太平洋金枪鱼条约》，即《中西太平洋高度洄游性鱼种条约》（WCPFC），2004 年 12 月成立了中西太平洋金枪鱼管理委员会，有 25 个国家和地区加盟。中国和中国台湾省都于 1994 年起参加了中西太平洋金枪鱼条约的策划工作。

《中西太平洋金枪鱼条约》经过近 10 年（1994—2004 年），终于在 2004 年 12 月 10 日在密克罗尼西亚召开了第 1 届委员会会议，并宣布中西太平洋金枪鱼管理委员会（暂名）的成立。

中西太平洋区域的捕捞国于 2000 年 9 月通过了《养护和管理中西太平洋高度洄游鱼类种群公约》，该公约是实施《国际渔业协定》第八条的直接成果被视为第三代国际渔业协定。该公约的目的是根据海洋法公约和 1995 年鱼类种群协定确保中西太平洋高度洄游鱼类种群的长期养护和可持续的利用，为此该公约提及预防做法并指出委员会成员国有义务适用鱼类种群协定附件二所列指导方针。

《养护和管理中西太平洋高度洄游鱼类种群公约》将普遍适用于公海区，而其中一些养护原则和措施还将适用于沿海国的专属经济区。另外，该公约还成立了一个委员会，授予该委员会决定可捕总量以及公约区捕捞总量的权力，包括规定对在区域捕捞金枪鱼的限额。公约还成立了两个附属机构，即一个科学委员会和一个技术和守约情况委员会，在公约委员会范围内履行各自不同职能，发挥不同的作用。

22. 世界环境和发展委员会

世界环境与发展委员会是联合国下属的研究世界环境与发展问题的专业委员会，成立于 1983 年 12 月。联合国大会决议成立世界环境发展委员会，主旨是"全球的变革"，目的涉及四个方面：其一，提出长程的环保策略，以达成未来永续的发展；其二，建议维护环境的方法，促成开发中国家的合作，达成共同互惠的目标；其三，促使国际间更有效地处理环境的问题；其四，共同解释长远的环境发展，一起努力来保护环境并提升环境。

委员会成立时有 21 个国家的专家、学者参加，委员会主任由挪威首相布伦特兰夫人担任。专业委员会成立之后，调查了世界各地许多国家的环境与发展问题的现状，并于 1987 年 4 月完成了题为《我们共同的未来》的报告。这份报告是着眼于人类未来的重要文献，是继 1972 年斯德哥尔摩《人类环境宣言》之后这方面研究的最重要发展。该报告运用了大量详细的资料和统计数字，全面阐述了当今人类所面临的 16 个严重的环境问题，不仅指出了环境问题的严重性，而且还指出了由此引起的影响。调查报告向全世界发出了紧急警告：现在是采取保护策略的时候了，为了人类的光明未来，世界各国必须现在开始行动，而且需要一起行动。

世界环境和发展委员会认为：人民有能力建设一个更加繁荣、更加正义和更加安全的未来。委员会的报告《我们共同的未来》不是对一个污染日益严重、资源日益减少的世界的环境恶化、贫困和艰难不断加剧状况的预测；相反，该报告看到了出现一个经济发展的新时代的可能性，这一新时代必须立足于使环境资源库得以持续和发展的政策。委员会认为，这种发展对于摆脱发展中世界许多国家正在日益加深的巨大贫困是完全不可缺少的。

世界环境和发展委员会认为，人类对未来的希望取决于现在就开始管理环境资源，以保证可持续的人类进步和人类生存的决定性的政治行动。委员会及其报告不是在预测未来，而是在发布警告——一个立足于最新和最好科学证据的紧急警告：现在是采取保证使今世和后代得以持续生存的决策的时候了。报告没有提出一些行动的详细蓝图，而是指出一条道路，根据这条道路，世界人民可以扩大他们合作的领域。

23. 国际海事组织（IMO）

国际海事组织（IMO）的前身为政府间海事协商组织（Intergovernmental Maritime Consultative Organization，IMCO）。IMCO 是根据 1948 年 3 月 6 日在日内瓦举行的联合国海运会议上通过的《政府间海事协商组织公约》（1958 年 3 月 17 日生效），于 1959 年 1 月 6 日至 19 日在伦敦召开的第一届公约国全体会议上正式成立的，是联合国在海事方面的一个专门机构，负责海事技术咨询和立法。1975 年 11 月第 9 届大会通过了修改的组织公约决定，并于 1982 年 5 月 22 日起改为现名 IMO，以加强该组织在国际海事方面的法律地位，使其在海事和海运技术领域起到更大的作用。

该组织宗旨是促进各国的航运技术合作，鼓励各国在促进海上安全、提高船舶航行效率、防止和控制船舶对海洋污染方面采取统一的标准，处理有关的法律问题。它的最高权力机构是大会，任务是批准工作计划和财务预算，选举理事会成员，审议并通过各委员会提出的有关海上安全、防止海洋污染及其他有关规则的建议案。海上安全委员会负责协调有关海上安全的技术性问题；海洋环境保护委员会负责协调防止并控制船舶造成污染方面的活动。该组织主要活动有：制定和修改有关海上安全、防止海洋污染、便利海上运输和提高船舶航行效率及与之有关的海事责任方面的公约、规则、议定书和建议案，交流这方面的实际经验和海事报告；利用联合国开发计划署等国际组织提供的经费和捐助国提供的捐款，为发展中国家提供一定的技术援助。

IMO 总部设在伦敦，其最高权力机构即大会（每两年召开一次，Assembly），其下设有理事会（每年两次，Council）和（上述的）委员会（每年一两次，Committee）；日常工作有秘书处承担，秘书长为最高行政执行官，秘书处下设 5 个司，分别为海上安全司、海上环境司、法律事务及对外联络司、行政司和会议司，总计为 300 余名工作人员，以处理日常行政事务。

我国在联合国恢复合法席位后，于 1973 年 3 月 1 日正式参加 IMO，1975 年当选为理事国，1995 年 11 月，我国以最多票数连任 A 类理事国。我国香港和澳门特别行政区为联系成员。我国对 IMO 的归口管理部门设在交通部船舶检验局。

24. 国际海底管理局（ISA）

国际海底管理局（International Seabed Authority）是根据 1982 年《联合国海洋法公约》（下称《公约》）所设立的国际机构，是《公约》缔约国组织和控制各国管辖范围以外的国际海底区域内（下称"区域"）活动，特别是管理"区域"内资源的组织。《公约》第三百零八条规定，管理局大会应在《公约》生效之日召开。《公约》已于

1994 年 11 月 16 日生效,管理局于当日宣布成立。到 1999 年 8 月,管理局共召开了五届十一期会议。其总部设在牙买加首都金斯敦。根据《公约》第一百五十六条第二款规定,所有《公约》的缔约国都是管理局的当然成员。截至 2004 年 2 月 20 日,145 个国家和欧洲共同体成为《公约》缔约国和管理局成员。

中国与管理局保持着良好的合作关系。作为勘探合同方和管理局理事会成员,中国一向重视管理局的工作。2004 年,中国派代表团参加了管理局第十届会议。会议对理事会成员进行了改选,中国成功当选为理事会 A 组成员,任期四年。中国首次从 B 组进入 A 组,表明中国经济实力的增强以及在国际海底事务中地位的提升。

参考文献

1. [法] 亚历山大·基斯. 国际环境法. 张若思编译,北京:法律出版社,2000.
2. 王曦. 国际环境法. 北京:法律出版社,1998.
3. 汪劲. 环境法原理. 北京:法律出版社,1998.
4. 许健. 国际环境法学. 北京:中国环境科学出版社,2004.

课后思考

1. 我国海洋环境保护利益相关者有哪几类群体?他们之间的关系是怎样的?

2. 综述我国海洋环境保护行政管理体系的结构及其职责划分,并指出其中存在的问题。

3. 我国主要的国内民间环保组织有哪一些?它们与国外环保组织相比,发展状况如何?原因在哪里?

4. 国外著名的环境保护机构有哪些?它们运行成功的经验在哪里?

第十九章 海洋污染损害的救济和国际海洋争端的解决

第一节 我国海洋司法体制

一、海洋司法体制概述

海洋司法，是指司法机关依照法定职权和程序，具体应用法律处理涉海纠纷的专门活动，它是以国家名义适用法律行使国家司法权的活动。

司法主体，即行使司法权的司法机关，在不同的社会制度和不同的法律体制下有所不同。在实行三权分立的西方国家里，司法权由法院行使，法院便是司法机关，亦即司法主体。在我国，按照现行的法律体制和司法体制，司法权一般包括审判权和检察权，审判权由人民法院行使，检察权由人民检察院行使。因此，人民法院和人民检察院便是我国的司法机关，亦即司法主体。公安机关的有些执法活动虽然与国家司法机关的司法活动有较为密切的联系，但其仍属于行政执法的范围。

在我国，各级人民法院分工负责涉海民事纠纷、涉海行政案件和涉海刑事案件的审判，目前各级人民检察院主要负责涉海刑事案件的起诉。一般来说，涉海纠纷与其他纠纷的司法处理机关及处理程序是类似的，不同之处在于我国设立了专门的海事法院负责处理一部分涉海纠纷。本节着重介绍海事法院的基本情况，普通人民法院和人民检察院对涉海纠纷的管辖即一般涉海诉讼我们在下一节中讲述。

二、我国海事法院的设置

为适应我国海上运输和对外经济贸易事业发展的需要，有效地行使我国司法管辖权，及时地审理海事、海商案件，维护我国和外国的当事人的合法权益，1984 年 11 月 14 日第六届全国人民代表大会常务委员会第八次会议通过《关于在沿海港口城市设立海事法院的决定》。决定指出，根据需要在沿海一定的港口城市设立海事法院，海事法院的设置或者变更、撤销由最高人民法院决定。海事法院对所在地的市人民代表大会常务委员会负责；海事法院的审判工作受所在地的高级人民法院监督。海事法院管辖第一审海事案件和海商案件，不受理刑事案件和其他民事案件。对海事法院的判决和裁定的上诉案件，由海事法院所在地的高级人民法院管辖。

为贯彻执行全国人民代表大会常务委员会《关于在沿海港口城市设立海事法院的决定》，最高人民法院于 1984 年 11 月 28 日作出《关于设立海事法院几个问题的决定》。该决定明确设立海事法院的沿海港口城市是广州市、上海市、青岛市、天津市、大连市；同时规定了海事法院的收案范围。

1984 年以来，最高人民法院又决定在武汉市、厦门市、宁波市、海口市、北海市设立海事法院。迄今，全国设立海事法院共 10 个。它们分别管辖在规定区域内发生的海事案件和海商案件。

三、我国海事法院的受案范围

中华人民共和国第九届全国人民代表大会常务委员会第十三次会议，于1999年12月25日通过并公布了《海事诉讼特别程序法》，该法从地域管辖的角度，对我国海事法院的受案范围作出了规定：

海事法院受理当事人因海事侵权纠纷、海商合同纠纷以及法律规定的其他海事纠纷提起的诉讼。因沿海港口作业纠纷提起的诉讼，由港口所在地海事法院管辖；因船舶排放、泄漏、倾倒油类或者其他有害物质，海上生产、作业或者拆船、修船作业造成海域污染损害提起的诉讼，由污染发生地、损害结果地或者采取预防污染措施地海事法院管辖；因在我国领域和有管辖权的海域履行的海洋勘探开发合同纠纷提起的纠纷，由合同履行地海事法院管辖。海事纠纷的当事人都是外国人、无国籍人、外国企业或者组织，当事人书面协议选择海事法院管辖的，即使与纠纷有联系的地点不在我国领域内，我国海事法院对该纠纷也具有管辖权。该法还对海事请求保全、海事强制令、海事证据保全、海事担保、送达、审判程序、设立海事赔偿责任限制基金程序、债权登记与受偿程序、船舶优先权催告程序等，作了具体规定。

另外，2001年最高人民法院审判委员会第1 187次会议通过的《关于海事法院受理案件范围的若干规定》从另一方面对海事法院的受案范围作了进一步规定，海事法院的受案类型如下。

（一）海事侵权纠纷案件

（1）船舶碰撞损害赔偿案件，包括浪损等间接碰撞的损害赔偿案件；

（2）船舶触碰海上、通海水域、港口的建筑物和设施的损害赔偿案件，其中包括船舶触碰码头、防波堤、栈桥、船闸、桥梁，以及触碰航标等助航设施和其他海上设施的损害赔偿案件；

（3）船舷损坏在空中架设或者在海底、水下敷设的设施损害赔偿案件；

（4）船舶排放、泄漏有害物质或者污水，造成水域污染或者他船及货物损害的损害赔偿案件；

（5）海上或港口建设、作业以及拆船造成水域污染或者他船及货物损害的损害赔偿案件；

（6）船舶航行、作业损坏渔网、其他捕鱼设施和水产养殖的赔偿案件；

（7）航道中的沉船、废弃物、海上作业设施不当影响船舶航行造成损失的损害赔偿案件；

（8）海上运输或海上、通海水域、港口作业过程中的人身伤亡事故引起的损害赔偿案件；

（9）非法留置船舶和船载货物案件；

（10）其他海事侵权纠纷案件。

（二）海商合同纠纷案件

（1）水上货物运输合同纠纷案件，其中包括远洋运输、含有海运区段的国际多式联运、沿海和内河运输，以及水水联运、水陆联运等水上货物运输合同纠纷案件；

（2）水上旅客和行李运输合同纠纷案件；

（3）船舶的建造、买卖、修理和拆解合同纠纷案件；

（4）以船舶作抵押或以船舶营运收入作抵押的借贷合同纠纷；

（5）租船合同纠纷案件，其中包括海船的光船租赁、定期租船、航次租船合同，沿海、内河运输船舶的租赁、承包合同纠纷案件；

（6）船舶代理合同纠纷案件；

（7）货运代理合同纠纷案件；

（8）供应船舶营运或者日常所需物品等合同纠纷案件；

（9）海员劳务合同纠纷案件；

（10）海上救助、打捞合同纠纷案件；

（11）拖航合同纠纷案件；

（12）海上保险合同纠纷案件，其中包括海运货物保险、船舶保险、油污和其他保赔责任险、人身保险等保险合同纠纷案件；

（13）海上运输联营合同纠纷案件；

（14）其他海商合同纠纷案件。

（三）其他海事海商案件

（1）海运、海上作业（含捕捞作业）中重大责任事故案件；

（2）港口作业纠纷案件，其中包括在港区内进行的测量、勘探、建港、疏浚、爆破、打捞、救助、拖带、水上水下施工、港口装卸（装卸、驳运、保管）和理货作业等纠纷案件；

（3）共同海损纠纷案件；

（4）装卸设备、属具、集装箱灭失赔偿纠纷案件；

（5）海洋开发利用纠纷案件，其中包括对大陆架的开发和利用（如海洋石油、天然气的开采），海岸带的开发和利用（如围垦、滩涂、采矿、工程建筑等），海洋渔业和水产品的养殖的开发和利用、海水淡化和综合利用，海洋水下工程、海洋科学考察等纠纷案件；

（6）船舶共有人之间的船舶经营、收益、分配纠纷案件；

（7）船舶所有权、占有权、抵押权，或者海事优先请求权的纠纷案件；

（8）认定船舶及其他海上无主财产的案件；

（9）涉及海洋、内河主管机关的行政案件；

（10）海运欺诈案件；

（11）法律规定由海事法院受理的和上级人民法院交办的其他案件。

（四）海事执行案件

（1）海洋、内河主管机关依法申请强制执行的案件；

（2）海事仲裁机构作出裁决，一方当事人逾期不履行，对方当事人申请执行的案件；

（3）申请执行与船舶和船舶营运有关的公证机关确认的债权文书的案件；

（4）依据1958年在纽约通过的《承认及执行外国仲裁裁决公约》的规定，申请我国海事法院承认、执行外国或者地区的仲裁机构仲裁裁决的案件；

（5）依照我国与外国签订的司法协助协定，或者按照互惠原则协助执行外国法院裁决的案件。

（五）海事请求保全案件

（1）海事请求权人为保全其海事请求权，在诉前申请扣押船舶的案件；

（2）海事请求权人依合同规定，在诉前申请扣押船载货物或者船用燃油的案件。

第二节　海洋环境损害的救济

一、海洋环境污染损害诉讼的特点

在海洋环境污染损害诉讼中，诉讼原告是谁，即诉讼的主体资格问题受到关注，在我国司法实践中出现了争议，这是因为它与海洋污染损害诉讼的特点有关。其实，海洋环境污染损害归根结底就是一种由侵权行为引起的损害，其在诉讼中与一般的侵权民事行为处理没有原则的区别：海洋环境污染损害赔偿法律关系的主体就是污染损害赔偿权利义务的承受人，即权利主体是污染受害人，义务主体是污染加害人；在诉讼中，受害人向加害人提出赔偿损失的请求，就是索赔人，也即原告。但是，由于海洋环境污染具有上述几方面的特点，海洋环境污染损害赔偿诉讼也呈现出一些不同于一般侵权损害赔偿诉讼的特点。

（1）行政主管机关作为诉讼原告是海洋环境污染损害赔偿诉讼的一大特点。在我国的审判实践中，提起海洋环境污染损害赔偿诉讼的原告大多是地方政府、国家环境保护部门、国家渔政及地方政府各有关部门。例如，1997年1月22日某公司所属新加坡籍"海成"轮装载原油从伊朗驶往湛江港，2月15日在湛江港卸油过程中，因船底阀故障漏出大量所载原油，1997年2月28日，广东省渔政海监检查总队湛江支队委托湛江市渔业环保检测站对油污造成的渔业损失进行调查、测评，经调查，该漏油给湛江港的渔业资源造成直接经济损失310.618万元，间接的中、长期损失1 294.13万元。调查测评费用为25万元，其他因调查支付的各种开支为11.008 58万元。于是，1999年5月10日，广东省海洋与水产厅特别授权并确认广东省渔政海监检查总队湛江支队向海事法院提起诉讼，要求"海成"轮船东赔偿损失。海事法院一审对调查报告中的直接损失给予认定，中、长期损失不认定，判决东亚公司赔偿310.618万元，调查费用35.2万元，合计345.818万元及利息。二审认为，本案油污导致渔业长期逐渐衰退，这种影响在海洋环境中可持续数年甚至十几年，对渔业生态环境和渔业资源造成的影响是长期的，其损失是持续的，这种中、长期损失属于1969年《国际油污损害民事责任公约》规定的灭失和损害，应予以赔偿。据此，变更了原审判决的相关判项，判决东亚公司向渔政支队赔偿渔业资源中、长期损失费。判决结果虽然合情合理，维护了我国的海洋环境生态权益，但案例说明，我国司法实践中都将行政主管机关作为海洋环境污染损害赔偿的诉讼原告，只是这一特点与法理不符。

（2）海洋环境污染损害具有间接性的特点，其侵害大都通过海洋作用于受害人，而非直接作用，因此受传统诉讼主体理论的影响，受害人一般因不具有直接利害关系而无法取得提起损害赔偿诉讼的主体资格，这样，显然大量的案件会因为司法程序中启动诉讼程序的主体缺位而无法得到及时有效的处理，使国家利益、社会利益经常处于被漠视的境地。

（3）海洋环境污染损害的广泛性导致受害人人数众多并带有很大的不确定性。由于海洋环境利益涉及范围广、情况复杂，往往为捕捞养殖、工业生产、交通运输、海上副业等各行产业所倚重，为众多不特定的利害关系人所开发、利用、收益，因此，一旦对海洋环境造成侵害，其对象可能是相当地区范围内的不特定的多数的人或物。而如果单个受害人对此提起诉讼，从诉讼主体资格上讲，可能会因为单个受害人所受损害过小，不能满足起诉资格中财产损失的规定而不具有起诉资格。

二、海洋环境侵害的民事救济

海洋环境侵害，是指在人类从事利用海洋行为时造成海洋环境污染损害，继而导致公、私财产损失或人体健康损害以及海洋环境恶化和环境功能下降的现象。从海洋环境侵害的行为看，可以将海洋环境侵害行为划分为投入性行为造成的海洋环境污染侵害和取出性行为造成的海洋环境破坏侵害；另有学者从海洋环境侵害的实际后果分析，将其划分为财产的侵害、人身的侵害和生态的破坏三大类型。

如果用民法有关侵权行为致害及其构成要件为标准来衡量海洋环境侵害的话，那么，作为一种人为原因导致的损害结果，海洋环境侵害与一般侵权行为具有一些相同之处。[①] 但是，由于海洋环境侵害的结果，即人身损害、财产损害和生态价值下降的损失是在海洋环境污染或者海洋环境被破坏的基础上发生的，因此海洋环境侵害还存在着许多与一般侵权行为致害所不同的特征：从责任主体看，海洋环境侵害的加害人主体都呈现出明显的加害主体不特定性特征；从侵害行为人的主观心态看，海洋环境侵害行为具有主观的无过失性；从责任行为的性质看，海洋环境侵害行为具有行政的合法性；从造成损害的原因看，海洋环境侵害行为具有因果关系的多样性；从损害结果的实态看，海洋环境侵害行为具有损害范围的广泛性；从海洋环境污染致害的时间看，海洋环境侵害行为具有侵害时间的漫长性。[②]

关于侵权行为，民法领域在原则上以故意或过失为成立要件，但在具体认定侵权行为及其责任承担的构成要件方面也有所不同。目前，我国民事立法在一般侵权行为的规定方面采取过失责任主义，在过错责任原则之外确立了无过错责任制度，《民法通则》规定："没有过错，但法律规定应当承担责任的，应当承担民事责任。"[③] 对于环境侵害实行无过错责任的法律实践，除判例外，各国有关无过失责任制度主要是以民事特别法规范的形式予以确立的。我国《民法通则》规定："违反国家保护环境防止污染的规定，污染环境造成他人损害的，应当依法承担民事责任。"[④] 而《环境保护法》规定："造成环境污染损害的，有责任排除危害，并对直接受到损害的单位或者个人赔偿损失。"[⑤]

总体上讲，我国《环境保护法》主要从排除危害和赔偿损失两个方面规定了环境侵害的民事责任。当然，我国《民法通则》规定的其他民事责任形式和环境污染防治

① 参见汪劲著：《环境法学》，北京大学出版社2006年版，第559页。
② 汪劲著：《环境法学》，北京大学出版社，2006年5月第一版，第561-563页。
③ 《民法通则》第一百零六条第三款。
④ 《民法通则》第一百二十四条。
⑤ 《环境保护法》第四十一条第一款。

法律规定的其他特别规定也可以在民事诉讼中请求适用。排除危害请求是为排除环境损害或者预防尚未发生的损害，由受害人基于人格权或者物权向加害人提出的消除危险、排除妨碍等要求的民事救济方式。赔偿损失请求是在已经发生环境污染损害之后，由受害人基于损害赔偿请求权而向加害人提出的赔偿损失或者恢复原状等要求的民事救济方法。

三、公民环境诉讼

公民环境诉讼，顾名思义，它是一种允许与案件无直接利害关系的原告处于公益目的向法院起诉的新型诉讼制度，它多数是由公众或者非政府组织为了公共利益作为原告提起的。由于环境保护关系到广大公众的健康及其享受优美、舒适环境的利益，因此公民环境诉讼在各国环境保护领域的适用范围非常广泛。在我国，由于现行《民事诉讼法》和《行政诉讼法》均对诉讼的主体资格有着严格的限制，因此，公民环境诉讼在我国尚无法可依。① 即使目前有人以海洋环境利益损害造成自身利益侵害为由提起公益性民事诉讼或公益性行政诉讼的话，也是不符合现行上述两部诉讼法对起诉条件的要求的。

四、海洋环境侵害的行政救济

以公权力介入方式或者通过法律规定的第三方来处理当事人之间的环境侵害纠纷，是各国在解决环境侵害纠纷时采用的一种重要方式，对海洋环境损害问题也不例外。这是因为与司法程序相比，环境损害纠纷的行政处理具有运用司法手段所不具有的作用和意义。就海洋环境损害的救济来说，首先，海洋环境管理主要是由国家行政机关通过公权力实施的，虽然海洋环境侵害发生在加害人与受害人之间，但它与政府海洋环境行政机关实施的管理活动也有着非常密切的关系；其次，从国家权力分立的角度看，法律一般将国家内专门、具体事务的权力授权专门设立的行政机关行使，海洋环境保护部门比未掌握专门海洋环境科学技术知识的司法机关更能迅速、准确地处理和解决纠纷，以减少当事人的讼累。最后，由于行政处理的方法在程序上比司法机关的诉讼程序简便易行，从而成为当事人更乐于接受的解决纠纷的途径。

在海洋环境损害纠纷行政处理方式方面，我国的环境立法尚未就进行中的海洋环境侵害纠纷处理作出程序性规定，只是对已经发生的海洋环境污染损害规定了行政处理条款。行政处理的对象仅限于海洋环境污染危害中赔偿责任和赔偿金额的纠纷；行政处理须以当事人向海洋环保部门申请；行政处理的方式既可以依职权裁决，也可以以第三人的身份居中调解。

五、海洋环境损害的刑事诉讼

我国对危害环境犯罪的规定采取广义环境说，该犯罪既包括污染环境的犯罪，也包括破坏自然资源的犯罪，并且《刑法》只制裁已经发生严重后果的行为，不制裁向环境排放污染物的危险犯或者行为犯。危害海洋环境的犯罪是指向海洋排放污染物造成人的生命、健康或者财产安全等严重损害，依法应当受到刑事处罚的行为。在社会面临日益严峻的环境危机，单纯依靠民事责任和行政责任已经不能达到遏制危害海洋环境安全

---

① 详见《行政诉讼法》第四十一条、《民事诉讼法》第一百零八条对起诉主体资格的规定。

的背景下，把刑事责任引入海洋环境保护领域，采取立法和执法的措施来制裁危害海洋环境的犯罪行为，事实证明，海洋环境刑事责任是保护海洋环境的一种强有力的手段。

所谓海洋环境刑事责任，是指行为人因违反海洋环境保护相关法律，造成或可能造成严重的海洋环境污染或海洋生态破坏，构成犯罪时，应当依法承担的以刑罚为处罚方式的法律后果。构成海洋环境犯罪、承担刑事责任的要件与其他犯罪一样，包括犯罪主体、犯罪的主观方面、犯罪客体和犯罪的客观方面。海洋环境犯罪的主体是指从事污染海洋或破坏海洋环境的行为、具备承担刑事责任的法定生理和心理条件或资格的自然人或法人；海洋环境犯罪的主观方面是指海洋环境犯罪主体在实施危害海洋环境的行为时对危害结果发生所具有的心理状态，我国同世界上大多数国家相同，采取故意和过失作为海洋环境犯罪的主观条件；海洋环境犯罪的客体是受环境刑法保护而为海洋环境犯罪所侵害的社会关系；海洋环境犯罪的客观方面是海洋环境犯罪活动外在表现的总和，表现为污染、破坏海洋环境及海洋自然资源，使海洋环境要素受到严重威胁或危害的作为或不作为行为，这其中又包括危害海洋环境的行为、危害结果以及危害行为与危害结果间的因果关系这三个方面。

我国《刑法》分则第六章第六节，即第三百三十八条至三百四十六条规定的是破坏环境资源保护罪，共有 14 个罪名，其中，危害海洋环境的犯罪行为可能构成的罪名包括：重大环境污染事故罪、非法处置进口的固体废物罪、擅自进口固体废物罪、非法捕捞水产品罪、非法猎捕、杀害珍贵濒危野生动物罪、非法收购、运输、出售珍贵濒危野生动物、珍贵濒危野生动物制品罪。

第三节　海洋环境污染司法鉴定

海洋环境污染损害司法鉴定，是指运用海洋学多学科的理论与方法，采用现代海洋调查分析仪器，按照《海洋调查规范》和《海洋监测规范》对相关海域、海区的海洋环境质量、污染物、污染源及被损害的海洋动植物进行定性、定量分析，通过分析，对相关海域、海区的海洋生态、海洋水产资源、海洋保护区的破坏及海洋动植物的损害程度，作出勘验分析和评估鉴定。

目前，随着我国审判制定改革的深入，司法鉴定制度的改革也正在逐步展开。利用高等院校、科研机构及社会专业单位的人才、技术和仪器设备经司法行政机关的审核批准设立的司法鉴定机构，打破了新中国成立以来公、检、法各自办案各自鉴定的旧格局，使司法鉴定工作更趋科学、客观、公正，更有利于维护当事人的合法权益。这也是国外法制化国家通行的做法。

20 世纪末，我国各地相继设立了许多司法鉴定机构，大多是以刑事、民事和行政案件中所涉及到的如法医鉴定、医疗事故鉴定、文印鉴定、指纹鉴定、血迹鉴定、微量物证鉴定、会计鉴定等鉴定内容，但几乎没有专门从事海事司法鉴定的机构。直到 21 世纪初这种局面得以结束。由于海事（海商）纠纷案件中所涉及的鉴定内容繁杂，且多与海洋科学、海洋技术有关，因此，按照国际惯例和国际法准则，设立专门的海事司法鉴定机构已是海事司法的必然要求。

近年来，随着沿海海洋经济的迅猛发展，对海洋资源开发利用的范围和规模也在不断扩大，对海洋环境的污染损害行为也越来越多，迫切需要相应的鉴定机构为社会公众和司法机关提供科学准确的司法鉴定服务。目前，我国专门从事海洋污染司法鉴定的机构主要有国家海洋环境监测中心下属的司法鉴定所、山东海事司法鉴定中心、天津北洋海事司法鉴定所等。

第四节 国际海洋争端的解决

一、解决海洋争端的原则

可能引起海洋争端的事项很多，如关于非沿海国在专属经济区捕鱼的争端；关于海洋环境污染的责任与管辖权的争端；关于外国在专属经济区和大陆架上进行科学研究的争端；关于实施航行和飞越制度及沿海国管辖权的争端；关于铺设海底电缆、管道的争端；国际海底管理局、缔约国和其他实体在开发国际海底时发生的争端等。长期以来，最为突出的是国家之间关于领海、专属经济区和大陆架划界的争端。由于这些问题都属于《联合国海洋法公约》调整的范围，因此，这些海洋争端都是关于公约适用和解释的争端。

现代国际法禁止用战争手段解决国家之间的争端。1928年《巴黎非战公约》第一次以国际条约的形式谴责用战争解决国际争端，规定缔约国之间的争端或冲突不得用和平以外的方式解决。1945年《联合国宪章》确认和发展了这一国际法基本原则，规定用和平方法调整和解决国际争端是本宪章的原则之一。《联合国海洋法公约》遵循国际法基本原则和《联合国宪章》，规定用和平的方法解决海洋争端是缔约国的义务。公约规定："各缔约国应按照《联合国宪章》第二条第三项以和平方法解决它们之间有关公约的解释或适用的任何争端。"可见，公约的这条规定与现代国际法基本原则之一的和平解决国际争端是一致的。公约还规定："如果缔约国之间对本公约的解释或适用发生争端，争端各方应迅速就谈判或其他和平方法解决争端一事交换意见。"如果争端一方拒绝同争端他方进行接触、交换意见，他就违反了公约规定的义务。公约的这些规定，不仅增强了缔约国和平解决海洋争端的责任感，而且有助于海洋争端的和平解决。

二、和平解决海洋争端的方法

《联合国海洋法公约》第15部分《争端的解决》和9个附件中的4个附件，即附件五调解、附件六国际海洋法法庭规约、附件七仲裁、附件八特别仲裁，都是关于海洋争端解决原则和方法的条款。公约在规定缔约国负有和平解决海洋争端义务的前提下，并规定了和平解决海洋争端的方法。主要有：

（1）谈判协商。公约规定："如果缔约国之间对本公约的解释或适用发生争端，争端各方应迅速就谈判或其他和平方法解决争端一事交换意见。"

（2）调解。公约规定，作为争端一方的缔约国，"可以邀请他方按照附件五第一节规定的程序或另一种调解程序，将争端提交调解"。附件五第二节还规定了强制调解程序。

（3）仲裁。公约规定，缔约国可选择按照附件七组成的仲裁法庭解决争端。

（4）司法解决。根据公约规定，缔约国可选择联合国国际法院或国际海洋法法庭对海洋争端作司法解决。

（5）用尽当地补救办法。根据公约规定，解决海洋争端的方法，还包括国内的调解、仲裁和司法程序。公约规定"缔约国间有关本公约的解释或适用的任何争端，仅在依照国际法的要求用尽当地补救办法后"，才能提交国际仲裁或国际司法解决。它适用于争端的一方为外国的自然人或法人，而不适用于两个缔约国之间。用尽当地补救办法是国际法的一项准则。这项准则要求，在涉外争端中，作为争端一方的外国自然人和法人应当首先诉诸当地国的法律解决；如果发生当地国法院有明显的不当司法程序或滥用权力等原因，外国自然人和法人才能通过其他途径解决争端。

（6）缔约国可自行选择任何其他和平方法解决争端。公约规定："本公约的任何规定均不损害任何缔约国于任何时候协议用自行选择的任何和平方法解决它们之间有关本公约的解释或适用的争端的权利。"

三、国际法院

国际法院亦称"海牙国际法庭"。1946年2月，根据《联合国宪章》和《国际法院规约》在荷兰海牙成立，它是联合国的主要司法机关。《国际法院规约》是《联合国宪章》的构成部分。一切联合国会员国都是《国际法院规约》的当然参加国，非联合国会员国经联合国安全理事会建议并取得大会同意后，也可作为《国际法院规约》的参加国。国际法院由联合国大会和安理会根据常设仲裁法庭"各国仲裁员团体"或者各国政府专为此而委派的团体所提出的名单，分别投票选出15名法官组成，其中不得有两人属于同一国籍，法官不代表任何国家。在法官中推选出正副院长各一人。法官任期9年，每3年更换1/3，连选的连任。

根据《国际法院规约》规定，国际法院的管辖包括当事国提交的一切案件和《联合国宪章》或者任何现行条约及公约所特定的一切案件。对于本质上属于任何国家内管辖的案件，国际法院无权受理。争端当事国的同意是国际法院对诉讼案件管辖权的基础。国际法院对受理的案件作出判决后，诉讼双方均应遵守。如果一方不遵守判决，他方可向联合国安理会提出申诉。安理会认为必要时，可以建议或者决定应当采取的措施，以执行国际法院的判决。国际法院作出的司法判决等，均以出席法官的过半数决定，如果票数相等，由院长或者代理院长职务的法官投决定票。国际法院对于依照《联合国宪章》而提出的任何法律问题，须发表咨询意见。

自国际法院建立以来，受理并作出实质性判决的海洋争端主要有：科孚海峡案、英国和挪威渔区案、荷兰的北海大陆架案、英国、联邦德国和冰岛捕鱼管辖区案、希腊和土耳其的爱琴海大陆架案等。1994年11月16日《联合国海洋法公约》生效后，提交到国际法院的海洋争端主要有：西班牙诉加拿大的渔场管辖权案、伊朗诉美国的海洋石油平台案、喀麦隆诉尼日利亚的陆地和海洋疆界案等。

四、国际海洋法法庭

国际海洋法法庭是根据《联合国海洋法公约》的规定，于1994年11月16日公约生效后设立的。法庭由独立法官21人组成。各缔约国可以提出不超过二人的法官候选人，在缔约国全体会议上，以无记名投票方式选举。当选者至少需获得出席并参加表决的缔约国2/3的多数票。法官中不得有二人为同一国家的国民。法官任期9年，可连选连任。在第一次选出的法官中，有 7 人任期 3 年，7 人任期 6 年，另 7 人任期 9 年。各自任期由联合国秘书长以抽签方式确定。每 3 年改选法庭法官 1/3。

　　法庭法官应享有公平和正直的最高声誉，在海洋法领域内具有公认的资格。法庭作为一个整体，应确保其能代表世界各主要法系和公平地区分配。法官不得执行任何政治或行政职务；或对任何与勘探和开发海洋或海底资源或与海洋或海底的其他商业用途有关的任何企业的任何业务有积极联系或有财务利益；不得充任任何案件的代理人、律师或辩护人。

　　法庭构成的法定人数为 11 人，但可以出庭的法官均应出庭。法庭可设立其认为必要的分庭，由其选任法官 3 人或 3 人以上组成，以处理特定种类的争端。

　　海底争端分庭由法庭法官过半数从选任法官中选派 11 人组成。它虽然属于国际海洋法法庭的一个部分，但其享有较大的独立性。

　　《联合国海洋法公约》规定，一国在签署、批准或加入本公约时，或在其后任何时间，应以书面声明的方式选择一个或一个以上方法，以解决有关本公约的解释或适用的争端。已向国际海洋法法庭提出的争端主要有：圣文森特和格林纳丁斯与几内亚之间的"塞加号"商船案，澳大利亚、新西兰与日本之间的麦氏金枪鱼案，厄立特里亚与也门之间的海洋划界案等。

参考文献

1. 金瑞林. 环境与资源保护法学. 北京：北京大学出版社，2006.
2. 金瑞林、汪劲. 20 世纪环境法学研究评述. 北京：北京大学出版社，2003.
3. 王灿发. 环境法教程. 北京：中国政法大学出版社，1997.
4. 马骧聪. 国际环境法导论. 北京：社会科学文献出版社，1994.
5. 邱聪智. 公害法原理. 台湾辅仁大学法学丛书编委会，1984.

课后思考

1. 简述我国海洋司法的体制是怎样的。
2. 我国海洋污染损害的救济渠道有哪些？具体制度设计是怎样的？
3. 构成海洋污染损害民事责任的条件有哪些？民事责任承担的方式主要有几种？
4. 试述国际海洋争端的解决方式和途径。